MÉMOIRES
DE
LOUIS XVIII.

MÉMOIRES

DE

LOUIS XVIII,

RECUEILLIS ET MIS EN ORDRE

PAR M. LE DUC DE D****.

TOME SIXIÈME.

Bruxelles,
LOUIS HAUMAN ET COMP.
1832.

MÉMOIRES
DE
LOUIS XVIII.

CHAPITRE PREMIER.

Effet que produisit sur les rois la mort de Louis XVI. — Comment le comte de Provence lutte contre les cabinets étrangers. — Il échappe à leurs piéges. — Le duc de La Vauguyon. — L'évêque d'Arras veut obtenir la confiance de Monsieur. — Son manége et ses auxiliaires. — Son plan de restauration. — Ce qu'en pense le comte de Provence. — L'évêque se fâche. — On tourmente Monsieur en son nom. — Intrigues intérieures. — Impressions que produit sur Monsieur la gloire du prince de Condé. — Combat de Berstheim. — Propos du prince de Condé. — Mot héroïque du duc de Bourbon. — Valeur du duc d'Enghien. — Lettres du comte de Provence à ces princes.

On sait et je n'ai pas besoin de le répéter, que le privilége des Mémoires est de faciliter à celui qui les écrit le droit de renverser parfois l'ordre chronologique dans les faits, selon qu'il lui prend fantaisie de les classer, ou que sa mémoire le lui rappelle. Ainsi donc, dans le volume précédent, j'ai passé en quelque sorte de la mort de Louis XVI à celle de Marie-Antoinette ; tandis que je traçais ces pages sanglantes de notre histoire, je laissais en arrière trois grands évènemens intermédiaires : les insurrections de Lyon, de Toulon, et la guerre de la Vendée. Chacun de ces actes hostiles au gouvernement révolutionnaire mériterait une histoire séparée, mais je me contenterai d'en rappeler les détails qui se rattachent à mes souvenirs et à ma personne ; néanmoins, avant d'entreprendre cette tâche, il est nécessaire que je dessine ma position, celle de mes alentours, et du reste des souverains de l'Europe.

Le meurtre de Louis XVI effraya les rois plus qu'il ne les indigna ; et ils formèrent une ligue contre les régicides, mais non en faveur des Bourbons.

Leur système d'envahissement sur le territoire français, et le partage de la Pologne, imprimèrent une force immense à la résistance des anarchistes, et déconsidérèrent complètement l'opposition royaliste, qu'on accusa de vouloir coopérer au démembrement de la France. Je citerai à l'appui de ce fait une proclamation du général en chef autrichien, qui interdit aux émigrés français leur rentrée sur la partie du territoire français conquise par les armées impériales, laquelle maintenait en même temps le séquestre sur leurs biens ; c'était dire clairement qu'on prétendait tout envahir sur la république. Les ordres du jour de Wurmser aux Alsaciens les invitaient à redevenir Allemands, et nos cousins d'Espagne eux-mêmes voulaient rentrer en possession du Roussillon.

Je me trouvais au milieu de ces conflits d'ambition, ne sachant à qui me fier, et forcé de craindre mes amis de l'extérieur comme mes ennemis du dedans ; j'en étais même venu au point de me réjouir des victoires de la révolte, parce que du moins elles conservaient l'intégrité du territoire, et que j'espérais toujours qu'une bonne fortune me ramènerait en France, à l'aide des intelligences que j'y entretenais.

Tant que je demeurai à Hamm, ma position fut des plus précaires ; j'étais environné d'agens secrets des diverses cours, chargés de m'arracher des concessions, et de me faire conclure des traités déshonorans. J'avais fort à faire pour me débarrasser de ces intrigues continuelles et multipliées ; car il fallait, en n'accordant rien, ne mécontenter personne. J'avais à négocier avec vingt agens à la fois, et jamais je ne serais sorti sain et sauf de leurs griffes, sans un auxiliaire que j'eus dans la jalousie réciproque des diverses cours : lorsque l'émissaire de l'une me pressait de trop près, je lui proposais de soumettre ses exigeances à l'arbitrage des autres, et c'en était assez pour me donner un peu de répit. J'étais le plus faible, il fallait donc appeler la ruse à mon aide.

Grâces à Dieu, je parvins à me tirer de ce guêpier sans dommage. Il est vrai que la résistance

que j'opposai au partage d'une partie du royaume
de mes pères retarda la fin de la révolution. Les
souverains, piqués de mes moyens dilatoires,
m'en punirent en me secondant mal, et c'est pour
bien inculquer cette grande vérité dans l'esprit
de mes successeurs, que je me suis particulièrement déterminé à écrire ces Mémoires; j'ai cru,
de leur intérêt, et de celui de la France, de montrer avec le plus de clarté possible que rois et
peuples n'ont qu'à perdre, lorsque la querelle qui
s'élève entre eux nécessite l'intervention étrangère. Quand les choses en sont venues à ce point,
je leur conseille, d'après ma longue expérience,
de se faire réciproquement des concessions qui
puissent les sauver du secours dangereux des autres
puissances.

Parmi les sujets fidèles dont le concours me fut
utile dans ces circonstances délicates, je ne puis
oublier le duc de La Vauguyon investi de toute
ma confiance. Je ne sais pourquoi j'ai omis de le
nommer lorsque j'ai désigné les hommes qui rem-
plissaient les fonctions des divers ministères établis auprès de ma personne, en ma qualité de
régent. Il est vrai que ce ne fut pas précisément
à cette époque qu'il vint me rejoindre. Il était
alors en Espagne, où Louis XVI l'avait envoyé à
titre d'ambassadeur. Il rendit à ce monarque tous
les services qu'il put lui rendre jusqu'au moment
où il dut cesser ostensiblement ses fonctions. Dès
que je fus à Vérone, je l'appelai près de moi, et

là il remplit la charge d'une espèce de principal ministre. Je me trouvai toujours bien de sa coopération et de ses conseils. C'était un homme sincèrement royaliste, mais persuadé comme moi de l'impossibilité de revenir à nos anciennes institutions. Il comprenait la nécessité de faire une part large au siècle; il en résulta qu'à ma cour on l'aimait peu, et qu'on ne l'aimait point à celle du comte d'Artois, où par malheur on rêvait encore le règne de Louis XIV dans toute sa plénitude. Cela me rappelle une conversation que j'eus, vers l'époque de mon avènement à la régence, avec l'évêque d'Arras, laquelle je rapporterai après avoir terminé avec mon cher La Vauguyon.

La défaveur qui s'attacha à lui dans l'exil le suivit à sa rentrée en France. On le qualifia de jacobin, attendu qu'il était royaliste raisonnable. On ne m'a pas mieux traité sur ce point, et avec aussi peu de justice. J'aurais voulu appeler M. de La Vauguyon à des fonctions en rapport avec celles qu'il remplissait dans l'émigration, mais les hommes et les circonstances s'y sont opposés (1). Les rois, dit-on, peuvent tout, c'est que ceux qui s'expriment ainsi ne sont pas rois.

Je ne conservai donc au duc de La Vauguyon, à ma rentrée en France, que la part qu'il avait déjà dans mon amitié. Il est un de ceux qui ont le

(1) Le duc de La Vauguyon est mort le 14 mars 1828.
(*Note de l'éditeur*).

plus souffert de l'élévation de Decazes. Il se croyait aussi appelé de plein droit à remplir la charge de Blacas, qui avait eu l'héritage de d'Avaray.

Mais en voilà assez sur son compte ; je reviens à l'évêque d'Arras. Ce digne prélat, fort peu à la hauteur des circonstances, s'était imaginé parce qu'il avait escamoté aux ecclésiastiques de ma maison la fonction douloureuse de m'annoncer la mort du roi mon frère, qu'il devait dès-lors me gouverner aussi despotiquement que le comte d'Artois, mais je n'étais pas si facile à diriger ; il y avait en moi plus d'opiniâtreté ou d'énergie. Je voyais du coin de l'œil le manége du saint homme ; il rôdait autour de ma personne, flairait les dépêches, et se mourait d'envie d'y mettre la main.

Son maître, stylé par lui, venait à son tour me parler en sa faveur ; car le comte d'Artois servait chaudement ses protégés. Je ne disais mot, ne voulant pas heurter mon frère dans ses bonnes intentions, mais j'allais toujours mon chemin ; réglant les affaires, désignant les fonctions de chacun, et témoignant une haute estime pour M. d'Arras, mais rien de plus. Il entrait au conseil, et donnait sa voix comme les autres, et là se bornait sa suprématie, ce dont il enrageait jusqu'au fond de l'âme, attendu que l'ambition du vénérable prélat ne se portait pas seulement sur les biens de l'autre monde. Une telle persévérance de ma part devenant insupportable à M. de Conzié, il résolut de rompre la glace, et de me parler à cœur ouvert.

Je lui accordais souvent des audiences particulières, le comte d'Artois se déchargeant sur lui du soin de ses affaires personnelles. L'évêque d'Arras profita donc d'une de ces conférences pour entrer en matière, et voici comment la chose se passa.

M. de Conzié avait la manie de travailler de son côté à la contre-révolution sans se concerter avec moi. Il avait ses agens, sa correspondance, ses amis, ses intrigues ; ce qui lui composait un petit ministère des relations extérieures, comme on disait du temps de Bonaparte, et l'aidait à supporter l'isolement dans lequel je le laissais. Je n'approuvais pas trop ces démarches, qui souvent, se croisant avec les miennes, les contrecarraient au lieu de les appuyer. J'en prenais de l'humeur, et un beau jour M. d'Arras arrivant au moment où je tenais en main une lettre qui me signalait une de ses fausses mesures, je ne pus m'empêcher de la lui reprocher assez vivement. Il m'écouta les yeux à demi fermés, les mains jointes, et la tête penchée en vrai béat, bien qu'au fond il ne fût rien moins que détaché des choses de la terre. Lorsque je l'eus querellé tout à mon aise :

— Monseigneur, me répondit-il, je vois avec douleur que mon zèle et mes faibles lumières déplaisent à Votre Altesse Royale, et cependant je donnerais mon sang pour la cause sacrée du trône et de l'autel.

— Je n'en doute pas, monsieur, répliquai-je ; seulement il est malheureux que vos actes ne répondent pas à vos bonnes intentions.

— Peut-être qu'ils vous conviendraient davantage si je pouvais agir à mon aise, et si Votre Altesse Royale voulait accorder aux membres de la sainte Eglise une meilleure part dans sa confiance.

— Ils l'ont tout entière ; je les aime et les estime, et je suppose que cela leur suffit.

—Hélas ! dit l'évêque avec un redoublement de tristesse, que d'actions de grâces j'aurais eu à rendre à la Providence si *mes faibles lumières* m'eussent obtenu de Votre Altesse Royale ce qu'elles m'ont valu de monseigneur le comte d'Artois !

Je vis où le saint homme voulait arriver, et afin de l'enlacer dans ses propres rêts, je répliquai avec véhémence :

— Si je ne vous traite pas aussi bien que vous le désirez, à qui la faute, monsieur? Pourquoi me laissez-vous ignorer les plans que vous formez pour la restauration de ma famille? puisse-je employer qui a cessé de me faire connaître ses œuvres?

Une satisfaction orgueilleuse éclata sur tous les traits de M. d'Arras, qui se hâta de répondre :

—Je suis prêt à entrer en explication avec Votre Altesse Royale aussitôt qu'elle le souhaitera.

— Tout de suite, si vous voulez, monsieur.

Alors l'évêque, comme un autre Richelieu, me déroula un plan admirable, fruit de ses longues méditations, et propre à combler l'abîme de la révolution. Il ne s'agissait que d'une chose fort simple ; rétablir, en rentrant en France, le régime féodal, tel qu'il existait à l'avènement au trône de Louis XI, et diviser le royaume en grands gouvernemens héréditaires, mi-partie militaire, et mi-partie ecclésiastique ; c'est-à-dire que les évêques auraient une autorité presque semblable à celle des électeurs du clergé allemand. Tout cela fut entremêlé de niaiseries solennelles, de stupidités pédantes et de protestations de dévouement sans fin. On me fit *toucher au doigt les avantages immenses* qui résulteraient pour la royauté d'un tel ordre de choses, et surtout la paix perpétuelle qu'il amènerait en France.

Je laissai aller jusqu'au bout mon premier ministre en espérance, et lorsqu'il eut achevé, je continuai à garder le silence comme pour lui donner à entendre que j'avais besoin, avant de m'expliquer, de méditer ce qu'il venait de me communiquer. Enfin, après un certain temps, je lui demandai si le comte d'Artois avait connaissance de ce plan.

— Il s'en occupe, me répondit-il avec une sorte d'hésitation qui me fit espérer que mon frère ignorait ce projet extravagant, du moins dans son ensemble.

— Monsieur, dis-je alors, je crains que la masse de la nation désapprouve votre conception ; elle paraît vouloir un nouvel ordre de choses, et la ramener à l'ancien ne lui conviendrait point.

— Mais Votre Altesse Royale oublie que le clergé et la noblesse coopérant à cet arrangement, il faudra bien que le tiers s'y soumette.

— Le tiers ! m'écriai-je, il n'y en a plus dans le royaume, pas plus que de clergé et de noblesse. Aujourd'hui, la nation se divise seulement en deux parties inégales, les riches et les pauvres, en un mot, entre ceux qui paient l'impôt, et ceux qui ne le paient pas.

— Mais, monseigneur, d'après mon plan, les deux premiers ordres devant rentrer dans tous leurs droits et priviléges, il me semble...

— Monsieur, dis-je en l'interrompant avec un geste d'impatience, avant que ceci arrive une seconde fois, il n'y aura dans le clergé ni orgueil, ni ambition.

La sécheresse de cette réplique déconcerta entièrement le bon évêque, et baissant les yeux, il reprit avec quelque hésitation :

— Votre Altesse Royale désapprouve donc mon plan ?

— Je pense seulement qu'il retarderait de vingt ans notre rentrée en France, si nous osions le mettre au jour.

M. d'Arras, blessé au vif, continua le cours de ses divagations ; il accusa mes serviteurs de jacobinisme, et me donna même à entendre que je n'étais pas exempt de ce travers ; puis il me quitta fort mécontent de sa séance. Je suis persuadé qu'il me présenta au comte d'Artois et à sa cour comme prêt à passer dans les rangs républicains, pourvu qu'ils consentissent à m'accorder la présidence.

Mon frère tenant à ce que je donnasse une satisfaction à l'évêque d'Arras, me fit parler par mesdames de Balby et de Polastron. Je savais que cette satisfaction n'était autre chose que la charge de mon premier ministre ; mais je fus inexorable sur ce point ; et si je continuai, par égard pour le comte d'Artois, à montrer extérieurement au prélat de la considération et de la confiance, je me promis *in petto* que jamais il n'aurait une part aux affaires, soit au dedans, soit à l'extérieur du royaume.

C'était ainsi qu'on me suscitait, jusque dans notre intérieur, des embarras qui augmentaient encore les difficultés de notre position : chacun des nôtres avait son plan, sa cabale, ses intrigues. Je dois dire que l'armée du prince de Condé formait la partie la plus brillante de l'émigration ; on m'a accusé d'avoir été jaloux de son chef, et je ne cacherai point que j'aie eu cette faiblesse. J'étais avide des lauriers qu'il cueillait chaque jour, tandis que la politique inquiète des étrangers me tenait dans une honteuse inaction. Je craignais, je l'avoue, que les Français, dans leur amour de la gloire, ne la vissent concentrée sur une branche éloignée de notre maison, et cherchassent en elle le garant de leur repos et de leur grandeur future.

Cependant la connaissance que j'avais du caractère du prince de Condé me rassurait un peu ; car admirable de bravoure à la tête d'une armée, il ne possédait point ces qualités qui fondent les nouvelles dynasties. Les ducs de Bourbon et d'Enghien n'étaient non plus que de vaillans chevaliers, et hors des combats ils rentraient dans la classe des hommes ordinaires. Le premier a fourni la preuve de ce que j'avance depuis sa rentrée en France.

A l'époque dont je parle, les trois Condé ajoutèrent à leurs glorieux triomphes celui du fameux combat de Berstheim, livré au commencement du mois de novembre 1793 ; les républicains s'y montrèrent aussi dignes de la réputation militaire qui déjà les distinguait. Le village de Berstheim, pris et repris tour à tour, resta enfin au pouvoir des émigrés.

— Messieurs, disait à ces derniers le prince de Condé, vous êtes tous des Bayards ; mais je passe mon épée au travers du corps de celui qui y entrera avant moi.

Le duc de Bourbon, dans cette bataille, lutta corps à corps avec un simple soldat, de qui il reçut une blessure, et auquel il dit après l'avoir vaincu :

— Tu es un Français, éloigne-toi ! Jamais un

Bourbon ne trempera ses mains dans le sang d'un soldat paré d'un si beau titre.

Le duc d'Enghien, chargé du commandement pendant que son père faisait panser sa blessure, se signala à la tête du régiment des *Chevaliers de la Couronne*, par des exploits dignes de la fabuleuse antiquité. Ses habits furent percés deux fois par une baïonnette ; il redoubla d'ardeur, et ne se reposa que sur quatre canons qu'il avait pris à l'ennemi.

Après ces princes, se distinguèrent à cette sanglante affaire, MM. de Laval, d'Aigremont, de Durand, de Bruslart, de Saint-Sulpice, d'Armar d'Aigremont, de Saint-Paër, de Guilhem, du Vivier, de Martignac, et de Barras : ce dernier, frère du régicide, eut les deux cuisses emportées par un boulet de canon ; il mourut en disant un de ces mots qui ne sortent que du cœur des braves. Il me faudrait nommer tous les émigrés présens à cette bataille pour rendre la justice qui est due à chacun d'eux en particulier, car tous ont le droit de vivre dans la postérité. Il y a eu des combats plus importans, mais il n'y en a pas eu de plus glorieux pour la noblesse française.

Je n'étais plus au château de Ham, ou de Hamm, selon l'orthographe allemande, lorsque j'appris la nouvelle de cette victoire ; j'avais recommencé le cours de ma vie errante, et je me trouvais alors à Turin. J'y avais été conduit par l'espoir de rentrer sur le territoire français en allant rejoindre les braves Toulonnais, soulevés en faveur de leur roi contre les anarchistes. Je parlerai de ce voyage en rapportant les évènemens de l'est, de l'ouest et du midi de la France; en attendant, je consignerai ici les lettres que j'écrivis aux trois Condé pour les féliciter de leur brillant fait d'armes. Je disais à l'aïeul :

« Ce n'est qu'en arrivant ici, mon cher cousin,
» que j'ai appris la glorieuse affaire du 2 de ce
» mois. Il me serait difficille de vous exprimer la
» joie qu'elle m'a causée, bien que je susse d'a-
» vance tout ce que peut la valeur de la noblesse
» française.

» Cette joie serait cruellement empoisonnée,
» s'il me restait la moindre inquiétude sur la bles-
» sure de votre fils; mais, tranquille à cet égard,
» je n'ai plus qu'à vous féliciter sur la conduite que
» lui et son fils ont tenue dans cette mémorable
» circonstance. Jouissez, mon cher cousin, de
» cette belle journée comme général, comme bon
» Français et comme père. Quant à moi, je vous
» avoue sincèrement que je suis fier de compter
» trois héros de mon sang, lorsque je n'en con-
» naissais encore qu'un. Mais mon admiration
» pour vos exploits ne doit pas me faire oublier
» cette brave noblesse, qui s'est si éminemment
» distinguée sous vos ordres. Assurez-la bien du
» double plaisir que je ressens de sa conduite,
» comme gentilhomme, et comme régent du
» royaume, etc. »

Ma lettre au duc de Bourbon portait :

« J'ai reçu en arrivant ici, mon cher cousin,
» la nouvelle de la gloire dont vous venez d'illus-
» trer votre nom. J'ai appris en même temps votre
» blessure, et bien que je vous l'envie, je ne puis
» trop vous recommander de ne point exposer té-
» mérairement une vie si nécessaire à la France ;
» c'est comme régent du royaume que je vous
» parle, et parce que je sens mieux que personne
» combien l'État perdrait en vous perdant.

» Recevez, mon cher cousin, etc. »

Enfin, je m'exprimais ainsi en m'adressant au duc d'Enghien :

« Je ne puis vous dire, mon cher cousin, la
» joie et l'orgueil que j'ai ressentis en apprenant
» que, si jeune encore, vous vous montrez digne
» de marcher sur les traces des héros de votre
» race. Dans la journée du 2 de ce mois, vous avez
» prouvé que le sang du vainqueur de Rocroy
» coule dans vos veines ; vous avez sous les yeux
» l'exemple d'un père et d'un aïeul dont la valeur
» est au-dessus de tout éloge ; que de motifs d'es-
» pérer que vous serez un jour la gloire et l'appui
» de l'État ! Si vous êtes bien persuadé du sin-
» cère attachement que je vous porte, vous ne
» douterez pas du bonheur que me causent vos
» brillans succès, etc. »

Hélas ! il ne m'était pas donné de connaître que dix ans après un crime atroce trancherait une si belle vie !

Écartons ces tristes images, et venons au récit que j'ai promis des trois grandes résistances opposées aux fureurs de la Convention. La première éclata dans la Vendée; néanmoins je ne la décrirai qu'après les deux autres.

CAHPITRE II.

Plan de contre-révolution du comte de Provence. — Comment il l'exécute. — Lyon. — Premier projet de soulever cette ville en 1790. — Les volontaires lyonnais. — Le projet n'atteint pas son but. — On propose à Monsieur de le reprendre. — Il veut qu'on choisisse un chef. — Le comte de Précy. — Sa conduite honorable. — Le jacobin Challier. — Ses fureurs. — Ce qu'un régicide pensait de lui. — La Convention le soutient. — Mot d'un conventionnel. — Les Lyonnais font une protestation contre Challier. — Legendre la lui livre. — Il veut punir ses ennemis.

Dès le premier instant où, parvenu sur le sol étranger, il me fut possible de m'occuper, avec quelque espérance de succès, de rendre le bonheur à la France en reconstituant son antique monarchie, je commençai à développer le vaste plan que j'avais mûri dans ma tête depuis le mois de janvier 1790; plan que Louis XVI avait adopté en partie.

Il consistait à combattre la révolution non dans Paris, ce qui me semblait impossible, mais sur différens points du territoire. Il convenait en effet d'y faire naître de nombreuses diversions, qui, en obligeant les rebelles à multiplier leurs moyens de résistance, en auraient atténué la force. J'établissais en conséquence huit foyers principaux d'insurrection royaliste : le premier dans la Bretagne, le second à Bordeaux, le troisième dans tout le Languedoc, le quatrième dans la Provence, le cinquième en Auvergne, le sixième à Lyon, le septième dans l'Orléanais, et le huitième dans la Normandie, ou mieux encore dans la Bourgogne et la Franche-Comté. Chacun, outre le centre principal, aurait eu des points de rassemblemens partiels, ce qui aurait encore augmenté les difficultés de la révolution.

Dans chaque division capitale j'assemblais une armée et une partie des états-généraux, formant alors des états particuliers qui dirigeraient l'administration, tandis que des parlemens reconstitués soit par leurs anciens membres, soit par des commissions données à des avocats royalistes, tiendraient tête au civil, au militaire et à la révolution. L'Espagne aiderait de ses troupes les insurrections du Languedoc et de la Guienne ; le Piémont, celles de la Provence et du Lyonnais ; l'Angleterre, celles de la Bretagne, tandis que vers le nord les coalisés soutiendraient les royalistes en redoublant la vivacité de leurs attaques.

Je croyais au succès de cette mesure. La multiplicité des soulèvemens aurait paralysés l'action conventionnelle ; les peuples se seraient soumis à des états provinciaux et à des parlemens dont depuis des siècles ils respectaient les décisions et les arrêts. Enfin, les princes du sang, descendus eux-mêmes sur le territoire, eussent déterminé l'impulsion que leur présence imprimera toujours.

Ainsi que je viens de le dire, j'entamai, dès que je fus établi dans les états de l'électeur de Trèves, une vaste correspondance avec un grand nombre de Français royalistes faisant partie des huit grandes divisions désignées ci-dessus. Je reconnus bientôt que mes efforts seraient infructueux en Normandie. Cependant tout en ralentissant mon activité à l'égard de cette province, je ne renonçai pas entièrement aux desseins que j'avais formés sur elle.

J'explorai ensuite les autres pays que j'avais marqués sur la carte ; et m'assurai, à l'aide de mes agens, que la ville de Lyon était favorablement disposée pour nous. Cette cité superbe, assise au confluent d'un fleuve et d'une rivière, renferme tous les élémens possibles de force et de puissance, et nulle autre n'aurait plus le droit d'obtenir le titre de capitale d'un grand royaume si elle n'était aussi voisine des frontières ; mais c'est précisément cette proximité des pays étrangers qui devait faciliter la réussite d'un plan de soulèvement. La Saône ouvrait des communications journalières avec la Bourgogne, sur laquelle je fondai aussi de grandes espérances, et par le

Rhône Lyon tenait aux trois provinces importantes du Dauphiné, de la Provence et du Languedoc, puis au Forez, qui, en s'ouvrant sur l'Auvergne, donnait passage au centre et à l'ouest du royaume.

La ville de Lyon renfermait une masse considérable d'ouvriers, ce qui facilite toujours une guerre civile, en ce qu'il existe presque constamment parmi eux des semences de mécontentement et de révolte qu'un homme habile doit savoir exploiter. Ces malheureux, en outre, n'ont guère d'opinion que celle qu'on leur imprime, et il est bien rare qu'un chef d'atelier ne dirige pas despotiquement l'esprit de ses subordonnés. Or, comme le haut commerce aura toujours une tendance à l'aristocratie, on peut espérer, en le caressant avec adresse, en obtenir tout ce qu'on voudra.

Il me fut facile de nouer des intelligences avec plusieurs maisons de Lyon. J'y retrouvai le fil d'une tentative qui avait eu lieu pendant le séjour du comte d'Artois à Turin, depuis l'émigration. Lyon, à cette époque, était devenu le centre d'une conspiration qui embrassait la plupart des provinces situées au-delà de la Loire. Il s'agissait de soulever la populace et les ouvriers, pour qu'ils se portassent à l'Hôtel-de-Ville, où ils auraient demandé, de manière à ne pas craindre un refus, que le pouvoir fut remis à Son Altesse Royale le comte d'Artois. En attendant l'arrivée du prince, un gouvernement provisoire aurait été organisé et appuyé sur quatorze mille hommes de troupes de ligne encore fidèles, et sur vingt mille que promettait le roi de Sardaigne. Tous les nobles de l'Auvergne, de la Guyenne, du Midi, du Dauphiné, de la Bourgogne et de la Champagne se seraient portés sur Lyon, d'où l'on aurait marché sur Paris, sous le commandement du prince de Condé et du maréchal de Broglie. MM. d'Esgrigny, de Pongelon, Dulane, le chevalier Terrasse, de Tessonnet, de Guillin, avocat et ancien échevin, étaient les directeurs principaux de cette entreprise, que présidait le premier échevin M. Imbert-Colomès.

Le noyau de cette conspiration, ouverte sous de si nobles auspices, était composé de ce qu'on appelait les volontaires lyonnais, troupe de cavalerie formée en 1789, et forte de huit mille hommes. Ce corps d'élite, qui faisait le service concurremment avec la milice depuis appelée garde nationale, n'en professait pas les principes révolutionnaires. Tout dévoué à notre parti, il ne sut pas cacher ses opinions avec prudence. La garde nationale s'en alarma, et la mésintelligence se mit bientôt entre eux.

. Les choses étaient ainsi, lorsque la ville de Lyon vit arriver dans ses murs les députés des gardes civiques du Vivarais, du Bas-Languedoc, de la Provence, et du Dauphiné. Un appel d'adhésion fut fait à celles du Lyonnais, Imbert-Colomès, qui, en sa qualité de premier échevin, dirigeait l'administration en l'absence du prévôt des marchands, détourna cette réunion ; mais il ne put le faire sans irriter les patriotes. Bientôt une lutte s'engagea entre la garde nationale et les volontaires, le 17 février 1790. Ces derniers tiraient sur le peuple, qui se vengea en en jetant deux dans le Rhône, et en forçant l'arsenal, où il s'empara de quarante mille fusils. Imbert-Colomès prit la fuite, le corps municipal fut dissous, et les révolutionnaires le remplacèrent par une municipalité.

Ce dénouement renversa le plan des royalistes, et plusieurs d'entre eux furent arrêtés. Malheureusement les temps n'étaient plus favorables aux succès de notre cause : la révolution prenait chaque jour un ascendant fatal. Ceux auxquels je m'adressai dans cette conjoncture critique me conseillèrent de ne rien brusquer, et de feindre au contraire d'embrasser le parti de la liberté constitutionnelle ; de combattre contre la Convention, sauf ensuite à rétablir la monarchie.

J'approuvai ces conseils ; cependant, afin de rester le maître de l'impulsion définitive, j'insistai pour qu'on donnât à la confédération lyonnaise un chef qui nous fût tout dévoué. Il convenait néanmoins de le prendre parmi les personnes de mérite qui n'avaient pas émigré. Cela n'était pas facile, je jetai les yeux sur les notes qu'on m'adressait de toutes parts, et le nom du comte Louis-François Perrin de Précy fixa mon choix.

Ce gentilhomme était né à Semur, en Brionnais, dans la Bourgogne, le 17 janvier 1742. Sa famille, originaire du Dauphiné, avait quitté cette province, à l'époque désastreuse de la ligue, vers la fin du seizième siècle. Il avait à peine treize ans lorsqu'il entra au service ; il se distingua dans les grades successifs, qui l'amenèrent à celui de colonel du régiment d'Aquitaine en 1791, charge que néanmoins il refusa, en pensant qu'il pourrait être plus utile ailleurs à Louis XVI; car il était au rang des serviteurs les plus fidèles de notre maison. Le duc de Brissac l'appela à Paris pour prendre sous lui le commandement de la garde constitutionnelle du roi. Il présida à la composition de ce corps d'élite, et le rendit la plus sûre défense du monarque, par la discipline qu'il y maintint, et le dévouement qu'il lui inspira pour ses chefs, qui eux-mêmes étaient sincèrement attachés à Louis XVI.

Les révolutionnaires ne pouvant se dissimuler que cette garde, ayant des formes plus nationales que celle d'autrefois, serait en position de protéger le roi contre leurs attentats, réussissent à la faire renvoyer. Le comte de Précy conserva un commandement secret sur un noyau de ces braves militaires jusqu'au 10 août. Il voulut ce jour-là combattre pour la monarchie, mais le roi n'y ayant pas consenti, son épée dut rester dans le fourreau. Louis XVI le récompensa de ce sacrifice par ces paroles qu'il lui adressa lorsque Rœ-

derer l'entraînait vers l'Assemblée nationale :
— *Ah! fidèle Précy!*

J'ai voulu, depuis ma rentrée, que la famille de ce gentilhomme en fît la devise de ses armoiries. Il n'émigra pas, et se retira à Semur où il attendit les événemens.

Je savais qu'il avait été en garnison à Lyon en 1789, et qu'on y conservait de lui un souvenir honorable. Il donnait des gages à la royauté, à la constitution de 1791, et même à la république, puisqu'il avait prêté le serment. Je le désignai donc aux Lyonnais royalistes, et il fut mis à la tête de leur insurrection. Cependant les événemens suivirent leur cours, et je vis moyen de m'occuper activement de mon plan de contre-révolution élaboré avec tant de soin. Mes ennemis, ceux de la France y contribuèrent par leur fureur et leurs excès.

Au milieu de ces énergumènes, se faisait remarquer Challier, piémontais de naissance, âgé, en 1793, de quarante-six ans, et domicilié à Lyon. C'était un homme de petite taille, laid, chauve, agité d'un tremblement convulsif, et dont la méchanceté égalait l'extérieur repoussant. L'égarement de ses yeux décelait celui de sa raison. Destiné successivement à l'état ecclésiastique et au commerce, il parcourut l'Italie, l'Espagne et le Portugal. Lyon devint le centre de son négoce en soierie. Il y acquit une demi-importance, et assez de biens pour paraître riche; son crédit s'en accrut, et les meilleures maisons de Lyon se lièrent avec lui.

Dès 1789, Challier adopta les principes de la révolution avec ardeur. Il fit tout exprès un voyage à Paris pour en rapporter des pierres de la Bastille, qu'il faisait porter sur un char orné d'emblèmes révolutionnaires, et les distribuait à la multitude comme des reliques de ce qu'il appelait la religion de la liberté. Il est facile d'attirer l'attention du vulgaire lorsqu'on le frappe par des démonstrations bizarres ou exagérées, aussi Challier devint bientôt le directeur de la canaille. Il présida le club jacobin de Lyon, et ses déclamations furibondes amenèrent d'affreux résultats. Chef de la municipalité, ses excès le firent suspendre une première fois de ses fonctions administratives. Les jacobins de Paris et ses émules en crime ayant obtenu sa réintégration, sa cruauté ne connut plus de bornes, et le sang de ses compatriotes coula à longs flots. Voici en quels termes un membre de la Convention nationale, député du département du Rhône et régicide, parlait de lui.

« Challier signala son arrivée à Lyon, après la journée du 2 septembre 1792, par le massacre de neuf officiers que la municipalité de Lyon avait fait arrêter pour cause de désobéissance. Il ne cessa dès ce moment d'exciter le peuple à la révolte et au pillage ; il prêchait ouvertement dans les lieux publics l'extermination des riches afin de s'emparer de leur bien pour en gratifier les jacobins. Voyant que ses sermons ne produisaient pas l'effet qu'il en attendait, et que le peuple refusait de se prêter à ces horreurs, il tint dans la salle de la société populaire un conciliabule où furent appelés tous les hommes disposés à le seconder dans ses exécrables desseins, et leur fit jurer de garder inviolablement le secret qu'il allait leur révéler. Après avoir reçu le serment de ces misérables, au nombre de cent cinquante, il leur dit qu'il leur fallait dès le lendemain établir une guillotine sur le pont Morand pour trancher la tête à tous les gros négocians, qu'il qualifiait d'aristocrates, et jeter ensuite leurs cadavres dans le Rhône; puis il les invita à choisir, chacun dans leur section, toutes les personnes propres à prêter main-forte à cette sanglante exécution. Un nommé *Fillon*, que Robespierre fit venir depuis à Paris, et qu'il plaça en qualité de juré dans son tribunal révolutionnaire, s'offrit pour remplir l'office de bourreau dans cette exécrable boucherie. Ce projet eût réussi si parmi ceux à qui il fut communiqué, il ne s'en était pas trouvé qui en eurent horreur. Ces derniers avertirent secrètement le maire, lequel fit mettre sous les armes toute la garde nationale, et cette mesure en imposa à ces scélérats, qui n'osèrent pousser plus loin leur plan infâme. »

Je puis ajouter de nouveaux détails à ceux-ci fournis par Pressavin : je montrerai dans cette séance Challier, un poignard à la main, menaçant de frapper tous ceux qui refuseraient de prêter l'horrible serment qu'il en exigeait, et ses satellites imitant son exemple; je ferai voir le maire Nivière appelant les bons citoyens au secours de leurs compatriotes, et Challier faisant destituer par la Convention cet estimable fonctionnaire, pour mettre à sa place le nommé Bertrand, homme sans mœurs, sans vertu aucune, et jacobin forcené. Ce dernier se vanta, dans diverses circonstances, d'avoir envoyé au supplice son propre neveu et ses amis.

Dès que ces deux furieux eurent usurpé le pouvoir, Lyon devint le théâtre de tous les forfaits : on égorgea juridiquement et en secret; les souterrains de l'hôtel-de-ville furent transformés en cachots, et encombrés de victimes. La Convention, pour seconder Challier et Bertrand, envoya à Lyon deux bataillons de Marseillais, chargés de soutenir les partisans de la liberté, et dirigés par trois commissaires investis du pouvoir d'appeler au besoin toute l'armée des Alpes, commandée alors par le général Kellerman. Ces commissaires étaient Bazire, Legendre et Rovère; ils approuvèrent les actes sanglans de Challier, et répondaient à ceux qui leur parlaient des lois :

« Les lois sont inutiles, parce qu'il faut que la machine tourne pour que les sans-culottes aient le dessus. »

Indignée d'un propos aussi contraire à la dignité de la nation qu'à la sûreté individuelle, l'élite de la ville s'assembla au nombre de huit cents environ. Là se trouvaient nos plus ardens serviteurs; tous signèrent une pétition adressée aux commissaires, dans laquelle ils demandaient la convocation des sections, afin qu'elles fissent connaître leur opinion sur les calomnies de Challier. Les commissaires, qui parlaient sans cesse des droits du peuple souverain, refusèrent à celui de Lyon la faculté de manifester son vœu. On traita de traîtres les huit cents signataires, et le féroce Legendre n'hésita pas à remettre à Challier la pièce fatale. Celui-ci, en la recevant, poussa un cri de joie, et dit à ses complices :

— Nous les tenons! au premier mouvement qu'ils feront ils seront égorgés jusqu'au dernier....

Cependant le fanatisme de Challier se changea en un tel délire, que bientôt les commissaires ne lui semblant plus à la hauteur des circonstances, il poussa la frénésie jusqu'à dénoncer, comme royalistes, à la Convention, Legendre et Bazire. Ceux-ci, appelés à la barre de ce tribunal, se justifièrent complètement, en déclarant qu'ils venaient de créer pour Lyon un comité de salut public, dont le premier acte serait de décider que le jeudi 9 mai aurait lieu un massacre de tous les honnêtes gens. Une nouvelle commission, formée de quatre membres choisis parmi les plus infâmes de la Convention, devait aider à ce dernier crime; c'étaient Dubois de Crancé, Albite, Gauthier et Nioche. Ils arrivèrent à Lyon pour montrer leur pusillanimité.

CHAPITRE III.

Les Lyonnais se soulèvent. — Ils triomphent d'abord. — Ils arrêtent les représentans et Challier. — Supplice de celui-ci. — Ce qu'il dit avant de mourir. — Instructions que le comte de Provence envoie au comte de Précy. — Trente-trois départemens se réunissent. — Les Lyonnais donnent le commandement au comte de Précy. — Constitution de 1793. — Les Lyonnais la repoussent. — Avantages d'un sage régime constitutionnel. — Les puissances ne veulent pas secourir Lyon. — Faiblesse de l'aide du Piémont. — La Suisse reste neutre. — Lettre du prince de Condé à Précy. — Ce que lui mande le comte de Provence. — Fermeté du comte de Précy.

Le carnage projeté pour le 9 mai ne put avoir lieu à Lyon. Les girondins, qui devaient bientôt succomber eux-mêmes sous la main de sang de leurs adversaires, employèrent en quelque sorte la dernière heure de leur puissance à consacrer la légitimité de la résistance que Lyon allait opposer à l'anarchie. Ils firent rendre un décret sur la proposition de Chaplet, qui autorisait les Lyonnais à repousser la force par la force.

Les royalistes, heureux de ce décret, qui leur permettait une défense qu'ils espéraient bientôt changer en une attaque générale, poussèrent les jacobins, qui du reste n'en avaient pas besoin, à de tels excès, que les sections ne voulurent plus supporter cette horrible tyrannie. Le 29 mai, presqu'au moment où à Paris les jacobins allaient triompher de la saine partie de la Convention, les Lyonnais bien intentionnés prirent les armes, et triomphèrent de leurs oppresseurs. La municipalité ayant à sa tête Challier, Bertrand et les quatre conventionnels, appuyés des troupes et de la plus vile canaille, se prépara au combat. Elle employa d'abord la perfidie; on chargea les députés de tromper les sections, et on profita de la confiance qu'elles accordaient à un homme pervers pour tirer sur elles à mitraille.

Une vive indignation porta les sections à se venger. Dispersés dans le premier moment de la surprise, les citoyens se rallièrent, et marchèrent au combat avec une valeur sans égale. A peine au nombre de deux mille, ils firent rendre les armes à dix-huit cents soldats; ce qui prouve que dans une ville les habitans réunis seront toujours invincibles. L'artillerie lyonnaise fit un grand carnage parmi les jacobins; les boulets plurent sur l'hôtel-de-ville, et les représentans et la municipalité demandèrent grâce. On l'accorda aux premiers. Dubois de Crancé, Albite, Gauthier et Nioche rétractèrent leurs actes, approuvèrent les sections, et se séparèrent des jacobins. Néanmoins ils partirent de Lyon, la rage dans le cœur, et bien déterminés à se venger de l'affront qu'ils avaient reçu.

On ne se montra point aussi magnanime envers l'infâme Challier et ses complices. Le premier fut mis dans un cachot, où lui-même avait renfermé tant de victimes, et le tribunal criminel du département reçut la mission de lui faire son procès. Challier, arrêté dans sa maison de campagne de la Croix-Rousse, le 29 mai, ne fut exécuté que le 18 juillet suivant. Vainement la Convention, dans cet intervalle, rendit un décret, sur le rapport de Marat, pour évoquer l'affaire ; Lyon n'en tint aucun compte, et Challier fut puni de ses forfaits. En allant au supplice, il s'écria :

— Ma mort coûtera cher à mes concitoyens !

— Il ne montra nul courage en montant sur l'échafaud, et prouva que la lâcheté s'allie presque toujours à la férocité. Les Lyonnais crurent, en donnant ce grand exemple, qu'il serait imité du reste de la France ; j'en eus aussi l'espoir lorsque je vis les départemens de l'Hérault, du Gard, du Jura, des Basses-Alpes, des Bouches-du-Rhône, de la Gironde, et nombre d'autres accueillir ce mouvement, et y prendre part, en annonçant l'intention de se fédérer pour combattre la Convention, qui s'était suicidée le 31 mai, par la proscription de plusieurs de ses membres. Je fis alors passer mes instructions aux agences royalistes, et leur mandai ce qui suit relativement aux affaires de Lyon :

« L'heure marquée par la Providence pour la
» délivrance du royaume me paraît venue. Je
» pense donc qu'il faut s'occuper sans délai des
» moyens de régulariser l'insurrection lyonnaise,
» et surtout de la diriger de manière à ce qu'elle
» soit utile à la cause de la royauté. Il faut d'a-
» bord donner l'impulsion nécessaire au mouve-
» ment, puis choisir des hommes capables de le
» conduire. Cette impulsion doit être forte et una-
» nime, et on atteindrait mal ce but si l'on com-
» mençait par effrayer les républicains, les cons-
» titutionnels, les monarchistes, et enfin tous
» ceux qui ne sont pas des royalistes purs de tout
» alliage.

» Il convient donc d'user de prudence, et no-
» tamment de ne manifester aucun penchant au
» retour des anciennes lois du royaume. On n'ar-
» borera le drapeau blanc ni les fleurs de lis; on
» ne prononcera ni le nom du roi mon neveu ni
» le mien. Il ne sera point question des priviléges
» du clergé et de la noblesse, de la rentrée des
» émigrés dans leurs biens, de vengeances à exer-
» cer pour délits révolutionnaires ; en un mot, je
» recommande l'oubli total du passé jusqu'à une
» époque plus favorable. Il s'agit uniquement dans
» ce moment de renverser la puissance des déma-
» gogues, et on n'y parviendra que par le con-
» cours de tous. Il est donc de la plus grande im-

« portance de mesurer ses démarches et ses pa-
» roles, et de ne commettre aucune faute propre
» à compromettre la victoire. Les intérêts person-
» nels doivent se taire devant l'intérêt général.

» La conduite que je trace rassurera les diver-
» ses opinions ; elles se réuniront d'autant mieux
» contre l'ennemi commun que les espérances
» d'avenir d'aucun parti ne seront froissés.

» On ne négligera pas néanmoins de placer aux
» postes les plus importans les royalistes éprouvés,
» et de leur donner des fonctions propres à les
» mettre en rapport direct avec le menu peuple. Il
» faudrait en outre ouvrir les prisons à tous les dé-
» tenus, afin qu'on puisse en faire sortir les prêtres
» et les émigrés qui s'y trouveraient. On répandra
» le bruit que le régent est partisan de la constitu-
» tion de 1791; qu'il est disposé à la jurer au
» nom du roi, pourvu qu'on divise la Convention
» nationale en deux chambres.

» On dira aux acquéreurs des biens de l'église
» ou de la noblesse qu'ils s'arrangeront facile-
» ment avec les propriétaires, et que l'état leur
» rendra le prix de leur achat, afin que chacun
» soit satisfait. Je recommande d'une manière
» spéciale qu'on se hâte de reconstituer la magis-
» trature avec ses anciens élémens, car elle seule
» peut soutenir le trône. Le parlement de Lyon
» sera donc rétabli le plus tôt possible, et investi
» de la juridiction précédente. Il en sera ainsi de
» ceux de Dijon, de Grenoble, d'Aix, et succes-

» sivement de tous les autres au fur et mesure
» que l'insurrection prendra de l'accroissement.
» Je les autorise à rendre la justice au nom du
» *peuple français*, et même de la *république :*
» l'essentiel est qu'ils existent.

» J'investis le comte de Précy de toute ma con-
» fiance; je lui donne les pleins-pouvoirs dont
» je puis disposer, me reposant sur son zèle,
» son intelligence et sa réserve. J'approuverai les
» grades, les grâces et les croix de saint Louis
» qu'il croira devoir donner; seulement je lui
» conseille de choisir parmi les royalistes ceux qui
» ont le plus de sagesse et de sang-froid. Quant
» aux plus impétueux, il les enverra toujours aux
» postes où il faut déployer du courage. Il évitera
» d'exaspérer les républicains honnêtes et de bonne
» foi, et s'il s'élève quelques querelles entre eux
» et les royalistes, il prononcera en leur faveur ;
» car je préfère ramener des ennemis sages que de
» satisfaire des amis extravagans.

» Concilier les esprits est mon unique envie;
» le comte de Précy sentira combien tout ce que je
» dis ici est important; il agira en conséquence,
» et doit être certain que je l'approuverai en tout
» ce qu'il fera. »

Cette instruction était accompagnée de lettres-
patentes en forme qui embrassaient plusieurs
objets.

Trente-trois départemens ayant accepté le
pacte fédératif, je donnai le dernier mot, et le

comte de Précy se prépara à agir au premier signal. Les Lyonnais, tout en aspirant à l'indépendance, proclamèrent en même temps leur union à la république, ajoutant qu'ils n'avaient combattu et triomphé que pour elle. Ils voulurent en donner une preuve en chargeant le sculpteur Chinard, homme de talent, de faire une statue de la Liberté, qu'on plaça sur le fronton de l'hôtel-de-ville.

L'impulsion imprimée, Lyon la suivit, et nécessairement c'était vers nous qu'elle devait pencher. Il lui fallait un chef militaire, et au lieu de le prendre dans les rangs des jacobins, on choisit le comte de Précy, qu'on alla chercher à Semur. Ainsi les Lyonnais, influencés par moi, à leur insu acceptèrent le chef que ma sagacité leur destinait depuis long-temps.

Dès son arrivée à Lyon, l'autorité lui fut dévolue; il en usa avec une grande prudence, et se conforma entièrement aux instructions que je lui avais données.

Cependant, M. de Précy, tout en paraissant servir la république, décida les Lyonnais à repousser la constitution dite de 1793, monument hideux et dégradant pour ses auteurs. Son exécution était si impossible que ceux mêmes qui l'avaient faite en cinq ou six séances, dans une taverne du Palais-Royal, se contentèrent de la montrer au peuple, puis on la renferma jusque, prétendit-on, à la paix générale. Le fait est que nul n'en voulait, Robespierre moins que personne. Il espérait parvenir à une puissance telle que sa volonté seule ferait loi.

Les Lyonnais, donc, refusèrent de jurer obéissance à cette constitution improvisée, et si abominable dans ses dispositions. On leur en fit un crime, et dès-lors on se prépara à les réduire par la force des armes.

Dans cet intervalle, M. de Précy tâchait de se créer des ressources, et de se donner des soutiens ; l'argent, ce nerf de la guerre, ne pouvait lui manquer, sans compromettre les intérêts de notre cause sacrée. Les Lyonnais lui fournirent d'abord une partie de celui qui était nécessaire ; le reste vint de l'Angleterre. Cette puissance crut dans cette occasion ne pas devoir ménager les subsides ; elle y mit une célérité qui n'appartient qu'à elle, car il n'existe en Europe aucun royaume qui puisse fournir des fonds avec plus de facilité. C'est un avantage qu'elle doit à sa constitution et à son commerce. Les gouvernemens absolus, au contraire, trouvent toujours leurs coffres vides lorsqu'il s'agit d'y faire un énergique appel dans les grandes occasions. La France seule peut aujourd'hui se suffire à elle-même ; elle supporte, sans en être trop écrasée, le poids énorme de ses impôts, de ses contributions de guerre, et je la croirais même en force d'y ajouter la charge de la double indemnité que réclament le clergé et l'émigration. J'espère que mes successeurs n'oublieront jamais que c'est à la stabilité de ma Charte que la France doit et devra sa belle prospérité.

M. de Précy voulant profiter de la position avantageuse de Lyon pour appeler à sa défense des troupes qui pussent le seconder, s'adressa au roi de Sardaigne, à la confédération suisse, et au prince de Condé. Ses envoyés furent accueillis avec intérêt ; on les combla de politesse et d'éloges, mais ce fut tout ce qu'ils obtinrent, et jamais on ne put mieux reconnaître qu'à cette époque :

..... Cet esprit de vertige et d'erreur
De la chute des rois funeste avant-coureur.

Le roi de Sardaigne, le premier, négligea de se garantir de la contagion révolutionnaire, qui menaçait de se propager dans les royaumes les plus éloignés ; il s'occupait activement à repousser la guerre qu'on lui faisait vers les Alpes maritimes, cachant qu'il espérait, en occupant avec ses forces la Provence et le Dauphiné, finir par s'approprier en partie ou en entier ces provinces ; en conséquence, il était peu disposé à aller au secours de Lyon, bien persuadé que jamais on ne lui abandonnerait cette cité florissante ; ainsi, au lieu de dix mille hommes réunis en un seul corps d'armée que le comte de Précy demandait, la cour de Turin envoya seulement dans la Tarentaise quelques bataillons trop faibles pour tenir la campagne avec succès. Le général Kellermann, qui combattait de ce côté, n'eut point de peine à les mettre en déroute ; il leur opposa une brigade de l'armée des Alpes, mais cette diversion ne retarda pas un instant les opérations du siége de Lyon.

Les secours ne vinrent pas plus de la Suisse que du Piémont. Cette puissance prétendait rester commodément dans une neutralité inoffensive, se flattant que la Convention la respecterait. On admira la conduite généreuse des Lyonnais ; on leur accorda la permission de recruter en secret quelques hommes, qui ne purent franchir les frontières ; on leur parla de la sympathie qu'on éprouvait pour leur cause ; mais on les abandonna à leurs propres forces.

Restait le prince de Condé dont les intentions ne pouvaient être suspectes ; le prince de Condé qui aurait donné sa vie pour remporter une seule victoire de Rocroi sur la révolution. Mais lui aussi était sous l'influence de cette fatalité qui égarait tous les souverains ; aucune de ses actions n'était libre, l'Autriche craignant toujours de voir obtenir aux troupes françaises des avantages qui auraient anéanti ses projets d'envahissement sur l'Alsace, la Lorraine, la Bourgogne et la Franche-Comté. Il ne fallait donc pas attendre qu'elle aiderait le mouvement des Lyonnais par ceux qu'elle autoriserait dans le prince de Condé. Le prince lui-même connaissait bien sa cruelle position; aussi écrivit-il directement au comte de Précy une lettre dont il m'envoya la copie :

« C'est l'ame navrée d'une profonde douleur
» que je réponds, monsieur, à la demande de con-
» fiance que vous avez bien voulu me faire. Je
» suis trop étroitement garrotté pour pouvoir ef-
» fectuer aucun mouvement propre à faciliter les
» succès de la cause royale; on épuise mon armée
» en efforts impuissans; on veut l'anéantir sans
» qu'elle puisse être utile à son roi et à son pays :
» voilà ma position. S'il ne dépendait que de moi,
» vous me verriez arriver devant Lyon, à la tête
» de cette vaillante noblesse, si malheureuse, si
» dévouée, pour partager vos périls, triompher ou
» mourir ! Mais ce bonheur nous sera refusé; at-
» tendez votre salut de Dieu et de l'intérieur de
» la France, car les promesses étrangères seront
» nulles; si je me retirais maintenant, que devien-
» draient tant d'émigrés attachés à ma personne ?
» ils n'auraient pour refuge que la misère ou la
» mort ! Je reste donc où je suis, quoique ce soit
» avec une vive amertume.

» Je vous parle à cœur ouvert, monsieur, sa-
» chant à qui je m'adresse.

» Je suis avec les sentimens que votre conduite
» héroïque m'inspire, etc. »

Le prince de Condé, en m'envoyant cette lettre, me disait :

« Monseigneur ,

» J'espère que Votre Altesse Royale approuvera
» ma franchise envers M. de Précy. Ma conscience
» me reprocherait toujours d'avoir trompé ce di-
» gne gentilhomme. Il ne faut pas qu'il prolonge
» sa résistance dans l'attente d'un secours qui ne
» lui viendra pas. Si mon épée valait une armée,
» je la lui porterais moi-même ; mais je n'ai que
» des vœux stériles à lui offrir : oh, monseigneur !
» si la chose était à recommencer ! ! ! »

Cette phrase inachevée terminait la lettre du
prince de Condé. Croyant devoir à mon tour ranimer le courage de Précy, je lui mandai :

« Ne vous laissez pas abattre ; continuez à tenir
» jusqu'à la fin. Un foyer de résistance peut inspi-
» rer à d'autres le désir de l'imiter. Je compte sur
» la levée prochaine de tout le Midi, depuis Bor-
» deaux jusqu'à Antibes. Alors vous trouverez
» dans l'intérieur les secours que le dehors vous
» refuse. En attendant, persistez à marcher dans
» la ligne que je vous ai tracée : ce serait tout
» perdre que de s'en écarter. Si tout vous manque,
» comptez toujours sur moi ; dès que vous aurez
» en votre pouvoir une place forte, vous me ver-
» rez accourir en France. Je veux montrer à mes
» compatriotes que si je ne puis combattre, je ne
» crains pas du moins les dangers personnels.
» Croyez à toute ma reconnaissance. Adieu, mon
» cher comte ; que Dieu soit avec vous comme y

» sont mes pensées et mon cœur, et tout ira bien. »

M. de Précy, avant de recevoir ces deux lettres, avait vu déjà s'évanouir successivement toutes ses espérances. La stérilité des démonstrations du Piémont et de la Suisse, la défection des départemens, qui d'abord témoignaient l'intention de faire avec Lyon un pacte fédératif, lui prouvèrent que tous ses efforts ne tendraient qu'à retarder le moment de sa défaite. Un autre, frappé de cette triste conviction, se serait peut-être laissé abattre ; lui, au contraire, y puisa de nouvelles forces pour lutter contre la fortune ; et certes on ne peut mieux appliquer qu'à lui ces vers d'Horace, que, tout connus qu'ils soient, j'aime à citer encore :

> Justum et tenacem propositi viram,
> Non civium ardor prava jubentium,
> Non vultus instantis tyranni
> Mente quatit solidâ, neque Auster,
> Dux inquieti turbidus Adriæ,
> Nec fulminantis magna Jovis manus.
> Si fractus illabatur orbis,
> Impavidum ferient ruinæ.

(Rien n'étonne l'homme juste et ferme dans ses principes. Sa vertu n'est ébranlée ni par les cris insensés d'un peuple furieux, ni par les regards menaçans d'un tyran farouche, ni par les vents qui soulèvent la mer orageuse, ni par les foudres que lance la main terrible de Jupiter. Que l'univers entier s'écroule, il sera écrasé, mais il n'aura pas tremblé).

CHAPITRE IV.

Le comte de Précy arme les émigrés. — Le Midi ne le seconde pas. — Jugement qu'un libéral porte sur ces provinces. — Armée républicaine. — Dubois de Crancé. — Gauthier. — Commencement des hostilités. — Envoyés lyonnais égorgés. — Les représentans proposent la paix. — Belle conduite du comte de Précy. — Enthousiasme des Lyonnais. — Bombardement. — Attentat des jacobins contre les hôpitaux. — Projet désespéré des Lyonnais. — Avidité de la cour de Piémont. — Propos énergique d'un député lyonnais. — Tentative infructueuse du prince de Condé — Le comte de Provence veut sauver Lyon. — Le marquis d'Autichamp. — Lyon aux abois. — Refus de se rendre. — Divisions intestines. — Attaque générale. — Dernière victoire des Lyonnais. — Ils succombent. — M. de Précy quitte la ville. — Ce qu'il devient.

Les Lyonnais voyant que les jacobins persistaient à maintenir le joug de la terreur, firent un pas de plus vers le retour à l'ancien ordre de choses : ils permirent au chef qu'ils s'étaient donné d'appeler un grand nombre d'émigrés, qui prirent place dans leurs rangs ; de faire sortir des cachots une centaine de prêtres destinés au supplice, et de rétablir le culte catholique dans sa pureté.

A moins de se déclarer ouvertement royaliste, on ne pouvait faire mieux. En attendant, on essayait, non de fortifier la ville, ce qui était impossible vu le peu de loisir qu'on avait, mais de construire des ouvrages avancés, à l'aide desquels on pouvait combattre long-temps avant de rentrer forcément dans les murailles. Chacun y travailla avec autant de constance que de zèle.

De mon côté, je pressais mes agens dans le Midi pour qu'ils fissent enfin éclater l'insurrection générale dont on ne cessait de me leurrer. On me parlait toujours des bons sentimens de Bordeaux, de Toulouse, de Montpellier, et dans ces provinces pas un seul coup de fusil n'avait été tiré. J'en étais étonné, mais j'aurais dû me défier de *l'imagination* méridionale : l'expérience m'a appris depuis que jamais les membres de ma famille ne pourront faire fond sur les trois grandes provinces de la Guyenne, du Languedoc et de la Provence, que lorsque la victoire aura donné ailleurs le signal. Ces contrées ont entièrement désappris la guerre civile qu'elles faisaient si bien autrefois ; leur nullité dans la balance politique s'est manifestée pendant toute la durée de la révolution, et mieux encore en 1815. Les Bourbons seront donc à plaindre s'ils sont jamais forcés de s'appuyer sur leurs partisans méridionaux. Un libéral de mauvaise humeur me disait, il y a peu de temps :

— Dans les pays qui avoisinent la Méditerranée et les Pyrénées, la noblesse n'ose agir, dans la crainte de perdre ses biens, et le peuple, très propre à un coup de main, ne tiendrait pas en corps d'armée contre des troupes régulières.

— Mais cependant, répondis-je, ces contrées abondent en excellens soldats, quelques-uns de nos meilleurs généraux en viennent.

— Oui, hors de chez eux ils sont pleins de bravoure, tandis qu'au sein de leurs foyers leur exaltation s'évapore en *farandoles*.

Ce jugement me parut sévère ; cependant, Bonaparte ayant dit à peu près la même chose : je laisse aux Provençaux et aux Gascons le soin de l'infirmer à la première occasion.

Revenons à Lyon : je ne pourrais entrer dans tous les détails de ce siége mémorable sans m'écarter trop du plan que je me suis imposé ; celui de mentionner principalement la partie la moins connue des événemens politiques et ceux qui me sont personnels. Cependant je tracerai rapidement un aperçu des actes qui signalèrent cette résistance à l'oppression des démagogues. Le comte de Précy, fidèle à mes instructions, ne se départit point des formes républicaines. La conduite des Lyonnais mit complètement dans son tort la Convention ; ils montrèrent que leur seul dessein était de se maintenir dans la ligne constitutionnelle. Mais cela ne convenait pas plus au comité de salut public, que les démonstrations d'un ardent royalisme. Une armée composée de troupes militaires et de gardes nationales, s'élevant à cent mille hommes environ, dont quarante de régulières, reçut l'ordre de venir assiéger la cité rebelle.

Les conventionnels Dubois de Crancé et Gauthier avaient la direction principale. Venait après eux le général Kellermann, brouillon ambitieux, ennemi juré de la noblesse, parce qu'on l'avait chassé des mousquetaires où il s'était introduit, en montrant de fausses preuves nobiliaires. Dès 1789 il s'était déclaré contre la famille royale ; admis aux états-généraux parmi les députés du tiers, il s'y fit plutôt remarquer par une véhémence outrée que par des talens réels. Membre de la Convention, il se prononça, dès le commencement du procès de Louis XVI, contre ce monarque, et combattit fortement ceux qui voulaient lui permettre de voir sa famille. Il vota sa mort avec rudesse, et se déclara contre le sursis et l'appel au peuple. Fanatique sans mérite, il ne s'éleva qu'un instant pour rentrer dans l'obscurité. Notre retour, en 1814, lui causa une telle frayeur, qu'il en mourut. Nous en avons laissé vivre tant d'autres qui ne valent pas mieux, que certes il nous avait bien mal jugés.

Son collègue, Gauthier, autre régicide et son émule, était sorti de Bourges, où il exerçait la profession d'avocat, pour venir siéger aux états-généraux. Il adopta à cette époque les principes du côté droit, mais vrai poltron, il devint plus tard démagogue de circonstance, et membre de la Convention nationale. Il vota la mort de son roi. On l'envoya une première fois à Lyon en qualité de commissaire, avec Nioche, son collègue ; il s'y trouva lors du soulèvement des sections, fut arrêté par elles, retenu d'abord en ôtage, puis relâché plus tard sur la promesse qu'il fit de découvrir la vérité, promesse qu'il ne tint pas. Irrité contre les Lyonnais, il sollicita et obtint de revenir avec l'armée destinée à prendre la ville. Mais sa lâcheté s'accommodant de l'impéritie de Dubois de Crancé, il inspira des soupçons aux anarchistes, et on le dénonça comme cherchant à faire traîner le siége en longueur. Il était trop *bon révolutionnaire* pour ne pas se disculper facilement, et il y réussit si bien, qu'en août 1795 il entra au comité de sûreté générale. Je l'ai trouvé, à ma première rentrée, vice-président du tribunal civil de Paris, et il est un de ceux que ma pudeur de roi me forçait de mettre à l'écart.

Kellermann valait mieux que ces deux hommes; aussi, s'il eut le malheur de commencer le siége de Lyon, il sut s'arranger pour le laisser finir à d'autres. On l'abreuva de dégoûts, selon la coutume républicaine; on le suspecta de trahison, et il eut assez de bon sens pour ne se justifier qu'après avoir eu un successeur.

Les premières hostilités eurent lieu le 8 août 1793. Le canon tira ce jour-là pour la première fois sur la ville. Cette démonstration avait été précédée d'un crime infâme. Des Lyonnais, venus au camp pour proposer la paix, furent assassinés par l'ordre des proconsuls. Il fallut donc ne plus songer qu'à combattre des hommes qui affectaient de fouler aux pieds l'humanité naturelle et le droit des gens. L'affaire du 8 mai eut lieu sur le plateau de la Croix-Rousse, à une demi-lieue de la ville; dans la plaine de Roy. L'indignation des Lyonnais leur donna les prémices de la victoire.

D'autres attaques qui suivirent leur furent également favorables. Alors Dubois de Crancé et Gauthier essayèrent d'obtenir par ruse ce que les armes leur refusaient. Ils adressèrent de leur quartier-général, établi sur la colline de Montestin, une proclamation au peuple de Lyon, dans laquelle on lui promettait une amnistie entière si dans une heure les clefs étaient rendues, et les chefs livrés à la justice nationale. Cette pièce fut remise, le 19, au comte de Précy, qui la transmit sur-le-champ au conseil-général, où il alla prendre séance. Lorsque la lecture en eut été faite :

— Messieurs, dit-il, j'ai ceint l'épée d'après le vœu du peuple de Lyon, et je la dépose jusqu'à ce que ce même vœu librement exprimé m'engage à la reprendre.

En effet, il la déposa sur le bureau. Des acclamations unanimes lui prouvèrent qu'on n'acceptait point sa démission. Bientôt même les trente-deux sections convoquées fournirent en peu d'heures vingt mille signatures qui approuvaient la résolution du conseil municipal de repousser les propositions des anarchistes, et d'obéir aveuglément à tout ce que le comte de Précy croirait devoir faire pour le salut commun. Ce général, que la confiance de Lyon investissait d'une autorité sans bornes, en profita pour répondre avec énergie à la proclamation jacobine. Il reprocha aux proconsuls les crimes de la Convention, leur déclarant qu'il les en rendait responsables, ainsi que les comités de salut public et de sûreté générale, de la vie du roi mon neveu, et de celles de sa mère, de sa sœur et de sa tante, en un mot, il leur tint le langage de la fidélité et de la bravoure.

Les représentans répondirent par des menaces. Cette fois le conseil se chargea de la réplique en ces termes :

« Nous ne sommes touchés que du sort de la » république dont vous livrez les frontières. Nos » portes ne vous seront pas ouvertes ; si vous aimez » votre patrie, marchez contre ses vrais ennemis, » et vous nous verrez bientôt nous réunir à vos » rangs pour les combattre. »

Mais les proconsuls étaient trop empressés de s'emparer de Lyon pour attendre l'effet de cette seconde sommation ; elle n'était pas encore parvenue aux portes extérieures, que déjà, dans la nuit du 22 au 23 août, le bombardement avait commencé. Le lendemain, le quartier Saint-Clair était couvert de ruines ; mais tous ces désastres n'ébranlèrent pas les assiégés. La trahison vint ensuite prêter son secret appui à la cause révolutionnaire ; des Lyonnais perfides incendièrent l'arsenal et ses quatre magasins ; trois cents maisons devinrent la proie des flammes. Un usage consacré par les lois chez les nations civilisées interdit de lancer des projectiles embrasés sur les hôpitaux surmontés d'un drapeau noir ; néanmoins, pendant le siége de Lyon, ces asiles de la souffrance furent écrasés par les batteries des assiégeans. Cette atrocité ne suffit pas à la rage des jacobins ; ils ne respectèrent pas davantage les ambulances intérieures que des infâmes désignèrent au moyen de signaux convenus avec les représentans.

Des désastres successifs et irréparables forcèrent les Lyonnais, dans la nuit du 7 au 8, à se resserrer dans l'enceinte de la ville. Il ne leur fut plus possible de tenir la campagne pour faciliter l'approche des arrivages ; si bien que la famine se montra avec tout son horrible cortége ; on essaya de la conjurer en faisant sortir les bouches inutiles ; mais elle revint bientôt plus menaçante que jamais.

Cependant le péril croissait ; il fallait prendre un parti décisif et prompt. On voulait d'abord tenter par la force une retraite vers le Forez, pour se réfugier dans les montagnes de la Lozère, où l'on espérait rencontrer les insurgés du camp de Jalès et du Vivarais ; puis traverser ensemble la France, et aller joindre ces braves Vendéens qui tenaient la république en échec sur la Loire. Les difficultés que présentait un aussi long trajet y firent renoncer. On abandonna également le plan de faire venir des secours du côté du Piémont. Ici on consentait bien à aider les Lyonnais, mais on leur demanda une somme si énorme que leur émissaire répondit au roi de Sardaigne :

— Les satellites de la Convention ne la trouveront pas, lors même qu'ils la chercheraient sous la dernière pierre de notre ville.

On voulait marchander avec des héros; il en advint qu'on les livra au trépas; mais la main de Dieu les vengea en enlevant le trône aux héritiers du comté de Savoie Amé *le Vert*.

Le prince de Condé avait auprès de lui un de ses aides-de-camp, le chevalier Terrasse de Tessonet, qui, Lyonnais de naissance, avait déjà figuré activement dans la première conspiration. Avant le siége de Lyon, ce gentilhomme travaillait aussi avec une généreuse ardeur à la délivrance de ses concitoyens. Il voulait que le prince, sans s'inquiéter si l'Autriche approuverait ou non son plan, se portât à marches forcées dans la Franche-Comté, prît Huningue et formât une diversion importante en faveur des Lyonnais. Ce coup hardi convenait à la bravoure chevaleresque du prince; il fit ses préparatifs en secret, et se hâta d'envoyer le jeune Montcolomb, neveu de Précy aux Lyonnais, pour les engager à prolonger leur résistance, les assurant qu'ils seraient bientôt secourus.

Tandis qu'on cherchait ainsi à seconder les efforts de ces braves, je ne restai pas inactif de mon côté. Un plan m'avait été soumis par le marquis d'Autichamp, chef de cette famille royaliste envers laquelle la nôtre sera toujours si redevable. Né en 1738, ce gentilhomme avait suivi avec beaucoup d'éclat la carrière des armes. Les grades et les honneurs qu'on prodigue trop peut-être à la faveur et à la naissance, n'avaient été pour lui que le juste prix de ses talens et de ses belles actions. Il était déjà, en 1789, cordon rouge au conseil de guerre, et gouverneur de Longwy. Il émigra l'un des premiers, et alla rejoindre à Turin le comte d'Artois ; ce fut lui qui correspondait avec le camp de Jalès, et qui, se fiant deux fois aux promesses du roi de Sardaigne, espéra rentrer en France les armes à la main. Il vint près de moi en 1791, forma une compagnie de sept cents hommes, avec laquelle il fit la campagne de 1792. Plus tard il s'enferma dans Maestricht, et contribua puissamment par sa vaillance à empêcher cette place de tomber au pouvoir des républicains. Dès qu'il apprit l'insurrection lyonnaise, il ne rêva plus qu'aux moyens de la soutenir ; voici quel était le plan qu'il me proposa, et que j'approuvai.

Nous ne pouvions nous persuader que l'Europe fût complètement indifférente à nos grandes infortunes ; nous pensions surtout que les Suisses, nos anciens et fidèles alliés, n'avaient pas oublié, en outre, le massacre de leurs compatriotes au 10 août 1792. Le marquis d'Autichamp, plein de la même idée, avait imaginé, à l'aide de quelqu'argent, car il en faut toujours aux Suisses, d'entraîner les cantons catholiques, et même les protestans, et de marcher à la tête de ces milices aguerries contre les républicains. Déjà il s'était procuré des intelligences avec ce pays, et il s'y rendit accompagné de plusieurs gentilshommes, bons officiers, et bien capables de le seconder dans son entreprise. Il était muni en outre d'une forte somme que je lui avais remise, et qui me venait de l'Angleterre, toujours libérale lorsqu'il s'agissait d'entretenir la guerre civile en France.

Mais il arriva dans cette circonstance ce qui eut presque toujours lieu pendant le cours de notre exil; les choses vues de près ne parurent point aussi avantageuses. Les Suisses voulaient se maintenir dans leur neutralité; le patriciat craignant que la plèbe n'usurpât comme en France le pouvoir, était déterminé à se tenir tranquille, croyant par là conjurer l'orage; en un mot, on ne répondit point aux insinuations du marquis d'Autichamp; il n'obtint rien de décisif, et fut forcé de revenir sans avoir rien conclu. Désirant réparer cet échec avant de nous rejoindre, il essaya de s'emparer du fort de l'Écluse, qui nous eût donné un pied en France. Trois cents invalides gardaient cette place. On espéra les gagner; le marquis d'Autichamp envoya un agent sûr pour préparer les voies; mais cet agent n'ayant pas agi avec prudence, on soupçonna une partie du complot, et sur ce simple éveil, des volontaires intrépides et surtout bons jacobins remplacèrent les vétérans. En même temps, des batteries furent établies dans les gorges des monts voisins. De telles précautions étaient plus que suffisantes pour arrêter le marquis d'Autichamp, qui n'avait pas assez de forces pour faire une attaque ouverte; il fut donc contraint d'y renoncer, et vint nous rejoindre désespéré de n'avoir réussi en rien.

Hélas! tandis que nous nous épuisions en vains efforts pour sa défense, Lyon touchait à sa dernière heure. Le 19 septembre, une sommation fut faite, par les députés assiégeans, auxquels la Convention impatiente reprochait la lenteur du siége. Ils l'avaient rédigée dans les termes suivans :

« Au nom du peuple français, mettez bas les
» armes, ouvrez vos portes, ou la vengeance du
» peuple va fondre sur vous. Elle restera encore
» suspendue jusqu'à huit heures du soir ; mais, à
» partir de ce moment, les représentans ne ré-
» pondent plus de vos personnes et de vos pro-
» priétés. »

La réponse des Lyonnais, que l'histoire conservera, est un modèle de dignité, d'héroïsme et de logique : elle aurait attendri des tigres, mais elle fut sans effet sur les représentans. La canonnade recommença avec une nouvelle vigueur. On avait fait venir de toutes parts de l'artillerie de siége. Un nombre immense de bouches à feu vomissent la mort et l'incendie, et cependant la constance des assiégés n'est pas ébranlée ; mais la discorde éclate parmi eux. On était arrivé au moment de décider sous quelle bannière on combattrait désormais, et lorsqu'on prononça le nom de Louis XVII, les républicains, effrayés, se séparèrent de leurs frères. Il y eut une scission au moment même où une quadruple attaque donnait aux républicains les hauteurs de Sainte-Foix, de la Croix-Rousse et du pont d'Oulins.

En abandonnant les royalistes, les républicains laissèrent prendre, outre la redoute de Sainte-Foix, dont la défense leur était confiée, les portes et les redoutes du faubourg Saint-Just. Dubois de Crancé, à la tête des forces ennemies, vint jusqu'au pont de la Guillotière, et le franchit sans presque éprouver de résistance ; il s'empara ensuite d'une redoute faite avec des balles de coton à l'avenue Perrache ; et déjà, croyant la ville en son pouvoir, il se disposait à agir en maître, lorsque les royalistes, commandés par le brave comte de Précy, fondirent sur les colonnes ennemies, les défirent, et reprirent, non sans grandes pertes, les redoutes de Perrache. Depuis le commencement du siége, huit mille hommes à peine luttaient contre une armée qui, se recrutant chaque jour, montait alors à cent mille.

Les Lyonnais aux abois parlèrent de capituler ; on convoqua à cet effet une nouvelle assemblée des sections. Les représentans chefs de l'armée républicaine venaient d'être changés ; on pouvait espérer de meilleures conditions de ceux qui les remplaçaient, et on décida d'envoyer au camp ennemi des négociateurs. C'était proclamer l'arrêt de mort du comte de Précy, des émigrés et du reste des royalistes ; mais ce chef céda à la nécessité. Il rallia autour de lui environ quinze cents hommes dont la perte était jurée, fit avec eux une sortie par la porte de Veze, espérant passer la Saône à Riothiers, et de là s'ouvrir une route en Suisse, dont les frontières sont voisines.

Le comte de Précy, pendant toute la durée du siége, avait tenu la campagne et protégé les arrivages sous un rayon de douze lieues environ ; car ses détachemens, étendus dans le Forez, le rendaient maître de Rive de Giers, Saint-Chaumont et Saint-Étienne. Il se flatta cette fois encore de conserver ces avantages ; mais la trahison épiait toutes ses démarches : son plan fut découvert aux assiégeans ; on sonne le tocsin dans toutes les communes situées sur son passage, et lorsqu'il quitte Lyon, le 9 octobre, il voit tailler en pièces sous ses yeux le corps commandé par le comte de Viriac, tandis que les deux autres, qui composaient sa faible armée, furent mis en pleine déroute. Chacun s'éparpilla au hasard ; un grand nombre de combattans furent pris par les républicains et fusillés. Le comte de Précy, plus heureux, trouva une retraite dans les montagnes du Forez, au village de Sainte-Agathe, chez d'honnêtes cultivateurs, Legoult et Madinier : je veux que leurs noms passent à la postérité, ils en sont dignes.

CHAPITRE V.

Regret que cause au comte de Provence la prise de Lyon. — Mesures atroces des jacobins contre cette ville. — Fragmens de correspondance conventionnelle. — Le comte de Provence promet une explication sur les causes qui lui firent confier un ministère à Fouché. — Suite de la correspondance conventionnelle. — Toulon. — Les Anglais. — On leur livre la ville et la flotte. — On y proclame la royauté. — Carteaux et la flotte. — Siége et prise de Toulon. — Les Anglais et les jacobins. — Correspondance conventionnelle. — Bonaparte. — Le comte de Provence veut aller à Toulon. — Il assemble son conseil. — Ce qu'il dit au duc de Castries. — Détails curieux. — Querelle du comte de Provence avec quelqu'un. — Il répète les paroles de Louis XII. — Il écrit à l'impératrice de Russie. — Il part. — Ses espérances.

Ainsi expira le royalisme armé de Lyon, soutenu avec tant de bravoure, et indignement abandonné par tous ceux qui auraient pu le seconder. Le résultat de cette levée de boucliers fut de sinistre augure pour celles que l'on devait tenter à l'avenir. Lorsque la nouvelle m'en arriva, je ne pus retenir un cri de douleur, bien que je dusse m'y attendre depuis long-temps ; des larmes s'échappèrent de mes yeux, et je déplorai avec amertume mes devoirs de sujet, de régent, et de roi même (car je devais craindre qu'un nouveau crime des jacobins m'en donnât bientôt le titre). Je formai du moins le projet de récompenser Lyon de toutes ses pertes, et de l'élever au rang de seconde ville de France. Pouvais-je alors prévoir qu'un autre que moi remplirait ce vœu, qu'un homme plus heureux m'enlèverait la satisfaction de me proclamer le restaurateur de Lyon comme je devais l'être du reste de la France !

Le même jour où le comte de Précy sortit de la cité assiégée, les conventionnels y firent leur entrée triomphale : les forfaits, les assassinats et la terreur s'y établirent avec eux. On connaît trop les massacres et les démolitions qui eurent lieu dans cette ville infortunée. Quel tableau quand on se figure le paralytique et sanguinaire Couthon, armé d'un marteau d'or, se faisant traîner à bras d'hommes dans les plus beaux quartiers et sur la place Bellecourt, puis frappant les hôtels et les maisons en prononçant ces paroles : *Au nom de la loi, j'ordonne que tu sois renversé!*

L'échafaud ne pouvant suffire à l'impatience des anarchistes, on égorgea en masse les victimes ; on les mitrailla, pour en finir plus tôt avec elles. Un décret déclara que Lyon perdrait son nom pour prendre celui de *Cité affranchie,* qu'on démolirait tous les édifices publics et particuliers, et qu'on y tolèrerait quelques cabanes pour servir de domicile aux sans-culottes amis de la liberté et de l'humanité. La rage de la Convention était insatiable, et elle trouva de dignes agens qui allèrent encore au-delà de ses instructions. On ne peut lire sans frémir la correspondance des féroces proconsuls envoyés pour détruire Lyon; en voici certaines phrases que j'ai notées :

« Nous avons ranimé l'action d'une justice ré» publicaine ; elle doit frapper les traîtres comme » la foudre, et ne laisser que des cendres. En dé» truisant une cité infâme et rebelle, on consolide » les autres. Nous démolissons à coups de canon, » et avec la main la hache fait tomber chaque » jour la tête de vingt conspirateurs, et ils n'en » sont pas effrayés... Nous avons créé une com» mission aussi prompte que peut l'être, la con» science des républicains qui jugent des traîtres; » soixante-quatre des conspirateurs ont été fusillés » hier... deux cent trente vont tomber aujour» d'hui.

Signé, COLLOT-D'HERBOIS.

« Convaincus qu'il n'y a d'innocens dans cette » infâme cité, que celui qui fut opprimé et chargé » de fers par les assassins du peuple, nous som» mes en garde contre les larmes du repentir; rien » ne peut désarmer notre sévérité... l'indulgence » est une faiblesse dangereuse...On n'ose pas vous » demander le rapport de votre premier décret » sur l'anéantissement de Lyon; mais on n'a pres» que rien fait jusqu'ici pour l'exécuter. Les dé-

» molitions sont trop lentes ; il faut des moyens
» plus rapides à l'impatience républicaine. *L'ex-*
» *plosion de la mine, l'activité dévorante de la*
» *flamme, peuvent seules exprimer la toute-*
» *puissance du peuple; sa volonté ne peut être*
» *arrêtée comme celle du tyran, elle doit avoir*
» *l'effet du tonnerre.*

» *Signé*, Collot-d'Herbois, Fouché. »

Transcrire ce dernier nom est pour moi un supplice ; je sais quel souvenir il rappellera, et quelle accusation ce nom, en reparaissant plus tard, fera peser sur moi. Si j'achève ces Mémoires, je ne serai point condamné avant d'être entendu. Je donnerai ma justification lorsque je serai arrivé à cette époque critique de notre histoire ; on verra alors clairement que j'ai été plus à plaindre que répréhensible. Je dirai toute la vérité, sans m'inquiéter de ceux qui en seront blessés ; je dois à ma dignité de ne rien cacher de ce qui a conduit l'infâme Fouché à devenir le ministre de l'un des frères de Louis XVI. Mais je poursuis le cours de mes citations.

« L'armée révolutionnaire arrive enfin après-
» demain, et je pourrai accomplir de plus grandes
» choses ; il me tarde que tous ces conspirateurs
» aient disparu... Il faut que Lyon change entiè-
» rement de face... il faut licencier, faire évacuer
» cent mille individus travaillant, depuis qu'ils
» existent, à la fabrique... En les disséminant parmi

» les hommes libres, ils en prendront les senti-
» mens...Nous avons créé deux nouveaux tribu-
» naux pour juger les traîtres.... Plusieurs fois
» vingt coupables ont subi la peine due à leurs
» forfaits le même jour. Cela est encore trop lent
» pour la justice du peuple qui doit foudroyer tous
» ses ennemis à la fois...Le siége qu'il a fallu for-
» mer dans l'intérieur demande de nouvelles for-
» ces...

Signé, COLLOT-D'HERBOIS.

« La mine va accélérer les démolitions; les mi-
» neurs commenceront le travail aujourd'hui. Sous
» deux jours les bâtimens de Bellecourt sauteront.
» J'irai ensuite partout où de tels moyens seront
» praticables contre les bâtimens proscrits...

Signé, COLLOT-D'HERBOIS.

Français! voilà ce que fut parmi vous la république, et ce qu'elle serait encore si vous consen-
tiez à vous laisser de nouveau opprimer par elle ;
le pillage, la ruine, l'incendie et le meurtre sont
des jeux pour elle ; il n'y aura pour vous de paix
et de bonheur que sous le gouvernement légitime
et paternel de vos rois.

Une cruelle fatalité empêcha qu'aucun de mes
plans pût concourir à la réussite de l'ensemble
de nos opérations. Ainsi la Vendée s'agitait sans
influence sur le Midi, qui continuait à faire du
royalisme par correspondance, ou tout au plus

par boutades ; ainsi l'insurrection de Lyon, mal secondée par celle de Marseille, ne put pas se rallier au mouvement de Toulon, qui promettait de si heureux résultats ! J'avoue ma satisfaction lorsque j'appris que cette place maritime, si forte, si bien approvisionnée, avait arboré l'étendard de la légitimité. Néanmoins cette joie fut tempérée, quand je sus plus tard que les Anglais y étaient venus en amis. C'est une chose pénible à dire, mais l'amitié des Anglais a toujours été funeste, et c'est bien le cas de s'écrier avec Virgile:

.....Timeo Danaos et dona ferentes.
(Je crains les Grecs, lors même qu'ils font des présens.)

Je redoutais dans cette affaire l'intervention du cabinet britannique, et tout me démontra les conséquences qui en adviendraient. Je ne pus m'empêcher de dire au fidèle d'Avaray :

— On nous laissera de Toulon le sol et le paysage, car ce qui ne pourra être emporté sera précipité dans les flots.

L'évènement justifia ma prévision. J'aurais voulu que les royalistes de Toulon, au lieu d'appeler la flotte anglaise, comme ils le firent maladroitement, se fussent entendus avec les Espagnols. Ceux-ci auraient du moins conservé la ville et l'arsenal dans l'intérêt de la famille des Bourbons. D'Imbert, qui se mit à la tête du mouvement royaliste, le dirigea mal ; trompé par les Anglais,

6.

il s'imagina qu'ils me serviraient ; il l'a dit du moins, et au moment où la ville se déclara, il décida les Toulonnais à traiter avec l'amiral Hood, commandant général de la flotte anglaise en croisière dans la Méditerranée. Il lui livra le fort Lamalgue, se fiant aux clauses du traité par lequel les officiers de Georges III s'engageaient à retenir *en dépôt*, au nom de Louis XVII, les vaisseaux de guerre français, le port, ainsi que les magasins et l'arsenal.

Je ne sus pas d'abord l'exacte vérité ; aussi ne doit-on rien conclure des certificats de fidélité générale qu'à cette époque, et peu après, je distribuai à qui en demanda. La conduite que mon gouvernement a tenue depuis envers les redditionnaires de Toulon constatera combien mon opinion a changé à leur égard.

Les Toulonnais voulaient dans le principe arrêter seulement la marche désastreuse de l'anarchie : mais à Toulon plus qu'ailleurs il était difficile de contenir le peuple par des subtilités de métaphysique. Il faut aux imaginations du Midi des emblèmes distinctifs. La royauté fut solennellement proclamée le 27 août 1793, et l'on s'occupa d'étendre l'insurrection dans le reste de la Provence. Tout fait croire qu'on y serait parvenu si les Anglais ne s'étaient point présentés devant Toulon. Les contre-amiraux Trogoff et de Grasse leur remirent onze vaisseaux de ligne. Le contre-amiral Saint-Julien, qu'un autre esprit animait, refusa de suivre cet exemple ; il prit le commandement de sept autres vaisseaux, et se sauvant avec eux, les conserva à la république.

Dès que les républicains eurent appris la perte de cette place importante, ce fut un grand cri de fureur dans toutes leurs assemblées. Des mesures atroces furent prises contre Toulon, des ordres furent envoyés à l'inepte général Carteaux, pour qu'il eût à reprendre la ville rebelle ; et dès que Lyon eut succombé, les troupes qui en formaient le siége partirent pour entreprendre celui de Toulon.

Déjà les coalisés avaient commis de grandes fautes ; descendus sur la plage provençale, ils avaient négligé de s'emparer des gorges d'Ollioule et de leurs débouchés, ce qui aurait couvert Toulon et décidé le nouveau soulèvement de Marseille. Carteaux, malgré son impéritie, ayant pris ce poste important, il laissait aux républicains la facilité d'arriver quand ils le voudraient sous le canon de la place.

Carteaux borna là son plan de campagne ; il donna aux Anglais le tems de fortifier avec plus de soin les approches de Toulon, et d'élever sur les hauteurs des redoutes qui semblaient inexpugnables, et d'où l'on pouvait foudroyer les forts Balaguer et de l'Aiguillette. Il arrivait journellement à à la Convention des preuves du peu de mérite de Carteaux dont le patriotisme ne remplaçait pas l'incapacité. Un adjoint, ou pour mieux dire, un supérieur lui fut donné dans l'un de ces généraux dont l'heureuse république fut trop constamment appuyée pendant le cours désastreux de sa puissance. Dugommier, émule de Hoche, de Kléber et de Moreau, était digne de servir une meilleure cause; il se montra aussi habile que généreux, c'est une justice que je me plais à lui rendre.

Il arriva à l'armée de siége dans la première semaine de novembre 1793, et dès-lors tout y prit une face nouvelle, et un ascendant si marqué, que les Anglais comprirent qu'il ne leur serait pas possible de se maintenir à Toulon; ils se préparèrent donc à l'embarquement, et abandonnèrent les royalistes. Jamais il ne fut catastrophe plus épouvantable que celle qui accompagna la chute de Toulon; jamais on ne vit une telle défection, et un oubli aussi complet de tout sentiment d'honneur et d'humanité; les Anglais, dans ce dernier moment, n'eurent pas plus de ménagemens pour les royalistes que les jacobins ne leur en montrèrent bientôt après. Je dois le dire maintenant, c'est pour moi une obligation; lorsque ces mémoires paraîtront, je serai délivré des liens pénibles que m'imposent aujourd'hui ma politique et ma situation.

Je ne puis me résoudre à peindre l'agonie de Toulon et de ses habitans; l'histoire se chargera de ce soin; elle flétrira ceux qui abusèrent de la confiance d'un peuple malheureux pour le livrer à des monstres altérés de son sang.

La Convention victorieuse ne changea pas de conduite en cette circonstance. Un décret qu'elle rendit portait :

» La ville de Toulon est supprimée, elle sera
» désormais désignée sous le titre de Port de la
» Montagne.

» Les maisons de l'intérieur seront rasées ; on
» n'y conservera que les édifices et les établisse-
» mens nationaux.

Le soin d'exécuter cet horrible décret fut remis à quatre proconsuls : Robespierre *jeune*, Salliceti, Fréron et Barras. On trouve dans la correspondance de ces hommes de sang :

» J'ai fait arrêter beaucoup de conspirateurs :
» l'indulgence perdrait la république. Il faut que
» tous ses ennemis disparaissent ; et que la terre
» de la liberté n'offre plus que ses apôtres. Les ci-
» devans ont perdu nos armées, et, s'ils n'en sont
» pas chassés, qu'aucun d'eux du moins ne par-
» vienne au commandement.

    Signé Paul Barras.

» Les galériens sont les plus honnêtes gens qui
» se trouvent dans Toulon... La vengeance natio-
» nale se déploie: on fusille à force ; déjà tous les
» officiers de la marine sont exterminés.

   » Le même et ses collègues. »

» Tout ce qui est étranger est fait prisonnier ;

» tout ce qui est Français est fusillé... On a ouvert
» l'avis de détruire la ville par la mine... Il a été
» décidé que tous les maçons des six départemens
» environnans seront requis pour une démolition
» générale et prompte. Avec une armée de douze
» mille maçons la besogne ira grand train, et tout
» doit être terminé en quinze jours... Chaque jour,
» depuis notre arrivée, nous faisons tomber deux
» cents têtes ; il y a déjà huit cents Toulonnais de
» fusillés... Les fusillades sont à l'ordre du jour...
» Fusillades jusqu'à ce qu'il n'y ait plus de traî-
» tres.

« Le même et ses collègues. »

Les effets suivirent ces menaces; des massacres eurent lieu. Ce fut dans cette circonstance que parut pour la première fois sur la scène un homme destiné à remplir plus tard le monde presque à lui seul, le général Bonaparte enfin. Certes, ni moi ni d'autres ne devinâmes, après le siége de Toulon, jusqu'où il parviendrait. Ce n'est point en ce moment que je parlerai de lui ; je le trouverai nécessairement ailleurs, et alors j'espère en parler comme l'histoire en parlera un jour.

Je dois dire que si j'eus jamais l'espoir de rentrer en France, ce fut lorsque j'appris presque en même temps les combats livrés sous les murs de Lyon, dont les premiers furent à l'avantage des insurgés, et le soulèvement de Toulon. Ce dernier incident surtout me semblait très favorable à notre cause : Toulon était la clef de la Provence, et sa position permettait facilement de lui porter des secours en cas de besoin. Comprenant toute l'importance de cet événement, je me déterminai à abandonner l'Allemagne pour aller établir le siége de ma régence dans la ville insurgée. Je savais que mon arrivée accroîtrait le zèle de mes amis, en augmenterait le nombre, et dès-lors je me mis en devoir d'exécuter mon projet.

J'assemblai un conseil secret composé de MM. de Castries, de Broglie, de Dumoustier et de d'Avaray. Je leur exposai mes intentions, et tous m'approuvèrent ; cependant ils témoignèrent la crainte que l'Angleterre et l'Autriche s'opposassent à ce voyage.

— Messieurs, répondis-je, il est un moyen d'éviter d'entrer en discussion à ce sujet avec ces deux puissances, c'est de ne leur apprendre mon départ que lorsqu'elles ne seront plus maîtresses de l'empêcher ; leur opposition se bornant alors à des notes diplomatiques, nous en ferons le cas que nous croirons devoir en faire.

Je proposai au comte d'Artois de se rendre de son côté dans la Vendée : il y consentit ; mais des circonstances fâcheuses retardèrent son départ. Je préparais déjà le mien, quand je reçus une adresse des Toulonnais dans laquelle ils m'exprimaient leur dévouement et m'engageaient à venir pour les commander *constitutionnellement* au nom du roi mon neveu.

J'ai souligné ce mot afin de démontrer quels progrès avaient fait les nouvelles idées. Il n'était déjà plus possible de se flatter d'un retour complet à l'ancien régime. On voulait bien des Bourbons, mais avec un pacte appuyé sur d'autres bases, et on ne consentait à se rallier à eux qu'à condition qu'ils maintiendraient la constitution de 1791. Voilà ce que la masse des émigrés persistait à ne pas reconnaître, et ce qui a décidé ma conduite subséquente, ne me sentant pas de force à lutter contre la volonté d'une grande nation.

Les Toulonnais, à l'appui de ce que j'avance, avaient proclamé Louis XVII, et l'exercice de la constitution élaborée par l'assemblée nationale. Mon conseil ayant cru devoir me faire à ce sujet quelques représentations, et me demander quelle conduite je comptais tenir dans cette conjoncture :

— Messieurs, leur répondis-je, quand on veut régir la France, il faut vouloir ce que la France veut.

J'ajoutai formellement qu'en débarquant à Toulon mon premier acte serait de jurer la constitution, en demandant que de sages modifications y fussent faites. Cela déplut, on alla même jusqu'à me dire que je dépassais mon droit.

— De qui suis-je tuteur? demandai-je.
— De Louis XVII.

— A qui Louis XVII succède-t-il ?

— A Louis XVI son père.

— Louis XVI a-t-il prêté serment à la constitution ?

— Oui.

— Eh bien, je suivrai son exemple; son fils, plus tard, jugera s'il doit agir ainsi.

— Mais on a forcé le feu roi.

— Dire cela serait flétrir sa mémoire; d'ailleurs qu'on m'enseigne un meilleur moyen pour terminer la révolution.

On se tut, parce qu'il n'y avait rien à répondre; mais on me bouda, et dans mon dépit je répétai ces paroles de Louis XII au sujet de François Ier.

— Ce gros garçon perdra tout ce que nous avons tant de peine à établir.

Mon voyage décidé, je me mis à l'effectuer; j'écrivis au roi de Prusse, pour le remercier de l'asile que j'avais trouvé dans ses états, et m'arrangeai de manière à ce que ma lettre lui parvînt, lorsque je les eus quittés. Je m'adressai également aux autres puissances; mais je citerai seulement mon épître à l'impératrice de Russie, afin d'expliquer sa réponse.

« Madame,

»Je vais tenter la fortune, et je ne doute pas »que Votre Majesté Impériale m'approuve, en

» songeant à la sagesse qui guide toutes ses actions.
» Une porte du royaume de mon neveu m'est ou-
» verte ; ce ne sera pas ma faute si je m'arrête sur
» le seuil, car je présume qu'on me suscitera plus
» d'un obstacle avant d'arriver au lieu de ma des-
» tination. Néanmoins, je compte sur votre géné-
» reux concours : vous n'abandonnerez pas un
» jeune prince qui n'a encore connu la royauté
» que dans un cachot ; vous lui continuerez vos
» bonnes grâces, et je vous assure, au nom de
» l'orphelin, une éternelle reconnaissance. Quant
» à moi, je conserverai toujours dans mon cœur
» les bons offices de Votre Majesté, et dans la
» tâche pénible que je vais entreprendre, je puise
» un nouveau courage dans l'idée que la grande
» Catherine étendra sur moi ses ailes protectrices,
» et fera des vœux pour le succès de la cause
» qu'elle a déjà servie avec tant de magnanimité.
» Mon premier soin, madame, en arrivant à
» Toulon, sera de faire part à Votre Majesté du
» résultat de mon débarquement. Je laisse le reste
» à la Providence et à votre amitié, etc., etc. »

Je m'y étais pris de telle sorte, que mon départ ne fut soupçonné qu'au moment où je le mis à exécution. Nul n'avait l'ordre de l'empêcher ; je fus donc libre de m'éloigner, à la grande surprise des agens accrédités des puissances étrangères, qui s'empressèrent d'en prévenir leurs cours respectives par des courriers extraordinaires.

D'Avaray, le comte de la Châtre et mes autres

fidèles m'accompagnèrent. Nous partîmes le cœur plein d'espérance, bien que la chute de Lyon nous en eût enlevé une partie. Mais Toulon était d'une tout autre importance; d'ailleurs je devais y trouver les forces réunies de l'Angleterre, de l'Espagne, et bientôt celles de mes autres alliés. Une voix secrète me disait que si je pouvais m'établir sur une partie quelconque du territoire français, j'obtiendrais de la Providence la soumission entière du reste du royaume.

CHAPITRE VI.

Voyage de Hamm à Turin. — Joachim Murat. — Anecdote piquante. — Réflexions. — Position bizarre de la maison de Savoie vis-à-vis de la France et de l'Autriche. — La politique à la place du sentiment. — La famille royale de Turin. — Le roi Victor-Amédée III. — Le prince de Piémont. — La princesse de Piémont. — Singularité historique. — Le duc d'Aoste. — *Point de constitution !* — Les alliances autrichiennes. — Le duc de Montferrat. — Le duc de Genevois. — Le comte de Maurienne. — Le prince et la princesse de Chablais. — Le portrait vivant.

Je voulais aller à Gênes par Turin, m'embarquer dans cette ville et me rendre directement à Toulon. J'avais écrit à la cour d'Espagne, afin qu'elle me fournît des moyens de transport. Il m'était plus agréable de paraître devant des Français escorté par les vaisseaux d'une puissance de ma famille, que par ceux des Anglais. Le roi Charles IV m'avait répondu avec beaucoup de grâce ; mais malheureusement la politique de son gouvernement ne concourait pas avec ses bonnes intentions à notre égard.

Je parcourus rapidement l'Allemagne méridionale, gardant un sévère incognito, afin de n'éveiller ni l'inquiétude des cabinets, ni l'attention de la France républicaine. Mes amis redoutant surtout cette dernière, se figuraient qu'elle semèrait la route d'assassins, si elle était instruite de mon voyage. La fortune nous seconda; nul ne me reconnut; mais j'eus la douleur de recueillir les impressions peu favorables que le peuple manifestait contre l'émigration. On la chargeait de reproches injustes, lui attribuant les torts de quelques-uns de ses membres, et lui faisant un crime de sa misère honorable.

Dans une auberge de la Suisse (le nom de l'endroit m'a échappé) nous rencontrâmes deux Français; l'un attaché à la légation de la république auprès des treize cantons; l'autre jeune homme à la mine ardente et audacieuse, qui attira mon attention par ses manières communes et arrogantes. Il portait des épaulettes de capitaine, et la fantaisie me vint de causer avec lui. Je le dis à mes compagnons, qui pour m'en laisser la facilité, se tinrent à l'écart. Nous passions pour des Anglais allant visiter l'Italie.

— Monsieur, dis-je en m'approchant de ce jeune homme, y a-t-il long-temps que vous avez quitté la France?

Il tressaillit; m'examina de la tête aux pieds avec une attention presque désobligeante, puis il me répondit en rougissant :

— Il n'y a plus en France de messieurs, il n'y a que des citoyens.

— Eh bien ! citoyen, excusez-moi, si je vous ai offensé.

— Vous n'êtes pas Français, reprit-il avec une sorte d'embarras ; ainsi vous ne pouvez connaître nos usages nouveaux.

— Si la paix a lieu, je compte certainement visiter la France.

— Vous, monsieur, dit-il avec vivacité, vous n'y mettrez jamais les pieds, du moins tant que je vivrai !

— Voulez-vous me désigner personnellement, ou tous mes compatriotes ?

Le jeune officier, attachant sur moi ses yeux beaux, quoique durs :

— Monsieur, reprit-il, je me nomme Murat, et j'ai servi dans la garde constitutionnelle du tyr.. du dernier roi.

Puis prenant une attitude moins altière, tandis qu'il baissait la voix :

— Je sais qui vous êtes, monsieur, et je regrette beaucoup de vous avoir rencontré.

— Vous êtes militaire et homme d'honneur, lui dis-je ; je ne saurais avoir rien à craindre de vous.

— La patrie avant tout, repliqua Murat, oui, avant tout.... Ce devrait-être du moins ma maxime.... Monsieur, je vous conseille de ne pas coucher ici.

A ces mots, il me salua et s'éloigna rapidement. Je restai à réfléchir sur ce que j'avais à faire. La prudence me disait de ne point m'abandonner à la générosité incertaine d'un républicain enthousiaste. Je m'approchai de d'Avaray, et lui contai ce qui venait d'avoir lieu. Alarmé pour ma sûreté, il ne fut tranquille que lorsque nous fûmes en route.

Plus tard, quand la fortune éleva jusqu'au trône de Naples Joachim Murat, je retrouvai en lui mon officier français qui m'avait fait quitter si brusquement le gîte. Mais alors je ne pouvais savoir s'il avait trahi ou gardé le secret de mon passage ; ce qui m'obligea à lui conserver une certaine reconnaissance. Aussi, lorsqu'à mon second retour, je le sus malheureux et en fuite dans mon royaume, je donnai l'ordre précis que sa vie fût épargnée si on l'arrêtait. En apprenant la manière dont il avait péri, je ne pus me défendre de le regretter. Il n'avait pas les qualités d'un roi, mais c'était un vrai brave, une espèce de Roland bourgeois, qui faisait des merveilles aux avant-postes.

Il m'est revenu que Marat, au culte duquel il s'était voué au point de substituer un *a* à la deuxième lettre de son nom, l'avait envoyé en Suisse vers la fin de 1793, pour y remplir une mission mystérieuse : la fortune nous fit rencontrer second fois.

Le roi de Sardaigne n'avait appris la visite que je comptais lui faire que depuis mon départ du

Hamm; il ne me témoigna pas, dans l'accueil que j'en reçus, que ce voyage fût de son goût. J'en parlerai après avoir dit quelques mots sur la politique piémontaise.

La maison de Savoie se trouve, depuis longtemps dans une position singulière vis-à-vis les deux puissances toujours rivales de la France et de l'Autriche; elle leur est alliée par de nombreux mariages, au point que les trois familles n'en font qu'une en quelque sorte, et cependant celle du comte Ver ne peut espérer d'augmentation de territoire qu'à nos dépens ou à ceux des Autrichiens. Les intérêts de sa politique sont constamment en opposition avec ceux de son sang; il faut donc s'en méfier, et en aucune circonstance ne compter sur elle.

Cette situation fausse doit nécessairement la rendre incapable de tous sentimens généreux. Nous savions depuis le règne de Henri IV ce que nous devions attendre du Piémont, et depuis 1789, je n'avais pas plus à me louer que mes pères de cette puissance; elle avait mis à nous servir une nonchalance qui cachait mal une arrière-pensée. Plus tard même, s'expliquant avec une sorte de franchise, bien qu'enveloppée sous des formes diplomatiques, elle m'avait offert des secours à un prix qui me parut trop cher; il s'agissait de faire des sacrifices de territoire auxquels je ne pouvais souscrire. Ceci avait mis entre nos deux cabinets une froideur dont nous ne nous témoignâmes rien à notre entrevue, bien différente, hélas! pour moi, de celle qui avait eu lieu lors du mariage de notre sœur Clotilde avec le prince de Piémont.

La cour de Turin, en 1793, se composait du roi Victor-Amédée-Marie, né le 16 juin 1726; de ses fils Charles-Emmanuel-Ferdinand-Marie, né le 24 mars 1751, et marié à Marie-Adélaïde-Clotilde-Xavière de France, princesse de Piémont, née le 23 septembre 1759; de Victor-Emmanuel, duc d'Aoste, né le 24 juillet 1759, et marié à Marie-Thérèse d'Autriche-Modène, née le 31 octobre 1773; de Maurice-Joseph-Marie, duc de Montferrat, né le 13 septembre 1762; de Charles-Joseph-Félix-Marie, duc de Genevois, né le 6 avril 1765; de Joseph-Benoît-Marie-Placide, comte de Maurienne, né le 6 octobre 1766 ; de son frère Benoît-Marie-Maurice, duc de Chablais, né le 21 juin 1742, et marié à Marie-Charlotte de Savoie, duchesse de Chablais, née le 17 décembre 1759; et de sa tante Marie-Félicité de Savoie, née le 20 mars 1730.

C'était une famille royale très respectable, sans doute, par sa naissance et ses vertus; mais d'un aspect peu agréable, et d'un commerce bien solennel. Il y avait dans cette cour une rigidité d'étiquette qui passait toute mesure.

Le roi de Sardaigne, mon beau-père, sans avoir hérité des talens peu communs de ses ancêtres pour l'art de la guerre, avait la manie de jouer le roi belliqueux; il avait joui d'une paix complète depuis son avènement au trône en 1773, ce qui ne l'empêchait pas d'entretenir ses troupes sur le pied de campagne, au grand regret de son fils, mon beau-frère, qui regrettait les finances employées à l'entretien de cette armée permanente. Il dépensait des sommes énormes à Nice et à Carrouge ; on eût dit qu'il voulait jouer un rôle sur la Méditerranée, et dominer le lac de Genève.

Ce monarque vit sans trop d'inquiétude les premiers symptômes de la révolution, se flattant que nos troubles politiques lui donneraient la facilité de s'arrondir dans ses états ; il reçut à bras ouverts le comte d'Artois, la comtesse sa fille, les ducs d'Angoulême et de Berry ses petits-fils, leur promit merveille, et se prépara à la guerre, mais de manière à prouver qu'il voulait en tirer son profit. Sa conduite incertaine paralysa des mesures qui eussent prévenu de grands malheurs. Il en advint que la révolution se montra enfin si menaçante qu'il fallut que notre parent combattît, non plus en allié qui veut se réserver des droits sur ses conquêtes, mais *pro aris et focis*. La Savoie et le comté de Nice furent enlevés en moins d'un mois, sans qu'il pût se flatter de les reprendre ; ces pays, au contraire, demandèrent à être incorporés dans le système de la république, qui en fit deux départemens. Le roi faillit en mourir de chagrin et de dépit ; il avait voulu jouer au fin avec tout le monde, et il se trouvait menacé à l'ouest et au midi, sans appui; car il avait évité jusqu'à ce jour de traiter avec l'Angleterre et l'Autriche.

La nécessité le contraignit à former cette double alliance. Le cabinet de Londres ne s'engagea que pour un subside de deux cent mille livres sterlings, et celui de Vienne prit pour condition que ses généraux auraient la direction des affaires. Mon beau-père n'étant plus en position de rien refuser, accepta ce pacte. Le baron de Vins, dont la capacité militaire était médiocre, vint commander des forces qui s'élevaient à soixante mille soldats. On attaqua la Savoie et le comté de Nice sans beaucoup de succès, et les choses en étaient là lorsque je fis mon entrée à Turin. Le roi, avec de l'esprit, manquait de talens propres à bien gouverner. La fortune, dont il se plaignait avec amertume, n'était pas encore lasse de le frapper; de plus grands revers se préparaient pour lui : j'en parlerai en temps et lieu. Quant à ce monarque, bien qu'il manquât d'agrémens personnels, bien qu'il méritât peut-être sous le rapport des grâces ce surnom de roi des marmottes, qu'on donne quelquefois aux monarques de sa famille, il représentait dans l'occasion avec une certaine dignité. Je retrouvai à sa cour toutes les traditions du règne de Louis XIV, et jusqu'aux meubles, et presqu'à la forme des vêtemens. Le palais de Turin, et les autres résidences royales étaient garnis des portraits des rois et des princesses de ma famille. Avec un peu d'illusion, j'aurais pu me croire à Versailles. Victor Amédée me fit les honneurs de ses états de manière à ne me laisser rien à désirer.

Le prince de Piémont était un saint. On ne vit jamais homme plus exact à remplir ses devoirs de catholicisme; il communiait tous les jours, et entendait trois messes; ses prières et la récitation de l'office lui prenaient en outre un temps considérable.

Mon beau-frère était encore un peu plus laid que le roi son père, et ne faisait pas oublier comme lui cette rigueur de la nature par ses formes et son maintien. Il était mesquin et chétif de taille et de physionomie, et il fallait chercher le prince sous cette enveloppe disgracieuse qui certes ne l'annonçait guère; il n'aimait ni à se montrer en public, ni à faire les honneurs de son palais. Clotilde me dit, et je ne tardai pas à m'en apercevoir, que je lui faisais peur. Il craignait mes railleries; aussi, en ma présence, il ne savait quelle contenance tenir. Cependant à cette époque, mon cœur était trop ulcéré pour que je me prêtasse à aucune plaisanterie.

Sa femme, ma bonne, ma chère sœur, a mérité autant que lui une place dans les régions célestes, où sans doute elle trouve une récompense de ses angoisses d'ici-bas. Je ne dirai jamais assez tout ce qu'elle possédait de vertu et de douceur; je ne peindrai jamais dignement ce caractère qui savait allier à la religion la plus pure la gaieté et la bienveillance. J'ignore à quelle époque on procédera à sa canonisation ; mais certes je ne sais qui pourrait lui disputer d'avance le titre de sainte. Nous ne nous trouvâmes pas ensemble dans une circonstance bien cruelle pour elle et pour moi, celle de l'assassinat prétendu juridique de la malheureuse Elisabeth notre sœur, de cet autre ange dont des monstres sans pitié tranchèrent la belle vie.

Trois frères, dans la maison de Savoie, devaient successivement monter sur le trône, comme dans celle de France. Or, cette singularité historique s'était déjà présentée dans la troisième race, par les fils de Philippe-le-Bel : Louis le Hutin, Philippe V et Charles IV ; puis, par ceux de Henri II : François II, Charles IX et Henri III. Il est probable qu'elle se renouvellera encore ; car, selon toute apparence, le comte d'Artois, dont la santé est vigoureuse, me succédera.

Il en était donc ainsi parmi les enfans du roi de Sardaigne. Le duc d'Aoste, le second de ses fils, paraissait dès-lors certain de monter à son tour sur le trône ; car le mariage de ma sœur avec le prince de Piémont continuait à être stérile. Le duc d'Aoste montrait une grande vivacité d'esprit, et surtout une fermeté dont il a donné la preuve en ces derniers temps de perturbation, lorsqu'il a préféré descendre du trône par une abdication volontaire, plutôt que de s'y maintenir en vertu de l'acceptation d'un pacte constitutionnel dont l'esprit ne lui convenait pas. Il avait, ainsi que son père, à l'époque dont je parle, cette manie guerroyante qui le rendait cher à l'armée ; elle venait de le voir prendre part à la guerre qui durait encore, et s'y distinguer par plusieurs actions d'éclat. C'était le Mars de la famille, et on se sentait disposé à lui accorder de la confiance. Notre amitié devint de plus en plus intime. Nous n'avons plus cessé de correspondre ensemble, bien que nos idées en politique fussent opposées. Il voulait conserver intact tout ce qui existait, tandis que j'étais pour des améliorations nécessaires. Parodiant le vieux cri d'Hortense Mancini lorsqu'on voulait la réunir à son époux, ce vieux cri de guerre de la fronde : *Point de Mazarin;* il me disait souvent : *Point de constitution.*

Sa femme, toute Autrichienne, le rendait par trop Autrichien ; je m'en expliquai librement avec lui, et dis avec pleine franchise que si jamais je régnais en France, je rendrais une ordonnance de famille qui interdirait toute alliance avec la maison de Lorraine entée sur celle d'Autriche ; il ne se fâcha pas, et nous n'en fûmes pas moins bons amis.

Le duc de Montferrat, moins pieux que les autres membres de sa famille, ne se montrait guère en public, et menait dans le silence de ses appartemens joyeuse vie, disait-on. Il ne manquait pas d'esprit et de vivacité ; mais l'enveloppe, là comme ailleurs, était peu brillante ; il n'avait pas de santé, et mourut quelques années après, avant 1802, époque à laquelle le prince de Piémont devenu roi depuis 1796 abdiqua en faveur du duc d'Aoste.

Le duc de Genevois, à qui la Providence destinait la couronne de Sardaigne qu'il porte encore en ce moment (1), n'avait que dix-huit ans en 1793, il donnait déjà de grandes espérances qui depuis se sont réalisées.

Le comte de Maurienne, dernier fils du roi, et dont la carrière a été bornée, se sentait porté, quoique bien jeune, vers des distractions sévèrement interdites dans le palais de Turin. On racontait de lui des scènes très plaisantes ; il tourmentait ses surveillans, et le roi ne manquait pas de le réprimander chaque semaine, à un certain jour choisi.

Le prince de Chablais, prince estimable à tous égards, n'aurait manqué ni de capacité, ni de hardiesse, si l'occasion d'en montrer s'était présentée. Mais, mis à l'écart depuis long-temps, il vivait enfoncé dans les pratiques d'une dévotion méticuleuse avec la princesse sa femme et sa propre cousine. L'une et l'autre m'accueillirent avec une bienveillance dont je connus le prix. Ils avaient sans cesse à la bouche, le nom de Henri IV, notre aïeul commun, dont ils étudiaient encore la vie.

(1) Il est mort le 2 avril 1831 ; le prince de Carignan lui a succédé.   (*Note de l'éditeur*.)

Il en était de même de la vieille princesse de Savoie, tante de Victor-Amédée, toute Française de cœur; elle pleurait amèrement sur les malheurs de ma famille qu'elle regardait comme la sienne. Elle était vêtue comme l'avait été mon aïeule, la duchesse de Bourgogne, et lorsque je la voyais marcher, me rappelant la fiction sur laquelle Horace Walpole a fondé son roman du *Château d'Otrante*, je la prenais presque pour un portrait du temps de Louis XIV, descendu de son cadre pour errer dans les appartemens du palais royal de Turin.

CHAPITRE VII.

Accueil qu'on fait à Turin au comte de Provence. — Son entrevue avec la princesse de Piémont sa sœur. — Ses inquiétudes. — Il apprend la prise de Toulon. — Turin. — Un *Gérard Dow*. — La noblesse piémontaise. — La police défiante. — Le temps présent. — Mot d'un conventionnel. — Ce qui se préparait. — Lettre de l'impératrice de Russie. — Début de 1794. — Révélation de Monsieur. — Protestation inédite du clergé relative à ses droits abolis. — Importance de cet acte. — Il déplaît à Monsieur. — Il s'en explique durement avec l'évêque d'Arras. — Le comte d'Artois l'approuve. — Monsieur lui rend justice.

Je trouvai sur le chemin de Turin, le prince de Piémont, qui était venu à ma rencontre ; nous nous embrassâmes tendrement. Je voyageais sous le nom de comte de Lille que j'avais pris à ma sortie de France. C'est ce titre que les républicains et Bonapartistes se sont amusés à me continuer, lorsque, par mon droit, j'étais devenu roi de France. On m'avait destiné un appartement au palais, où je fus traité selon mon rang rehaussé de ma qualité de régent du royaume de France.

Nous eûmes avec Clotilde une entrevue déchirante. Que de douloureux souvenirs entre elle et moi ! je me rappelai Oreste et Électre. Nous nous tînmes étroitement embrassés pendant plusieurs minutes sans pouvoir nous parler, à tel point les sanglots nous suffoquaient. Cette scène avait été prévue. Sous prétexte d'une indisposition, moyen qui, chez les princes, vient si souvent au secours de l'étiquette, on avait écarté la princesse de Piémont de la réception solennelle que me firent le roi et la famille royale. Enfin la parole nous revint, nos bouches s'ouvrirent pour déplorer les calamités sans nombre qui avaient accablé notre famille. Nous n'avions aucune consolation à nous offrir, pas même l'espérance, car la France semblait perdue pour nous, le Piémont pouvait l'être d'un instant à l'autre, et il y avait dans notre existence une certitude accablante. Nous ne pûmes prononcer le nom de la princesse Elisabeth, que nous voyions sous le glaive qui ne tarda pas à la frapper. Le roi mon neveu, Madame royale sa sœur, servirent d'aliment à notre conversation. Le comte et la comtesse d'Artois, ainsi que Madame qui arrivait, ne furent pas non plus oubliés.

On nous arracha à ce triste plaisir; on essaya de me distraire; mais ce n'était guère possible, d'autant mieux qu'à mon entrée à Turin j'avais appris le renversement de mes dernières espérances. Toulon, où je comptais me rendre et maintenir le gouvernement de Louis XVII, Toulon, vivement pressé par les forces de la république, devait d'un moment à l'autre, tomber au pouvoir des jacobins, comme la chose arriva le 19 de ce mois de décembre. Dès lors, qu'avais-je à prétendre? que deviendrait le voyage que je me flatais d'utiliser ? Je quittais une retraite tranquille, et celle où je me trouvais alors n'était rien moins que sûre. Je voyais se dissiper en vaine fumée tous ces plans de contre-révolution dont je m'étais bercé. Où étaient ces soulèvemens unanimes qui, disait-on, dans les trois quarts du royaume, devaient appuyer ceux de Lyon, de la Vendée et de Toulon? Aucune province ne remuait; les trente-trois départemens fédérés s'étaient réduits à celui du Rhône : était-ce assez pour relever mon courage?

J'avais encore une autre cause d'inquiétude. Je prévoyais les suites de la prise de Toulon, et je ne me dissimulais point qu'on renouvellerait dans cette ville infortunée tous les crimes commis à Lyon. Je me doutais que les Anglais n'en partiraient point sans détruire le matériel de la place, sans incendier les magasins, et sans emmener les vaisseaux. Or, je ne pouvais éprouver qu'un violent chagrin de ces pertes. Tout ce que je prévoyais arriva ; la Convention se montra implacable: elle égorgea les vaincus, et la flotte anglaise fit à Toulon tout le mal possible. Nous avons toujours été bien malheureux.

Comme je l'ai dit, on essaya de me distraire; on me fit parcourir la ville et les environs. Je ne voulus point aller voir l'église de *la Superga*, parce que c'était un monument de la déroute des Français lors du siége de Turin en 1706. Je visitai Stupinis, Montcalier, résidence de Victor-Amédée, qui eut le loisir d'y méditer sur la folie de son abdication. Les édifices religieux, les établissemens publics de Turin me parurent beaux et bien appropriés à leur destination. Je ne pus approuver l'architecture de la chapelle royale du Saint-Sépulcre, qui me parut un modèle de mauvais goût. J'admirai la collection des tableaux du palais, et dans le nombre mon attention se porta particulièrement sur le chef-d'œuvre du peintre hollandais *Gérard Dow*, sa femme hydropique, ou le *médecin aux urines*, comme on désigne plus communément ce cadre remarquable. Je dis *cadre* pour me conformer à l'usage de l'Italie, qui qualifie ainsi le tableau que la bordure décore. Je l'ai revu avec plaisir dans le Musée de Paris, où il est resté après la spoliation de 1815, contre laquelle je protestai en vain, comme je le dirai en son temps.

Turin est une belle ville, régulièrement bâtie, trop peut-être, car rien ne fatigue plus, après la lecture qu'on est obligé d'ouïr d'une pièce de poésie laudative, telle, par exemple, qu'on m'en débite tous les ans, que la prolongation monotone d'une *strada* ou d'un chemin. Le supplice augmente, lorsqu'au détour de chaque angle une nouvelle rue bien alignée, et de construction uniforme, se présente aux yeux avides de variété.

Je ne trouvai à Turin rien de ce luxe splendide qu'offre Paris. On est peu riche en Piémont ; la noblesse est presque pauvre, elle a besoin d'économie, et cette retenue donne peu d'éclat à la ville. Les Piémontais me parurent généralement fins, spirituels, et amateurs de la nouveauté. Je craignis qu'il fût facile aux idées révolutionnaires d'y fructifier. On y aimait la famille royale, mais on ne la voyait point assez pour être frappée de son mérite réel.

Les grands du royaume ne furent pas avares de leurs attentions, et me comblèrent de prévenances. Je les vis très disposés à embrasser notre cause ; plus d'un se plaignit de ce qu'on enchaînait leur courage ; mais ils ne parlèrent ainsi qu'à moi seul. Une police ombrageuse, tracassière même, remplissait alors Turin ; les circonstances la justifiaient sans doute. Quoi qu'il en soit, elle prenait sa source à des temps plus reculés. Le gouvernement, depuis longues années, l'avait érigée en système. Elle empruntait quelque chose de celle de Venise. Cette police inquisitoriale contenait toutes les langues, et même mettait des bornes à la galanterie ; elle s'interposait entre la maîtresse et l'amant, c'était aller un peu loin. J'en dis quelque chose au prince de Piémont, qui ne me comprit pas. Il se figurait que la conscience d'un roi ne pouvait être tranquille, si dans ses états les plaisirs étaient permis en dehors du mariage : mon beau-frère était en arrière de son siècle.

La prise de Toulon ne me laissait plus rien à attendre de l'intérieur de la France. L'année 1793 se terminait aussi douloureusement pour nous qu'elle avait commencé ; les revers qu'avait d'abord éprouvés l'armée républicaine se changèrent en triomphes sur tous les points où elle combattait. La guerre civile avait été étouffée dans le sang des Lyonnais, dans celui des habitans de Marseille et de Toulon, et la Vendée allait bientôt tomber sous un coup d'éclat des armes ennemies. La bataille de Hondtschodt, gagnée par le général Houchard, sur les Autrichiens et les Anglais que commandait le duc d'York, dont la fuite fut si honteuse, délivrait Dunkerque assiégée, et rétablissait de ce côté la confiance du soldat. Divers autres succès faisaient croire que les républicains reprendraient leurs positions premières.

La terreur répandue sur la France envoyait aux frontières tous les hommes valides. Là seulement on croyait respirer librement, bien que la hache meurtrière fût allée par trois fois moissonner des victimes jusque dans les armées. Il fallait vaincre ou mourir, à une époque pendant laquelle un député improuvant une mesure militaire, et ayant demandé à la tribune si le parti triomphant avait fait un pacte avec la victoire, il lui fut répondu : *Non, mais nous en avons fait un avec la mort*...et c'était vrai ! Il était donc probable que des bataillons pleins d'enthousiasme que guidaient des héros improvisés, car alors chacun s'était fait bon général ou habile capitaine ; que ces bataillons, dis-je, prendraient une attitude imposante, et repareraient les désastres passés.

Ainsi des crimes sans nombre, des dilapidations de tous genres, avaient été commis, et ne seraient pas vengés. Il fallait redouter les coupables, lorsqu'on aurait voulu les punir. Je voyais notre cause abandonnée du monde entier, et cependant je me trompais. Il y avait deux puissances véritablement amies des Bourbons, la Suède et la Russie. Le jeune Gustave II, dont la destinée devait être si triste, nous portait une affection sincère. La grande Catherine s'intéressait aussi vivement à nous. Je reçus, peu de jours après mon arrivée à Turin, sa réponse à la lettre que je lui avais écrite à mon départ de Hamm ; elle disait :

« Monsieur le Régent,

» Je ne puis que vous féliciter de prendre un
» parti digne de vous, de marcher sur les traces
» de votre aïeul Henri IV. Vous rentrez dans vo-
» tre rôle naturel : on ne recouvre un royaume
» perdu qu'en tirant l'épée et en jetant loin de soi
» le fourreau. Que Dieu protège votre entreprise !

» mes vœux vous suivront tant qu'elle durera.
» Toulon est un trop superbe joyau pour le lais-
» ser long-temps en des mains qui en connaissent
» le prix; hâtez-vous donc d'aller en prendre pos-
» session. Je viens de donner des ordres pour que
» les vaisseaux dont je puis disposer soient à votre
» service. J'espère que votre prochaine lettre sera
» datée de Toulon, et la seconde de Marseille.
» Puissé-je en recevoir une portant le timbre de
» Paris, où vous ne serez jamais aussitôt que je le
» souhaite!

» Je suis une pauvre veuve dont la famille est
» nombreuse et les besoins immenses; cependant
» elle a son denier pour secourir d'augustes in-
» fortunes : je vous l'adresse : fasse le ciel que
» vous l'employiez utilement !

» Je suis, etc. »

La somme indiquée par cette dernière phrase m'était envoyée en même temps en traites à échéance sur Francfort, Gênes et Londres. Jamais argent ne vint plus à propos, et si je ne pus m'en servir pour le soutien de notre cause en France, je l'employai du moins utilement à fournir aux frais de l'établissement de bon bourgeois que je dus me créer peu après.

L'année 1794 s'ouvrit pour nous avec la perspective toujours plus reculée de la contre-révolution. La rage jacobine alla jusqu'au délire; les conventionnels se dévorèrent tour à tour, et nous vengèrent les uns par les autres ; la guerre se montra toujours plus défavorable à la cause royale; enfin, ma sœur et le roi mon neveu furent immolés par le même principe qui avait tranché les jours de Louis XVI et de Marie-Antoinette ; mais avant que ce second régicide eût été commis, une dernière tentative avait été faite pour enlever le jeune roi à ses bourreaux. Je vais d'abord rapporter une anecdote qui est demeurée secrète par l'effet de ma prudence ; elle ne sera divulguée qu'après ma mort et celle de ceux qu'elle concerne, de façon qu'elle ne nuira à aucun.

Je m'étais expliqué en public et en particulier sur la manière dont je comptais gouverner la France, si j'y rentrais comme roi ou comme régent : c'était en vertu de la constitution modifiée de 1789 ou 1791, en un mot, de la charte que j'ai octroyée en 1814 ; par conséquent j'anéantissais la distinction des priviléges, et principalement l'existence des trois ordres en corps séparés. Je l'avais répété aux Lyonnais et aux habitans de Toulon ; la chose était patente et ne pouvait être niée ; je ne pouvais moi-même sortir de la route que je m'étais tracée avec tant d'éclat. J'avais bien surpris dans mon entourage des visages de mauvaise humeur ; on m'avait bien adressé quelques plaintes, ou murmuré même à demi-voix ; mais *l'ordre de la noblesse* n'allait pas au-delà de ces marques de chagrin respectueux. Il n'en fut pas de même de l'ordre du clergé, qui ne se montrait nullement disposé à faire aux circonstances le plus léger sacrifice : il lui plut de me le témoigner d'une manière qui m'affecta vivement.

Voilà qu'un beau matin le comte de La Châtre se présente à mon lever pour me remettre une dépêche arrivant de Londres. J'étais mon premier ministre, et je prenais la liberté grande de faire par moi-mêmes mes affaires, ce qui tourmentait force gens de bonne volonté. Je prends donc le paquet; je romps le cachet, et trouve... une belle et bonne protestation du corps épiscopal du saint clergé de France relative à ce que j'avais dit et à ce que je voulais faire. Cette pièce curieuse (1) s'exprimait ainsi :

« Monseigneur,

» Les évêques et archevêques de France, unis
» de sentimens et d'un même esprit, croient de-
» voir, après avoir invoqué le Paraclet, dont les
» lumières ne sont jamais trompeuses, mettre à
» vos pieds, en votre qualité de premier prince
» du sang français et de régent du royaume pen-
» dant la minorité et la captivité de Sa Majesté
» Louis XVII, roi de France et de Navarre, votre
» neveu, leurs craintes inspirées par les nouveau-
» tés dont on veut provoquer la consolidation. Il
» s'agit, monseigneur, d'un plan que l'on dit exis-

(1) L'original de cette pièce existe dans les archives du royaume où Louis XVIII l'a fait déposer en 1814.

(*Note de l'éditeur*).

» ter dans le but d'enlever au royaume de France
» l'antique constitution qui le régit depuis tant de
» siècles, pour lui en substituer une toute de cir-
» constance, empreinte de haine de la religion et
» de la royauté.

» Le corps des évêques et archevêques de France
» est convaincu de la fausseté, ou tout au moins
» de l'exagération de ce projet. Il ne doute point
» que la piété éclairée de monsieur le régent et
» son respect pour les lois et institutions légale-
» ment existantes ne le portent à rejeter bien loin
» toute proposition coupable qui lui serait faite à
» cet égard, et ne se maintienne dans la ligne que
» lui trace tout ce qu'il y a de plus sacré.

» Le régent est d'ailleurs trop bien instruit de
» tout ce qui touche au fait de la constitution du
» royaume, appuyée d'abord sur la loi salique et
» sur les ordonnances de nos rois, et la coutume
» tant écrite qu'observée dans ses traditions, pour
» aider à porter une main sacrilége sur un édifice
» qui, élevé du consentement réciproque et libre
» des diverses classes de la nation, ne peut être
» renversé que de l'accord unanime de ces mêmes
» classes ou ordres.

» Monsieur le régent sait aussi que, quelle que
» soit l'étendue de son pouvoir, ce pouvoir a des
» bornes, et que dans le cas où, conduit par le dé-
» sir louable sans doute de ramener les esprits en
» faisant des concessions immenses, il se décide-
» rait à consentir aux exigeances des malintention-

» nés, il serait arrêté par la loi fondamentale du
» royaume, à laquelle il ne toucherait qu'au dé-
» triment de sa propre maison.

» Monsieur le régent sait enfin que cette loi fon-
» damentale assure à la royauté, d'une part, et
» à la nation française, de l'autre, une existence
» fondée sur une liberté sagement réglée ; que si la
» première ne relève que de Dieu dans son exer-
» cice, elle est, ainsi que la seconde, enchaînée
» par un pacte qui remonte à Clovis son fondateur;
» que ce pacte consiste principalement en une pon-
» dération bien balancée, en une division de tout
» le peuple en trois ordres, aussi anciens que la
» royauté dont ils sont la base indestructible ; que
» chacun de ces ordres a obtenu, du consente-
» ment volontaire des deux autres et de la royauté,
» des concessions, des priviléges, des avantages
» qu'aucune puissance humaine ne peut lui enle-
» ver et, auxquels lui-même ne pourrait renoncer ;
» car il n'en est qu'usufruitier dans la génération
» actuelle, et il doit les transmettre intacts à cel-
» les qui suivront.

» C'est donc en cet état de cause que le corps
» de l'épiscopat français, chef naturel de l'ordre
» du clergé pour le rang, et dans son amour de la
» maison royale de Bourbon, croit de son devoir,
» dans les circonstances actuelles, de renouveler
» unanimement les protestations qu'il a déjà fai-
» tes soit en 1789, lors de la réunion malheureuse
» et inconstitutionnelle des trois ordres, soit de-

» puis, chaque fois que la chose lui a paru né-
» cessaire contre tout acte, décision, accession,
» ordonnance, décret, etc., etc., qui tendrait
» à changer en tout ou en partie les formes et le
» fond de l'ensemble de ce qui compose la monar-
» chie française, et proteste en outre contre tout
» ce qui serait fait ou accordé *de proprio motu* (de
» consentement personnel), en contradiction avec
» la constitution légitime, véritable et existante
» avant l'usurpation consommée par la prétendue
» assemblée nationale au détriment de la nation
» qui n'avait pas délégué à ses mandataires de réu-
» nir ce qui touchait à son essence et à sa propre
» conservation.

» Cette protestation infirmerait de nullité toute
» transaction, tout accommodement qui serait
» fait avec la prétendue Convention nationale, ou
» avec les assemblées primaires, ou avec les corps
» d'administration de ce qu'on appelle aujourd'hui
» en France communes, districts et départemens.
» Le corps de l'épiscopat proteste en faveur du
» droit imprescriptible des villes, bourgs, bail-
» liages, sénéchaussées, pays d'états et surtout
» des parlemens et états-généraux du royaume
» dont la présence, le concours et l'assentiment
» à ce qui changerait en tout ou en partie la con-
» stitution de l'état, ne peuvent être remplacées
» ni suppléées par une personne, par aucun pou-
» voir, quelque auguste d'ailleurs qu'il pût être.

» Le corps de l'épiscopat, en protestant ainsi,

» croit donner une preuve de son attachement
» inviolable, de sa fidélité sans borne à la maison
» de Bourbon, aux autres ordres dont il ne veut
» ni ne peut se séparer, et à Monsieur le régent
» de France, dont il attend la restauration de la
» monarchie dans toutes ses parties, et la conser-
» vation des droits, des priviléges et des formes
» sans lesquels il n'est plus rien de stable, et aux-
» quels on ne porterait atteinte que pour perpétuer
» sans terme l'anarchie qui désole actuellement
» le royaume où doivent régner avec tant de gloire
» les enfans de Louis XIV, de Henri IV et de saint
» Louis. »

A cette pièce étaient annexées la signature et l'accession de chaque prélat conçue en ces termes :

« Moi, évêque ou archevêque de l'épiscopat
» de....... accède à la protestation des corps de
» l'épiscopat de France, touchant les changemens
» qui pourraient être faits à l'ancienne constitution
» du royaume »; elle était signée, dis-je, de soixante-cinq personnages tous crossés et mitrés.

J'écrivis à l'évêque d'Arras, que je savais le premier meneur de cette intrigue, une lettre dans laquelle je peignais vivement mon indignation; il y avait cette phrase :

« Si je n'étais point porté à excuser l'impru-
» dence de cet acte, je le publierais; mais voulant
» montrer à vos confrères combien je leur suis
» attaché, et persuadé que le plus grand nombre

» y a apposé sa signature sans réflexion, je l'en-
» sevelirai dans le secret, afin de lui épargner
» l'animadversion publique... »

J'écrivis également au comte d'Artois pour l'éclairer sur cette manœuvre. Sa réponse me prouva qu'on m'avait devancé, et qu'il pensait autrement que moi sur cette matière.

CHAPITRE VIII.

Avant propos concernant Barras. — On croit Monsieur fou. — Boissy-d'Anglas. — Ce qu'il disait à Monsieur. — Ce prince veut quitter Turin. — Les Vénitiens lui offrent de séjourner à Vérone. — Adieux à la famille de Piémont. — *L'Évangile autographe de saint Marc.* — Pavie. — François Ier. — *La Damnation éternelle.* — Histoire fantastique.

Pendant mon séjour à Turin, il se passa plusieurs évènemens plus ou moins importans; celui qui m'affecta particulièrement fut la fête célébrée en France pour consacrer l'anniversaire de l'assassinat de Louis XVI, monseigneur et frère. Cette fête, sur la proposition qu'en fit Barras, devait être annuelle à perpétuité pour effrayer les autres rois dont elle menaçait la vie. J'aurais voulu tenir la foudre pour anéantir les misérables, qui, loin de gémir de leur crime, y persistaient par de tels actes. Cependant une cruelle fatalité me forçait souvent de recourir à eux; par exemple, pouvais-je deviner que peu d'années après je serais en correspondance suivie avec Barras? Cet homme a singulièrement trompé l'opinion publique sur son compte; aujourd'hui, il s'enveloppe d'une sorte d'inflexibilité de principes que certes il ne possédait pas à l'époque où il traitait avec moi. Je révèlerai sur ce point des choses qu'il n'avouera pas lui-même, sans doute, afin d'éclairer les ames généreuses qui croient à la vertu, surtout chez les républicains.

Ce ne fut pas seulement à l'extérieur que ce voyage causa des inquiétudes ; les chefs du parti jacobin s'en alarmèrent; ils crurent que je possédais des moyens supérieurs aux leurs, et il s'ensuivit de leur part un redoublement de furie : ils voulurent épouvanter, par leurs excès, les hommes qui auraient agi dans mes intérêts. Hélas! j'étais servi par des gens peu capables; ceux dont le mérite eût répondu à mes souhaits consentaient bien à m'instruire par écrit de tout ce qui se passait, mais ils s'interdisaient tout acte, toute parole qui auraient eu l'air d'une trahison. Je citerai, dans cette catégorie, Boissy-d'Anglas, dont l'attachement ne s'est jamais démenti.

« Monsieur (m'écrivait-il un jour), regardez-
» moi comme votre gazette, mais non comme votre
» agent. Je vous crois nécessaire au bonheur de la
» France, et cependant je ne ferai spas une démarche
» ostensible pour vous y ramener ; les intrigues
» ne me vont pas. »

Je répète ceci, afin d'expliquer pourquoi, en

1815, je réintégrai si promptement dans la chambre des pairs Boissy-d'Anglas, bien qu'il eût siégé dans la chambre inconstitutionelle de l'usurpateur. La conduite de Boissy avait été conforme alors à celle de toute sa vie, et l'ayant d'abord approuvée *en secret*, je m'étais interdit le droit de le punir *publiquement*.

Je ne me plaisais pas à Turin, quoique j'y fusse en famille. La guerre d'ailleurs allait se rallumer; les chances m'en étaient inconnues, et je comptais peu sur les troupes piémontaises, qui me paraissaient mal commandées. Je voulais me retirer dans un lieu plus éloigné de la France, d'où je pusse sortir quand bon me semblerait. Le roi de Naples m'offrait une ville de ses états, soit sur le continent, soit dans la Sicile; mais c'eût été trop m'écarter du centre de mes affaires. Rome, où j'aurais pu aller, se trouvait dans la même situation locale; il me déplaisait de retourner dans le nord de l'Allemagne; enfin, je me décidai à aller séjourner dans les états de terre-ferme de la république de Venise.

Une demande en fut faite au doge et au sénat vénitien, qui l'accueillirent avec empressement. On me proposa plusieurs villes à choisir; je préférai Vérone, voisine de l'Allemagne, et bien située sous tous les rapports. La chose conclue, je pris congé de la famille royale de Piémont; je ne m'attendais pas alors à la catastrophe qui à son tour la frappa peu de temps après. Ma pauvre Clotilde devait, comme ses frères et sa sœur, ne jouir d'aucun repos sur la terre.

Je voyageai à petites journées ; ma santé, dans ce moment, était très-dérangée. Rien d'ailleurs ne me pressait. Je couchai le premier jour à Verseil, où l'on me montra l'Évangile original écrit par saint Marc. Venise en possédait un autre exemplaire, qu'on qualifiait aussi d'original.

Je restai deux jours à Pavie ; c'est une ville curieuse par son antiquité, par ses monumens du moyen âge et des temps plus rapprochés. Pavie fut la capitale du royaume des Lombards, que Charlemagne détruisit en 775. Une autre célébrité funeste à la France s'attache particulièrement à cette ville, celle de la fameuse bataille livrée en 1525, dans laquelle François Ier, l'un de mes prédécesseurs, fut fait prisonnier. Ce roi, qui a laissé une grande renommée, ne conserva pas dans la captivité la fermeté qu'il avait montrée lorsqu'il fut forcé de rendre les armes. C'est de tous les princes français celui auquel j'aimerais le moins être comparé, malgré son amour des arts et des sciences. *Ce gros garçon gâtera tout*, disait de lui Louis XII. Son mot fameux : *J'ai tout perdu, fors l'honneur*, ne justifie que trop la sentence de son prédécesseur !

Je remarquai dans Pavie une statue équestre antique de l'empereur Marc-Aurèle Antonin. Je visitai le tombeau de Boëce, j'admirai à la Chartreuse, de belles peintures et des chefs-d'œuvre de l'art. Ce fut pendant la soirée que je passai à Pavie qu'un gentilhomme du pays me raconta une histoire très-merveilleuse ; elle me frappa tellement, que dans mes momens de loisir à Vérone je me mis à l'écrire. Je me souviens de l'effet qu'elle produisit sur ceux auxquels j'en fis la lecture.

LA DAMNATION ÉTERNELLE. — HISTOIRE FANTASTIQUE.

Dans un château voisin de Pavie, en tournant vers la Lunegiane, petit pays à l'est de la rivière de la Magra, vivait au commencement du dix-septième siècle une noble famille, issue des nobles comtes Guido-Guidi dont elle portait le nom, bien qu'elle en fût distincte depuis un temps immémorial. Cette famille était d'ailleurs célèbre par une destinée funeste attachée à chacun de ses membres, dont aucun, quels que fussent le sexe ou l'âge, ne terminait sa vie d'une mort naturelle. Les uns, voués aux élémens matériels, périssaient par le fer, le feu, les eaux, par des commotions de la nature, par la chute d'édifices ou de corps durs ; les autres, condamnés à se détruire eux-mêmes, ou à périr de la main des hommes, se suicidaient, ou mouraient par le poignard ou le poison. Du reste, aucune époque n'était réglée pour le terme de leur existence. C'était une loi terrible, inexorable, mais qui frappait avec la même irrégularité que le trépas ordinaire.

Cela ne laissait pas que de faire impression sur les personnes de cette famille. On cherchait à s'expliquer la cause d'un pareil châtiment. Certains y voyaient la punition d'une apostasie, d'un sacrilége commis à une époque reculée, et l'exécution éternelle d'une excommunication, lancée par un pape vengeur de la chaire de saint Pierre outragée. D'autres prétendaient qu'un crime horrible, accompagné d'un inceste, appelait cette malédiction du ciel. Bref, ce mystère était d'autant plus voilé que la famille Guido - Guidi se taisait elle-même, et que, dans ses archives, on ne trouvait rien qui pût appuyer une des mille conjectures que l'on formait chaque jour.

Au commencement du dix-septième siècle, ai-je dit, et dans le château principal du Rinaldo-Guidi, chef du nom et des armes de cette antique maison, existait, parmi les enfans du même père, une vierge aussi vertueuse que belle, aussi brillante de jeunesse que d'esprit, consacrée dès le jour de sa naissance au culte de la mère de Dieu. Elle se montrait toujours vêtue de blanc, et les seuls ornemens qu'elle ajoutait à la simplicité de cette parure étaient des bluets, des iris, des églantines; en un mot, des fleurs bleues, dont parfois elle tressait des couronnes pour en parer son front.

Sa mère l'avait destinée à entrer dans un monastère; mais elle mourut lorsque Annunziata Guidi était encore en bas âge, et son projet n'avait pu être accompli. Plus tard, le père de cette créature céleste l'aima avec une telle tendresse, qu'il ne put consentir à voir tant de perfections ensevelies dans un cloître. Il ne se croyait pas obligé, d'ailleurs, d'exécuter un vœu fait par sa femme sans qu'il y eût donné son consentement.

Annunziata grandissait en beauté et en grâces; le bruit de ses charmes se répandit au loin. Il n'était pas un gentilhomme de la haute Italie qui ne cherchât à la voir, et qui, l'ayant vue, ne formât le dessein de lui plaire. Déjà plusieurs partis s'étaient présentés de Milan, de la Lombardie, de Gênes et de la Toscane; mais son heure d'aimer n'était pas venue. Le comte Guidi, peu disposé à se séparer de sa fille chérie, ne la pressait pas de faire un choix; il attendait qu'elle se décidât en faveur de l'un des nombreux prétendans à sa main.

Cependant Luigi Doria, l'un des descendans de cette maison génoise si fameuse dans l'histoire, avait produit sur l'ame naïve et pure de la jeune fille une profonde impression. Il y avait en lui, il est vrai, tout ce qui pouvait justifier cette préférence. Il était beau, gracieux, vaillant et plein d'honneur. Sa libéralité, sa franchise, ses connaissances, l'éclat que faisait rejaillir sur lui la gloire qu'il avait obtenue dans les dernières guerres, le faisaient distinguer parmi ses rivaux.

Le voir sans l'aimer semblait difficile. Annunziata ne l'éprouva que trop. Elle céda insensiblement à cet attrait qui enivre une ame tendre, elle connut l'amour ; d'abord comme un doux rêve de l'ame, puis avec toutes ses émotions violentes qui nous suivent dans la veille comme dans le sommeil.

Mais déjà un remords naquit en elle. La belle Italienne savait que, dévouée au culte de Marie, c'était une profanation que de s'en éloigner. Le vœu maternel pesait sur elle, ce vœu dont sa mère avait cru faire une protection céleste, pesait sur Annunziata comme une malédiction. Une autre pensée la tourmentait encore, celle qu'elle était destinée à périr d'une mort violente, et que peut-être elle porterait la même destinée à la postérité de son époux. C'était plus qu'il n'en fallait pour la plonger dans une mélancolie profonde, pour troubler la sérénité de sa vie. D'affreuses visions venaient ajouter à sa tristesse ; elles lui retraçaient sans cesse les scènes sanglantes dont sa maison avait été frappée, et lui montraient dans l'avenir de nouvelles séries de malheurs pour ceux qui portaient le nom de Guidi.

En vain auprès de Luigi Doria cherchait-elle un refuge contre les fantômes de son imagination ; en vain, par un redoublement de prières et de bonnes œuvres essayait-elle de désarmer le ciel ; la religion comme l'amour n'avait que des menaces pour son cœur. Au milieu de ce conflit de sensations diverses, et dans le tourbillon des fêtes, des enchantemens de tout genre, elle voyait toujours la fatalité inhérente à sa race s'offrant à elle comme un spectre impitoyable.

Un soir, seule dans les jardins du château du comte Guidi, tandis que ses frères et son amant chassaient dans la forêt voisine, Annunziata s'assit sous un berceau en fleurs. Là elle s'abandonnait à une douloureuse rêverie, lorsque de la profondeur d'un bois d'orangers, de myrtes, de lauriers et de grenadiers qui balançaient leurs rameaux odoriférans au souffle d'une brise embaumée, elle vit venir une femme vêtue d'un costume singulier et dont la forme était celle que portaient au XVe siècle les personnes de haute condition. C'était une longue robe de velours rouge brochée de fleurs d'or, avec une mante de gros de Naples bariolée des couleurs les plus vives; ce costume était relevé par des ceintures, des carcans, des bracelets, des claviers, et des ornemens d'orfèvrerie massive, travaillés à jour, émaillés et chargés de pierreries qui étincelaient aux derniers rayons du soleil couchant. Cette inconnue dont les cheveux noirs étaient crêpés en deux grosses touffes pendantes sur les oreilles et le long des joues, portait une coiffure d'or ciselé en forme de diadème, du sommet de laquelle tombait un voile de fine laine, magnifiquement brodé et assez épais pour dérober ses traits

Un pas lent et solennel, la raideur d'une taille emprisonnée dans de fortes baleines, ajoutait à la bizarrerie de cette apparition.

A mesure que l'étrangère s'approchait, la signorina Guidi s'étonnait de ne pas lui trouver quelque chose d'étrange sous ce costume si peu en rapport avec le temps où elle vivait. Une pensée confuse lui disait qu'elle ne la voyait pas pour la première fois, et en effet elle se rappela que ce costume était celui d'une comtesse Guidi, l'une de ses aïeules qui vivait au milieu du XVe siècle, et dont le portrait figurait dans la grande salle du château. C'était le même choix d'étoffe, les mêmes bijoux, la même coupe de robe ; tout offrait à sa mémoire l'original du portrait, hors le visage couvert du voile mystérieux. Cette ressemblance extraordinaire troubla Annunziata, et lui inspira une terreur qui ne pouvait échapper à l'inconnue. Celle-ci continuait à marcher d'un pas grave, tandis que le soleil commençait à descendre derrière les montagnes alpines, et que les ombres de la nuit couvraient déjà la profondeur des vallées. C'était le moment qui jette sur tous les objets une clarté indécise et mystérieuse ; où les troncs des arbres flétris s'élèvent comme des spectres gigantesques; où les rochers apparaissent sous des formes menaçantes, et où souvent l'imagination avec une simple touffe de genêt, crée l'apparence d'un malin démon des bois.

Annunziata aurait voulu pour tout au monde être dans le château de son père sous la protection de ses nombreux serviteurs, ou mieux encore sous celle de la vaillante épée de son noble amant; mais, elle était seule, et, se confiant en sa simple innocence, elle se leva, et attendit ce qui allait advenir d'une visite aussi extraordinaire.

L'inconnue atteignit enfin le berceau de verdure ; plusieurs siéges de marbre et de gazon le garnissaient. Elle s'assit en silence sur un d'eux, et faisant un geste, comme pour inviter la signorina à imiter son exemple, elle prit enfin la parole.

— Je vous fais peur ! lui dit-elle.

— J'ignore qui vous êtes, madame, répondit Annunziata.

— Qui je suis ? la terre peut à peine le dire, car mon nom est mort dans le souvenir de tous ceux qui existent, le bronze même de mon mausolée n'en porte que des traces illisibles.

A cette déclaration précise, qui annonçait une créature de l'autre monde, un vif effroi s'empara de la jeune fille, qui fut sur le point de s'évanouir; elle se laissa tomber sur un banc, où elle resta glacée et immobile. L'inconnue la contempla quelque temps à travers les plis de son voile avec une complète indifférence, puis elle poursuivit :

— Je suis la comtesse Ottavia Guidi.

— Vous, madame ! dit faiblement Annunziata.

— Oui, moi... cela vous étonne ? Cependant

les choses étranges qui de temps immémorial se passent dans notre famille doivent vous inspirer autant d'effroi. Que vous semble par exemple de cette perpétuité de morts fatales, de cette destinée attachée à tous ceux qui portent notre nom de terminer leur carrière par une sanglante catastrophe? Avez-vous réfléchi sérieusement sur une pareille malédiction?

— J'y songe sans relâche, répliqua Annunziata avec un redoublement de terreur. Mais encore si la cause était connue?

— Gardez-vous de l'apprendre, vous n'en soutiendriez pas le récit; ce secret foudroierait celui qui serait assez téméraire pour remonter à sa source. Mais il est un autre vœu à former, c'est de découvrir le moyen de briser cette fatalité, et de faire rentrer la famille des Guidi dans le cercle de la vie ordinaire... et... ce moyen existe, poursuivit le fantôme d'un ton plus sépulcral.

— Il existe! s'écria la signorina, il existe, et vous venez pour me l'apprendre, pour que je puisse le révéler à mes parens?

— Le révéler serait inutile; nul d'entre eux ne voudrait l'employer. Il faut pour cela une ame d'une trempe comme on n'en rencontre guère, car il y a là-dedans un sacrifice à consommer tel que jamais dans ce monde on n'en a exigé de semblable. Désirez-vous encore le connaître? ajouta le spectre avec une sorte de malignité.

— Oui, si je puis l'accomplir, dit énergiquement la jeune fille; non, s'il ne satisfait que ma curiosité.

— Il est au pouvoir de tous ceux de ma race de délivrer leurs descendans à venir, et néanmoins aucun n'a voulu en prendre le soin, tant il y a d'égoïsme sur la terre.

Et un éclat de rire tel que Annunziata n'en avait jamais entendu, sortit de dessous le voile de la comtesse défunte. Après un intervalle de sombre silence, la jeune fille vivement émue, craignant d'ailleurs qu'on ne voulût abuser de sa crédulité (car il lui était encore impossible de croire à la réalité de l'apparition), dit alors :

— Qui m'assure que vous savez ce grand secret, et que vous êtes vraiment ce que vous prétendez être !

— J'aime ce doute, il ne m'offense point, et me prouve au contraire que ce sera vous peut-être qui mettrez fin à la double peine que les vôtres subissent tous.

— Laquelle?

— De mourir de mort violente, d'abord, puis d'être privés du repos de la tombe.

Annunziata frémit; le fantôme poursuivit :

— Oui, tous vos parens errent le jour et la nuit à l'entour de leur antique demeure. Ce sont leurs tristes plaintes qu'on prend parfois pour les gémissemens de la brise. Ils souffrent un supplice que vous ne pouvez comprendre; ils ont tous successivement imploré la pitié d'un des membres vivans de leur famille, et tous ont été impitoyablement repoussés.

— Eh bien! montrez-moi vos traits, et faites-moi connoître ce sacrifice!

— Vous serez satisfaite, ma fille...

Et le voile écarté tomba sur le côté... Annunziata vit avec une terreur sans égale, non un visage humain, mais celui de la comtesse Ottavia dont elle avait contemplé le portrait une heure auparavant dans la grande salle du château. C'était sa maigre taille, ses traits immobiles et aplatis, malgré l'ombre factice qui les relevait dans le cadre; des yeux expressifs et sans mouvement, des joues sans feu, des lèvres, d'où sortaient des paroles, qui restaient plissées et immobiles; en un mot, c'était la vision la plus épouvantable que les regards d'un être vivant pussent soutenir. La comtesse Ottavia, après quelques minutes, replaça lentement son voile, et la jeune fille se sentit soulagée quand elle ne vit plus que ce riche costume qui lui cachait un corps de fantôme. La comtesse sembla se recueillir, puis elle ajouta:

— Une faute terrible, un crime qui passe toute croyance, et dont la peine retombe sur toute la race du coupable, et vous a tous livrés à l'esprit du mensonge, pèse sur eux depuis le jour de leur naissance jusqu'à celui du dernier jugement, jusqu'à ce jour dont l'éternité sera le lendemain. Et pour rompre ce charme funeste, il faut qu'un

Guidi se dévoue, pour toute notre postérité, volontairement à une damnation éternelle.

Annunziata, poussant un cri d'horreur, se leva avec vivacité de son siége, où elle retomba soudain; la comtesse se leva aussi, mais pour disparaître sans laisser d'autres vestiges de sa venue, que la noire empreinte du gazon sur lequel avaient glissé ses pas, comme si un feu ardent l'eût dévoré.

Une obscurité complète s'était étendue sur la terre, et la jeune Guidi était encore à la même place. Cependant, elle entendait les fanfares joyeuses des chasseurs qui revenaient de la forêt. Son père, ses frères, Luigi Doria, attendaient qu'elle vînt les charmer de sa douce présence, et elle ne paraissait pas. On la chercha partout; on parcourut les jardins avec des flambeaux, et on l'appela à haute voix. Ce tumulte, cette clarté bienfaisante, la rappelèrent au sentiment de son existence; elle se hâta de revenir vers la noble assemblée qui l'entoura avec empressement. Ah! combien, au milieu de tant d'allégresse, Annunziata éprouvait de désespoir, lorsqu'elle songeait à la révélation qui lui avait été faite, et à quel prix on voulait vendre le repos de tous les membres de sa maison. Elle eut beaucoup à faire pour refouler sa sombre mélancolie au fond de son cœur ; ce fut dans ces dispositions pénibles qu'elle arriva dans la salle où étaient suspendus les nombreux portraits de ses ancêtres.

CHAPITRE IX.

Suite de la Tentation. — Histoire italienne.

Le premier soin d'Annunziata, en entrant dans cette salle, fut de porter les yeux sur le cadre qui renfermait l'image de la comtesse Ottavia. O nouvelle surprise ! non-seulement elle y retrouva les traits et le costume du fantôme qui lui était apparu, mais encore elle remarqua un changement de position dans l'attitude du portrait ; la tête, qui d'abord était vue de trois quarts, se trouvait maintenant de face, et sur ce point elle ne pouvait se tromper, car depuis quelque temps ce portrait, objet de son attention particulière, était profondément gravé dans sa mémoire... Elle frémit de nouveau, et son effroi augmenta lorsque la bouche de la comtesse s'ouvrit comme pour lui parler, et que ses yeux dardèrent sur les siens un éclair de colère.

Annunziata, toute tremblante, baissa les yeux

et pâlit; chacun s'empressa autour d'elle; on lui demanda la cause de son chagrin; deux fois elle fut prête à le dire, et deux fois l'expression menaçante du visage de la comtesse Ottavia retint sur ses lèvres cet aveu. Luigi Doria, plus inquiet que les autres, supplia la signorina de parler; mais elle se montra inébranlable. Son amant allait redoubler ses instances lorsqu'il fut arrêté par une exclamation d'Alberto, le plus jeune des frères d'Annunziata. Cet adolescent entrait dans sa quinzième année; sa ressemblance avec sa sœur était parfaite, et une douce amitié les unissait tous deux.

Il venait de se placer vis-à-vis du portrait fatal, et il s'écriait que la comtesse Ottavia, fatiguée de garder la même posture depuis un si grand nombre d'années, en avait changé, et qu'à présent elle regardait directement sa descendance. On fit d'abord peu d'attention à cette remarque; mais peu à peu le reste de la famille et les habitans du château partagèrent son étonnement, car eux aussi voyaient trop souvent ce portrait pour ne pas s'apercevoir que la pose de la tête n'était plus la même. Ce prodige amena toutes sortes de commentaires; mais on se résuma à croire que quelqu'un par malice avait repeint le tableau; on voulut savoir qui avait fait ce mauvais tour, et nul ne put en désigner l'auteur.

Cependant le chef de la maison, le vénérable comte Guidi, demeurait assis dans son grand fauteuil d'ébène, dont les sculptures étaient un chef-d'œuvre de Baccio Bandinelli, et que recouvrait un maroquin vert garni d'une frange d'or. L'immobilité de ce noble chef, ses mains dont il couvrait son front, et les mouvemens convulsifs qui survenaient dans tout son corps appelèrent aussitôt l'attention. On le vit faire signe à Alberto de venir à lui. Il prit cet adolescent dans ses bras, l'inonda de ses larmes, et à travers une multitude de sanglots :

— Mon fils, s'écria-t-il d'une voix entrecoupée, mon cher, mon malheureux enfant ! prépare-toi à mourir avant peu de la mort fatale qui frappe tous ceux de notre famille !

A ces terribles paroles, l'épouvante et la douleur se manifestèrent dans l'assemblée ; les frères et les sœurs d'Alberto poussèrent des cris de désespoir, et ce désespoir fut à son comble lorsque le père infortuné eut ajouté que depuis l'époque où une malédiction pesait sur sa famille, celui qui le premier devait en être frappé recevait un avertissement du ciel par un moyen surnaturel. Je ne puis donc plus douter, poursuivit-il, que mon Alberto ne soit cette victime, puisqu'il a vu avant tout autre le changement de pose du portrait. C'était lui que menaçait la comtesse Ottavia. Il termina en invitant son malheureux fils à se confesser sans délai, et à remplir ses autres devoirs religieux.

Cette exhortation faite par un père qui lui-même

semblait sur le bord de la tombe, à un jeune homme brillant de fraîcheur et de santé, eût touché profondément même des étrangers. Hélas! nul n'osait faire entendre des paroles d'espérance; tant de preuves attestaient que de telles prédictions ne manquaient jamais de s'accomplir! Un morne silence régna dans la salle. Le moine Leandro, directeur de conscience des comtes Guidi, entraîna vers la chapelle du château le jeune Alberto. Ses parens et ses amis le suivirent afin d'aller réciter pour lui l'office des agonisans. Le comte Guidi lui-même voulut assister à cette triste cérémonie.

Annunziata seule n'avait pu suivre la foule; elle resta dans la grande salle, hors d'état d'agir et peut-être de penser; une seule idée absorbait en elle toutes les autres, celle de la communication qui lui avait été faite du secret fatal, et des moyens de sauver sa famille de l'affreuse destinée sous laquelle elle gémissait depuis si long-temps. Cependant pour la sauver devait-elle se rendre coupable du plus grand crime qu'on puisse commettre sur la terre, celui de compromettre le salut de son ame! D'un autre côté, son tendre amour pour son père, son jeune frère et les autres membres de sa famille la mettait dans une affreuse perplexité; elle se demandait si, pour sauver tant de têtes qui lui étaient chères, il ne fallait pas tout immoler... Hélas! et son amant comme les autres!

Dans ce moment, le portrait, fixé à la muraille par cinq crampons de fer, s'agita violemment à diverses reprises ; puis il descendit non comme par l'effet d'une chute, mais d'une manière lente et solennelle... Lorsqu'il eut atteint le plancher, l'effigie de la comtesse Ottavia se détacha du fond de la toile, et vint droit à la signorina.

— Eh bien ! ma fille, lui dit le spectre, que te semble de la douleur de tes parens ? ne feras-tu rien pour l'adoucir?

— Que Dieu me préserve de commettre un crime ! fut la réponse d'Annunziata.

— Un crime soit, mais il a son côté vertueux. Songe qu'en t'y abandonnant, tu donnes la paix du sépulcre à tes ancêtres, et tu délivres leurs descendans de l'horrible trépas qui les menace tous. N'auras-tu donc, toi aussi, aucune pitié pour eux ?

Aussitôt la salle, quoique vaste, se remplit d'une foule nombreuse de spectres de tout âge et de tout sexe. C'étaient les Guidi trépassés. Tous se présentèrent à la malheureuse Annunziata avec leur mine hâve et cadavéreuse. Des larmes brûlantes sortirent de leurs yeux éteints. Ils tendirent, en suppliant, leurs bras décharnés vers la jeune fille, et semblèrent lui reprocher sa cruauté envers eux. Ce fut par l'effet d'une force surhumaine que la signorina contempla sans expirer cet effrayant spectacle, mais l'usage de ses sens l'abandonna complètement lorsque, tournant involontairement la tête, elle reconnut... sa mère chérie, dont elle avait tant pleuré la mort.

Quand Annunziata revint à elle, elle se trouva dans son lit au milieu de ses sœurs, qui toutes fondaient en larmes. Bientôt deux hommes se précipitèrent au milieu du groupe désolé, le comte Guidi et Luigi Doria. Ils lui prodiguèrent tous les témoignages de l'affection la plus vive, et ne se calmèrent qu'en voyant que l'objet de leur sollicitude avait repris connaissance. Elle leur demanda, avec le cœur brisé, des nouvelles de son jeune frère.

— Il vit encore, lui fut-il répondu, mais il doit s'attendre à chaque instant à subir notre cruelle destinée.

Et le comte Guidi, rassuré sur sa fille, se livra de nouveau pour son fils à toutes les angoisses de la douleur d'un cœur paternel. Il y avait quelque chose de solennel et d'effrayant dans tout ce qui se passait cette nuit au château de Guidi. Les cloches de la chapelle et celles du monastère voisin sonnaient avec fracas l'agonie du jeune Alberto. Lui, plein de vie, voyait la mort prête à le saisir, sans savoir sous quel aspect elle lui apparaîtrait. Toutes les chimères qu'il s'était plu tant de fois à créer, s'envolaient en quelque sorte une à une, et ne laissaient derrière elles qu'un abîme menaçant qui déjà s'ouvrait pour l'engloutir. Ses beaux yeux perdaient insensiblement leur éclat; ses joues si brillantes devenaient ternes, c'était comme un essai de décomposition que la mort faisait sur ce bel et jeune adolescent.

Une bouche indiscrète vint révéler l'état du jeune Guidi à Annunziata ; elle demanda deux fois à voir son frère, mais craignant les tristes conséquences qui pouvaient en résulter pour sa vive sensibilité, on s'opposa à son désir. On lui dit que son père pouvait se tromper dans son pronostic, qu'il était possible d'ailleurs que Dieu se laissât fléchir par les prières qui allaient être faites dans tous les monastères d'Italie, qu'on ne quitterait plus le jeune Guidi, et qu'au moyen de cette vigilance on détournerait de lui les dangers qui le menaçaient.

Mais rien ne pouvait tranquilliser la signorina, et dans son angoisse elle forma le désir de revoir la comtesse Ottavia... Aussitôt les personnes qui l'entouraient furent plongées subitement dans un profond sommeil, puis elle entendit du côté de la porte le frôlement d'une robe de velours qui lui annonça que son vœu allait être satisfait; en effet, elle vit s'avancer lentement le fantôme, qui, s'arrêtant devant son lit, lui dit d'une voix sépulcrale :

— Que me veux-tu ?

— Hélas ! je l'ignore moi-même, répondit la jeune fille en frissonnant.

— Cependant tu as souhaité ma présence.

— Au nom du ciel, sauvez mon pauvre frère !

— Tu sais que toi seule peux le sauver.

— Mais je me dévouerai aux flammes éternelles...

— Tu délivreras tous les tiens.

—Songez à la grandeur du sacrifice; quoi! vous voulez que je consente à me séparer éternellement dans l'autre monde de ceux que j'ai tant aimés dans celui-ci!

— Demain tu pourras faire entendre tes plaintes sur le cercueil de ton frère.

Et la vision s'approchait... Annunziata cédant à une sorte de délire causé par les dernières paroles de la comtesse Ottavia, conçut un instant la résolution de consommer le sacrifice qui lui était imposé; cependant elle frémit en pensant à la barrière éternelle qu'elle allait mettre entre elle et Dieu ; elle tâcha de le fléchir par ses prières, mais rien ne put calmer ses souffrances.

Dans ce moment, un profond soupir, poussé près de son lit, la fit tressaillir de nouveau. Il y avait dans cette plainte inarticulée quelque chose qui n'appartenait pas à la terre. Ses yeux se portèrent alors vers un grand miroir de Venise, placé entre deux croisées faisant face à son lit, et elle vit l'ombre de sa mère, qui paraissait plongée dans une profonde affliction; puis s'avançant vers elle :

— Ma fille! lui dit-elle, je souffre.., et ton frère va mourir!!

— Et moi, répondit Annunziata d'une voix faible, dois-je donc me condamner à des tourmens éternels?

— Je souffre, répéta le fantôme, et ton frère va mourir...

— S'il faut donner ma vie pour vous sauver tous, je vous l'abandonne avec joie ; mais dois-je disposer de mon ame?

— Je souffre, et ton frère va mourir, dit une troisième fois le fantôme, et il disparut...

Au même instant la porte s'ouvrit, et le vieux comte Guidi entra. Sa physionomie était empreinte d'un sombre désespoir ; il s'approcha du lit de sa fille, et d'une main, lui montrant ses femmes endormies, de l'autre, il lui fit signe de le suivre.

La vierge obéit malgré sa faiblesse ; elle jeta sur elle une mante fourrée d'hermine, puis elle accompagna son père, qui lui saisit le bras en silence, et la conduisit dans la grande salle éclairée de plusieurs torches en cire blanche.

— Annunziata, lui dit-il lorsqu'ils furent arrivés, une affreuse malédiction pèse sur nous!... il serait temps d'y mettre un terme.

Annunziata trembla, et ne répondit rien.

— Il est un moyen de sauver notre famille, poursuivit le comte d'une voix creuse ; mais ce moyen est terrible!...

— Vous le connaissez donc, mon père? s'écria Annunziata prête à défaillir.

— Oui, mon enfant... Mais ta question m'a été

faite avec une inflexion de voix si particulière...: Saurais-tu ?

— Je sais que nous sommes tous bien punis d'une faute que nous n'avons pas commise.

— La postérité d'Adam est encore sous le poids de la haine, répondit le comte tristement, et ce qui a lieu sur toute l'étendue du globe pour la descendance de l'aïeul commun peut bien être reporté pour les membres d'une maison particulière ; mais as-tu appris comme moi à quel prix nous pouvons racheter les nôtres ?

Le silence de la signorina, son trouble, firent deviner au comte qu'il n'avait rien à lui apprendre.

— Je vois, ma fille, que cette fatale révélation t'a aussi été faite. Qu'en penses-tu ?

— Ah ! pourquoi Dieu nous poursuit-il avec tant de rigueur ?

— Le murmure est une offense... Il y a dix ans que, dans cette même salle, je fus instruit d'un secret qui depuis dévore mon cœur. C'était pendant une nuit d'orage ; la foudre grondait dans les airs, des torrens de pluie frappaient les murs de ce vaste édifice, et les sifflemens de l'aquilon se mêlaient aux roulemens du tonnerre. Je me levai, et vins ici promener mon inquiétude. J'y étais depuis quelques instants, lorsqu'à la clarté de plusieurs éclairs successifs, je vis le portrait de mon quadrisaïeul, de Jeromino Guidi, se détacher de son cadre, et s'approcher de moi. J'ai couru de grands dangers sur les champs de bataille, j'ai parcouru les mers sur de légers esquifs lorsque les vagues en fureur se croisaient sur ma tête ; cependant j'étais calme et impassible, tandis que, dans cette circonstance, mon sang se glaça, mes cheveux se hérissèrent... j'eus peur...

Le spectre me regardant fixement, l'époux de la comtesse Ottavia Guidi me dit que je pouvais, au prix de ma damnation éternelle, délivrer les membres de cette maison, morts, vivans, et à naître. Je repoussai cette proposition avec horreur ! Vous étiez encore si jeune que je pouvais espérer terminer mes jours avant vous... Votre mère périt écrasée par un arbre du parc... Aujourd'hui Alberto va la suivre... et moi... moi son père, je puis le sauver... Écoutez, Annunziata, écoutez la terrible résolution de l'auteur de vos jours ; c'est sans doute le plus grand sacrifice de l'amour paternel. Je vais vendre mon ame au démon pour vous racheter tous... J'aurais dû le faire sans rien dire ; mais cet effort est au-dessus de mes forces ; il faut que j'emporte la triste consolation que mes descendans apprécieront l'étendue de ce sacrifice ; qu'ils m'en récompenseront par leurs regrets... Adieu, ma fille ! vous ne verrez pas votre père dans le ciel...

Le comte Guidi se tut, son émotion l'empêchant de continuer. Annunziata, en proie à une cruelle angoisse, ne pouvait retenir ses sanglots. Le dessein de son père achevant de la désespérer, elle se disait que souffrir qu'il l'accomplît serait se rendre coupable d'un parricide sans exemple ; aussi elle s'écria avec force :

— Non, mon père, non, vous ne vous immolerez pas pour votre maison... c'est à moi qu'est réservée cette tâche...

— Vous, ma fille ! si jeune, si belle, si vertueuse : vous qui devez goûter sans remords toutes les douceurs de la vie, ah ! jamais je n'y consentirai ; il est dans l'ordre qu'un père se sacrifie pour ses enfans.

— Et pourquoi les enfans ne lui envieraient-ils pas ce privilége? pourquoi, dans une cruelle circonstance, ne lui rendraient-ils pas plus qu'ils n'ont reçu ? Ah ! permettez que je me dévoue pour notre malheureuse famille, que j'assure à ceux qui ne sont plus, la paix des tombeaux, et aux autres la félicité sur cette terre.

Cette lutte généreuse, entre le père et la fille continua encore quelque temps.

Cependant la cloche de la chapelle retentit de sons prolongés ; plusieurs personnes entrèrent pour dire au comte Guidi que le jeune Alberto, plongé dans un horrible délire, avait voulu se donner la mort. Cette nouvelle augmenta encore sa résolution de sauver son fils ; mais tandis qu'il se dispose à consommer l'acte sacrilége, Annunziata s'avance vers le portrait de la comtesse Ottavia, et lui demande la formule du pacte qu'elle doit prononcer.

Des rires sataniques se font entendre ; un ouragan impétueux ébranle dans ses fondemens le château de Guidi ; tous les assistans voient distinctement se dessiner sur les murailles l'ombre d'un corps colossal ; il déploie de vastes ailes, son front est armé de cornes aiguës, et sa queue, terminée par un triple dard, s'agite et se redresse; c'est Lucifer... Il attache sur sa proie un œil étincelant. La jeune fille, décidée à consommer son horrible sacrifice, ne tremble point devant la redoutable apparition ; elle va prononcer l'arrêt qui la condamne aux flammes éternelles ; elle est perdue... Mais, ô prodige !... le portrait de la comtesse Ottavia resplendit soudain d'une lumière céleste ; il n'offre plus les traits d'une mortelle, mais ceux de la mère de Dieu, de la reine des anges, environnée de toute sa cour ; elle sourit à la courageuse Annunziata, et lui dit :

— Tu as soutenu la plus cruelle épreuve qui puisse être imposée à l'humanité ; ta piété filiale a été au-delà de ce qu'on peut attendre sur la terre : reçois-en la récompense... La malédiction des tiens est levée, ton frère prolongera sa carrière, et toi tu jouiras du bonheur qui est dû à ton dévouement !!!

CHAPITRE X.

Observations sur la nouvelle du chapitre précédent. — Plaisance.—Souverain du duché de Parme.—Voie Émilienne. — Fiorinzuola. — Le Taro. — Fornoue et Charles VIII. — Le duc régnant de Parme. — La duchesse. — Dévotion du prince. — Le frère Mazzi. — La ville de Parme. — Le marquis de Felino. — Monsieur passe auprès de Mantoue. — Les Contadini. — Vérone. — Comment Monsieur y est reçu. — Ses politesses aux patriciens. — Établissement préliminaire. — Réflexion. — Espoir en la Charte.

Je dois dire que, quoique je me sois amusé à broder cette histoire dans le goût d'une Radcliffe et de Horace Walpole, elle est fondée sur une tradition du pays : le fond est exact. J'en ai souvent amusé des amateurs du merveilleux, lorsque je n'avais rien de mieux à faire, pour leur prouver combien ce genre est facile. Venons maintenant à mon récit.

Je poursuivis ma route de Pavie à Plaisance, où je me retrouvai dans les états d'un prince de ma maison, l'infant d'Espagne, Ferdinand, duc de Parme, marié à Amélie-Marie-Joseph-Jéanne-Antoinette, archiduchesse d'Autriche, et sœur de la femme de Louis XVI. La ville de Plaisance me parut située dans une position délicieuse au centre d'une plaine qui s'étend de Milan à Parme. Partout on voit la vigne se mêler aux ormeaux et aux cultures les plus variées, qui doivent leur richesse à la fécondité du sol.

Plaisance, fondée par une colonie romaine, fut ravagée par les Carthaginois lors de l'invasion d'Annibal en Italie. Brûlée, pillée à différentes fois, elle se releva de ses ruines, et eut son ère d'indépendance. Elle tomba, dans le moyen âge, au pouvoir des Turriani et des Visconti, souverains de Milan. Plus tard, les papes s'en emparèrent, et Paul III la donna à son fils légitime Pierre-Louis Farnèse, pour la tenir en fief de la chaire pontificale, sous la modique redevance annuelle de huit mille écus romains. Plaisance alors était réunie à Parme, ainsi qu'elle l'a toujours été depuis. Le duc Antoine mort, sa fille Élisabeth Farnèse, reine d'Espagne et sœur de Philippe V, succéda au duché de Parme et de Plaisance. Elle céda cet état à l'Autriche en 1738, en échange du royaume de Naples, dont la possession fut assurée à don Carlos son fils. Mais, dix ans après, un nouveau traité le rendit à la branche espagnole, qui en investit l'infant don Philippe, père du duc Ferdinand, prince qui régnait lors de mon passage dans cette belle contrée.

Plaisance doit beaucoup aux Farnèses; aussi a-t-elle conservé religieusement les statues équestres de deux d'entre eux, celles d'André et Ranunce, élevées sur la place principale. J'admirai leur fonte hardie, due à Macas, élève de Jean de Bologne. Je vis le palais ducal, fort beau, bien que négligé; des églises splendides dans l'intérieur, suivant l'usage de l'Italie; puis je parcourus des rues désertes dont la population n'est que de vingt-cinq mille ames, quoiqu'on prétende qu'elle soit susceptible d'en contenir plus de cent mille.

En sortant de Plaisance, nous longeâmes l'ancienne voie Émilienne, l'une de ces chaussées gigantesques que les Romains, ces premiers maîtres du monde, prolongeaient dans toute l'étendue de leur vaste empire. Il en existe encore des fragmens considérables qui semblent braver le temps et la main destructive de l'homme. Notre vue se portait à droite sur les Apennins aux cimes anguleuses et découpées, et à gauche sur la plaine riante et fertile qu'arrose le Pô. C'est une suite de sites enchanteurs, car l'Italie est le pays des merveilles. La nature et l'art l'ont à l'envi décorée. Je traversai Fiorenzuola, bourg où l'on trouve une abbaye de l'ordre de Citeaux qui vit réunis dans son enceinte trois grands souverains, le pape Paul III, le roi de France François Ier et Charles-Quint, empereur. De là je me rendis à Borgo San-Domingo, qui ne m'offrit rien de remarquable. Il fallut à cinq milles au-delà traverser le Taro, petite rivière qui, dans les temps d'orage, se grossit, et, torrent impétueux, inonde la plaine, et souvent n'est guéable que trois ou quatre jours après. Je n'eus pas à m'en plaindre.

A la tête du Val de Taro, et à dix milles environ au-dessus de Parme, est située la ville de Fornoue, si célèbre par la victoire que Charles VIII l'un de mes prédécesseurs, y remporta sur les Italiens fédérés à son retour de la conquête de Naples, le 6 juillet 1417. Son armée, accablée de fatigue, se composait à peine de huit mille hommes qui avaient à combattre quarante mille hommes sous les ordres du marquis de Mantoue et des meilleurs généraux du temps. C'est un de nos plus beaux faits d'armes. Je me détournai à dessein de ma route pour traverser ce champ de bataille si glorieux pour nous.

Je rencontrai à quelque distance de Parme le duc mon cousin venant me donner la bien-venue. Il me traita, quoique exilé, en aîné de notre maison. Ce prince était entouré de sa cour, les livrées de sa suite étaient splendides, mais les harnais dataient du règne de don Philippe.

Le duc régnant avait, en 1794, quarante-trois ans, étant né le 20 janvier 1751. Il eut pour précepteurs dans sa jeunesse trois hommes d'un grand mérite : Condillac, Keralio, et le père Jacquien. Il s'occupa peu des affaires temporelles, donnant presque tous ses soins à celles de son salut. Sa vie s'écoulait paisiblement à l'époque de mon passage ; mais ce repos ne devait pas se prolonger. Les Français allaient bientôt entrer en Italie à main armée, et ce devait être pour le duc de Parme l'occasion de manifester des qualités qu'on ne lui connaissait point. Il se présenta avec une contenance ferme devant Bonaparte ; un traité de paix s'ensuivit. Plus tard cette particularité sera rapportée dans l'histoire contemporaine.

Parme ne possédait plus le marquis de Felino, ce ministre habile qui avait tout fait pour la prospérité de ce petit état. Chargé du gouvernement à l'époque où se maria le duc régnant, il aurait voulu qu'il épousât, non une archiduchesse d'Autriche, qui ne lui apportait aucune dot ; mais la princesse d'Est, duchesse de Modène, qui par les provinces dont elle devait hériter, eût agrandi considérablement les états de l'infant duc de Parme. La politique de la maison de Bourbon céda, selon l'usage, à celle de la maison d'Autriche. Le duc prit pour femme une princesse qui n'avait en dot que ses vertus, et l'héritière de Modène fut fiancée à un archiduc.

La duchesse de Parme, née en 1746, et par conséquent plus âgée que son mari, n'avait jamais été jolie ni spirituelle. Elle s'occupait exclusivement de l'étiquette, ce qui ne lui laissait aucun instant de repos : il fallait dans le palais ducal que tout marchât en cérémonie, depuis les aides de cuisine jusqu'aux souverains. L'archiduchesse detestait la France et les Français ; c'était une injustice, mais pouvait-on la lui reprocher depuis l'assassinat atroce de Marie-Antoinette sa sœur? Mon entrevue avec cette princesse fut pénible, et cette fois l'excellence de son cœur la fit déroger à la solennité de ses habitudes. En me voyant, elle ne put retenir ses sanglots ; nous pleurâmes ensemble ceux dont la mémoire nous était chère à tant de titres. Elle s'informa du roi son neveu, de Madame Royale, et je fus vivement touché de tout ce qu'elle me dit d'affectueux à ce sujet.

Le duc, beaucoup moins sensible pour les choses de ce monde, attendu qu'il déposait toutes ses afflictions au pied de la croix, s'empressa d'abréger cette scène déchirante. Il m'emmena dans mon appartement sous prétexte de laisser à sa femme le temps de se remettre, et lorsque nous fûmes seuls, il me témoigna de vives alarmes sur le développement que paraissait prendre la révolution. Pour la combattre avec avantage, il avait imaginé de multiplier les neuvaines, les processions et les prières de quarante heures. Il souhaitait tant un miracle, qu'il n'osait croire à sa possibilité, et cela le mettait dans un grand embarras.

Son confesseur, et par suite son premier ministre, le père Mazzi, moine bénédictin, gouvernait à la baguette le duché de Parme, non sans habileté toutefois. Très-désintéressé pour lui-même, fort peu exigeant pour son ordre, il était.

insatiable pour les intérêts de l'Église en général ;
et rendait son pénitent l'esclave d'une foule de
petites considérations, de pratiques minutieuses,
qui l'empêchaient de concourir utilement au bien-
être de ses sujets. Le père Mazzi avait de la
science, une grande finesse et cette énergie qu'on
rencontre parfois dans les hommes de sa robe ;
jaloux de son autorité, il écartait avec soin tous
les séculiers qui pouvaient lui faire ombrage. Je
fus frappé de sa noble contenance, de la vivacité
de son regard et de la fraîcheur de son teint, et
je ne pus m'empêcher de lui appliquer ces deux
vers de La Fontaine :

> ... Dieu prodigue ses biens
> A ceux qui font vœu d'être siens.

Ce pieux cénobite me témoigna un intérêt véritable. Il me parut très-versé dans la politique
européenne, et je m'aperçus facilement qu'il
n'était pas autrichien, bien qu'il affectât un ardent amour pour le cabinet de Vienne. Il aurait
voulu le rétablissement de ma maison, y voyant
le seul moyen de rendre l'Italie indépendante.
Lui aussi prévoyait de grands bouleversemens
dans sa patrie, et cette pensée lui causait une
profonde douleur.

J'ai conservé peu de souvenirs des autres membres de la cour de Parme. La famille ducale,
outre le prince régnant et la princesse, se com-

posait de l'infant Louis, né en 1773, qui devint roi d'Étrurie par la grâce de Bonaparte, et de trois princesses ses sœurs. La reine d'Espagne, Louise-Marie-Thérèse, femme de Charles IV, était princesse de Parme et sœur du duc Ferdinand.

Cet état fut formé par une colonie de Gaulois qui en chassa les Étrusques. La ville de Parme est belle et bien bâtie; située dans la vaste plaine de la Lombardie, elle est coupée en deux parties par la rivière Parma. Elle me parut passablement fortifiée; sa population est de quarante-cinq à cinquante mille habitans. On citait parmi ses édifices le *Collége des nobles*, fondé en 1599 par le duc de Rannu Farnèse. On y admettait deux cent cinquante gentilshommes, qui y recevaient une fort bonne éducation.

Le palais, non achevé alors, est d'une architecture peu remarquable. J'y admirai le fameux tableau du Corrège, connu sous le nom de la *Madone de saint Jérôme et de sainte Madeleine*. C'est une des merveilles de l'art, et Bonaparte le préféra à un million que plus tard le duc offrit pour le racheter. On a beaucoup vanté cet amour de l'art, mais un amateur comme celui-ci savait bien où rattraper son million. Je ne pus voir la célèbre coupole du même peintre, n'en ayant pas le loisir : j'étais pressé de me rendre à Vérone; où je voulais établir le siége de mon gouvernement de régence. Je donnai un regard au théâtre de Parme, construction gigantesque qui peut

contenir quatorze mille spectateurs. Il retrace
fidèlement la manière dont les Romains bâtissaient
leurs salles de spectacle. Celle-ci tombait en
ruines, et on ne songeait pas à la réparer.

Le souvenir du marquis de Felino, Français de
naissance, remplissait encore la ville de Parme.
On lui rendait après sa mort cette justice qu'on
refuse presque toujours aux vivans. Les hommes
sont ainsi faits ; aussi ai-je été frappé de ces deux
beaux vers du poète Lebrun :

> Les yeux sont ingrats et jaloux,
> La mémoire est reconnaissante.

Après un repos de quarante-huit heures à
Parme, j'en partis pour me rendre à ma destination. Je voyageais sous le nom du comte de Lille,
suivant ma coutume, afin d'éviter les embarras du
cérémonial ; j'allai d'abord à Guastalla, petite
ville de trois mille ames, qui porte le titre de
duché, et relève encore de celui de Parme. Je la
traversai seulement, et ne m'arrêtai pas davantage
à Mantoue, bâtie au milieu d'un lac que forment
les eaux du Mincio. C'est une place forte, facile
à défendre. Je regrettai de ne pouvoir visiter son
palais enrichi de belles peintures dues au pinceau
de Jules Romain, élève chéri de Raphaël. Mais
il me convenait peu de m'arrêter dans un pays
soumis à la domination autrichienne ; cependant
tant que je fus en vue de Mantoue, je récitai les

passages de Virgile, dont ma mémoire est garnie, croyant devoir rendre hommage à l'un des plus grands poètes de l'antiquité.

Mantoue est séparé de Vérone de huit lieues ; la route, qui s'étend dans l'immense plaine de la Lombardie, est bordée de beaux arbres, sur lesquels les pampres dentelés d'une vigne vigoureuse s'entrelacent en guirlandes. Le costume des contadini (paysans) est élégant, surtout chez les femmes ; les divers groupes que j'apercevais sur mon passage me rappelaient les bergers et les bergères des ballets de l'Opéra. Ce devait être un jour de fête locale, car tout le monde était paré de ses plus riches atours. C'étaient des étoffes de soie et de laine aux couleurs tranchantes et variées, une profusion de clinquans, et des fleurs naturelles et artificielles. Je jouissais avec mon fidèle d'Avaray de ce spectacle gracieux qui faisait diversion à ma mélancolie habituelle.

Ma vue s'arrêta aussi sur le côté gauche de la route, où s'étendent les monts Euganéens, auxquels on a donné ce nom par pure civilité car ce sont plutôt des collines que des montagnes ; mais leur aspect riant compense la mesquinerie de leurs proportions.

Vérone est coupée en deux parties inégales par l'Adige. Cette ville passe avec raison pour la première parmi celles du second ordre en Italie. Les restes d'un amphithéâtre et d'un capitole, avec quelques autres débris curieux, attestent qu'elle dut être sa magnificence du temps de l'empire romain. Ravagée par Attila, les rois goths et lombards Théodoric et Albin la rétablirent dans sa splendeur précédente. Soumise ensuite à Charlemagne, et aux empereurs du nouvel empire d'occident, elle passa plus tard sous la domination des seigneurs de la maison de Lescale. Les Vénitiens s'en emparèrent ensuite; et l'ont gardée jusqu'au moment où leur état est devenu une simple province autrichienne.

Vérone a quarante-cinq mille habitans; elle est bien fortifiée, mais pas assez cependant pour soutenir long-temps un siége régulier. Trois arcs de triomphe antiques forment autant de portes à la ville nouvelle; l'un fut élevé par Vitruve. Une foule de palais décorent cette cité; ils furent construits par les célèbres architectes Palladio, Sansovino, François Condo, San-Michieli, etc.; les églises ont leur part dans cette magnificence; on y distingue en outre des tableaux et des sculptures des meilleurs maîtres de l'Italie. Le commerce y est très-actif; les préparations en soie et en laine occupent à elles seules vingt mille ouvriers. Vérone renferme aussi une brillante noblesse, et de tout temps elle a produit des hommes célèbres; les principaux sont : Vespasien, Titus, Domitien, Catulle, Vitruve, Frascator, Jules Scaliger, Paul Véronèse, Bianchi, Lorenzi, Pindemonte, Maffei, etc. Je ne cite que ceux dont je me souviens en ce moment.

Vérone est un séjour fort agréable, les étrangers y sont bien accueillis. Je dois aux Véronais de la reconnaissance pour leurs bons procédés à mon égard. La population est vive et gaie, elle aime les divertissemens, et se livre avec une sorte de délire à ceux du carnaval. Je les ai vus, à l'exception de la haute noblesse, fort attachés au gouvernement vénitien, qui, pourvu qu'il ne fût pas inquiété dans sa domination, ne cessait de s'occuper du bien-être des peuples ses sujets. J'ai souvent regretté Vérone, et j'espère que ses habitans m'ont conservé cette bienveillance dont ils m'ont donné tant de preuves.

A mon arrivée sur le territoire vénitien, je fus complimenté par le provéditeur Contarini, envoyé pour me faire les honneurs du pays. C'était un noble vénitien, un vrai *Magnifico* ; prudent, réservé, investigateur, profond politique, avec une aisance et une grâce parfaite. Certes, un tel envoyé était bien fait pour me donner une haute idée du gouvernement qui l'employait. Il m'accompagna jusqu'à Vérone, me témoigna le regret qu'avait le doge Marini de ne pouvoir se trouver avec moi, et me complimenta au nom de sa seigneurie, heureux, me dit-il, de rencontrer l'occasion de manifester à la maison royale sa gratitude des services qu'elle en avait reçus, notamment depuis Henri IV.

Je répondis comme je devais le faire, et ajoutai :

— Nous devons d'autant plus nous intéresser à ce qui concerne Venise, que notre nom figure sur son livre d'or, et qu'à ce titre nous lui appartenons.

Le provéditeur parut touché de ces paroles ; il redoubla ses protestations de dévouement, et nous restâmes en parfaite intelligence.

Dès que je fus installé, j'envoyai d'Avaray à Venise remercier le doge de sa bienveillance à mon égard; on lui fit un accueil des plus gracieux; ma cause ne paraissait pas encore totalement perdue, comme les Vénitiens le crurent plus tard ; mais n'anticipons pas sur les évènemens.

Pendant mon séjour à Vérone, le duc de La Vauguyon, ai-je dit ailleurs, fut le premier que j'appelai près de moi pour prendre ses conseils. Je le fis venir d'Espagne, où il se trouvait alors, et il remplit près de ma personne les fonctions de chef de mon cabinet.

Le baron de Flaschlanden, homme de sens et de mérite, remplaça le maréchal de Castries, qui ne me suivit pas dans le premier moment. Je le nommai mon ministre de la guerre, et lui aurais long-temps continué ma confiance, si la mort ne me l'eût ravi en 1796. Il mourut à Blackembourg.

Ma maison demeura fermée comme elle l'était précédemment. J'avais dans chaque cour un envoyé reconnu et accrédité : le comte d'Entrague était mon agent à Venise; il avait dans son département la correspondance avec l'Espagne, et les comités royalistes établis à Paris et dans le reste du royaume; au reste, je traiterai cette partie plus en détail lorsque j'aurai parlé de Venise.

J'arrive à une époque où, roi par la mort de mon neveu, je dus jouer un rôle plus important, où je devins le centre de négociations importantes, où je tâchai de déployer un caractère auquel on a bien voulu applaudir ; je désire ne pas déposer la plume avant d'avoir raconté encore les dernières vicissitudes de ma fortune : mais, hélas ! l'âge et ses infirmités m'avertissent déjà que ma carrière est bien près d'être parcourue. C'est maintenant que je puis dire avec Horace :

>   Vitæ summa brevis spem non vetat
>   Inchoare longam.

(Le peu de temps que nous avons à vivre ne nous permet pas de porter trop loin nos espérances.)

CHAPITRE XI.

Venise. — Son histoire ancienne. — Sa position topographique. — Ses premiers habitans. — Les barbares. — Ses tribuns. — Ses maisons nobles. — Le premier doge. — Le roi Pépin. — Troubles intéressans. — Les Vénitiens aux croisades. — Le pouvoir du doge borné. — Accroissement de puissance. — Le livre d'or fermé. — Marino Faliero. — Ligue de Cambray. — Décadence de Venise.

Dans les notes nombreuses qui servent de matériaux à ces Mémoires, je trouve sous ma main un cahier assez étendu dans lequel, pendant mon séjour à Blackembourg, j'avais consigné mes observations sur Venise, son histoire, son gouvernement, sa police, sa politique, etc., à l'époque à laquelle j'écrivais. Mon dessein n'est pas de transcrire ici en entier ce morceau; je veux seulement en faire l'analyse, afin que tout mon travail ne soit pas perdu. Je suivrai la division que j'avais établie, elle présentera plus de clarté que toute autre.

VENISE ET SON HISTOIRE.

Les Venètes, peuples de la Gaule cisalpine, et qu'on croit sortis originairement de la Gaule armorique aux environs de Vannes, où se perpétuèrent également leurs tribus; les Venètes, dis-je, à une époque reculée, donnèrent leur nom à la circonférence du golfe supérieur de la mer Adriatique ; là, ils habitaient une contrée délicieuse, coupée de montagnes, de plaines, de rivières et de canaux. Une partie de ces peuples était agricole, l'autre s'adonnait plus particulièrement aux relations commerciales ; la première, sous le titre de *Venetia prima*, demeurait plus avant dans les terres, et celle de la *Venetia secunda* occupait le littoral et les îles voisines. C'était le temps primordial des Pélasges et des Étrusques, lorsque la grande Grèce florissait dans tout son éclat, qu'une civilisation perfectionnée éclairait l'Italie, et avant qu'elle tombât en partie dans la demi-barbarie qui entoura le berceau de Rome.

Le peuple-roi ne s'occupa de la Vénétie que vers la première guerre punique, et l'avait soumise avant la seconde, lorsque Annibal descendit du haut des Alpes sur la terre sacrée. Les Venètes alors étaient moins des sujets que des alliés obéissans. Leur pays ne devint véritablement province romaine que lorsque Marius eut triomphé des Cimbres et des Teutons, l'an 107 avant J.-C.;

dès-lors cette contrée partagea la destinée de l'empire.

Attila *le fléau de Dieu* comme il se proclamait lui-même, n'épargna pas la Vénétie; Aquilée, Altino, Concordia, Ordèrso, Padoue, Vérone, et nombre d'autres villes, furent incendiées, et livrées au pillage. Des peuplades innombrables, venues des extrémités de la terre, désolèrent le monde entier; on voulut leur résister, mais en vain; partout leurs armes inexorables détruisirent et massacrèrent.

Cependant la nature leur opposa un obstacle qu'ils ne purent franchir; toutes leurs forces échouèrent contre un bras de mer. La navigation leur était encore inconnue, et c'était seulement du rivage qu'ils menaçaient ceux qui, environnés de la ceinture protectrice des eaux, bravaient sans danger leur rage impuissante.

Ce secours, offert à certains débris de l'état romain, s'appliquait particulièrement au système topographique des îles situées dans la partie septentrionale du golfe Adriatique. Toutes les eaux qui découlent des Alpes, depuis le Pô jusqu'à l'Isonzo, fleuve qui sort de la Carniole, viennent se perdre dans l'Adriatique. Cette quantité considérable de dégorgemens s'opère de manière à ce que le vaste espace que parcourent les oudes n'est ni terre-ferme, ni pleine mer; mais un amas de boue, de sable, de limon, de gravier, d'eau, en un mot, qui forme les lagunes, demi-étang, demi-marécage, où tantôt le sol est à fleur de flot, et tantôt couvert de plusieurs brasses ; ce dédale immense s'étend environ de vingt à trente milles en ligne directe. Les pilotes non initiés au secret des postes ne pourraient s'y hasarder sans péril, même dans la plus légère embarcation ; des canaux, creusés à main d'hommes, établissent des communications entre le continent et la haute mer.

C'est au centre de ces lagunes que s'élèvent plusieurs centaines d'îles et d'îlots très resserrés, depuis Chiozza, la plus méridionale, jusqu'à Grado, la plus rapprochée de l'Isonzo. Toutes ne sont pas sur la même ligne, les unes surgissent des eaux comme des bastions avancés, et les autres sous le nom d'Aggéré, séparent les lagunes de la mer véritable. Les passages qui existent entre elles correspondent presque toujours aux bouches des fleuves opposés.

Après Chiozza, les îles principales sont celles d'Héraclée, de Rialto, de Imalamoco ; et toutes peu fertiles, ne produisent aucune culture agricole, mais sont avantageusement placées pour la pêche, les salines et le commerce nautique. Ce fut dans leur enceinte que se réfugièrent les habitans de la Vénétie. Plusieurs en partirent, lorsque l'éruption des barbares eut cessé ; mais l'antique noblesse romaine, les hommes riches et ceux qui préféraient la liberté à l'esclavage sous les Goths, restèrent dans les lagunes, et y formè-

rent le noyau d'une nouvelle nation. Ne pouvant
y cultiver la terre, ils s'adonnèrent à la navigation
et au trafic; leur situation les rendit bientôt bons
marins; ils acceptèrent le patronage de Padoue,
mais leur fierté croissant avec leur richesse, ils
ne voulurent plus recevoir des lois et des magistrats d'une ville soumise elle-même aux persécuteurs de l'Italie, et ils s'affranchirent complètement de tout joug municipal.

A Rialto ou Venise, comme je le nommerai
dorénavant, on conserva une forme d'administration romaine. Des tribuns furent nommés pour
faire exécuter les lois. C'était au moment où Rome
cessait d'exister. Odoacre et Théodoric établissaient un nouveau royaume en Italie; ils manquaient de marine, aussi les réfugiés des lagunes
vécurent en voisins avec eux et non en sujets.
Les relations de commerce et leur penchant les
portait vers les empereurs de Constantinople,
et tout fait présumer que, dans ces premiers
temps de leur existence politique, ils ne déclinèrent pas l'autorité des successeurs de Constantin.

Ces hommes qui avaient fui devant la guerre,
quand ils ne pouvaient pas la faire avec avantage,
furent les premiers à la provoquer, lorsqu'ils se
sentirent en force de combattre. Ils commencèrent par entreprendre la conquête de la Dalmatie,
sur les Esclavons, qui l'avaient enlevée aux
Césars. Le succès leur fut long-temps disputé,

mais enfin la Dalmatie tomba sous la domination de Venise.

En 568, les Lombards, à leur tour, se précipitèrent sur l'Italie. Cette nouvelle invasion des barbares amena d'autres fugitifs parmi les Vénitiens. Cette fois, leur aggrégation fut augmentée par le concours d'un clergé nombreux. Le patriarche d'Aquilée, chassé de son diocèse, vint avec son chapitre s'établir à Grado. Héraclée reçut l'évêque d'Orderso, Torcello, celui d'Altino, Caorlo, le prélat de Concordia, et l'évêque même de Padoue chercha momentanément un refuge à Malamoco. Les Lombards étaient ariens ; ils élevèrent des évêques de leur culte sur les siéges abandonnés, et, dès ce moment, une guerre implacable fut déclarée entre les patriarches rivaux de Grado et d'Aquilée.

Avec l'importance politique de Venise croissait l'ambition de ses magistrats, chacun de ses douze tribuns voulait dominer ; il s'ensuivit des discordes sanglantes, des guerres intestines, des factions d'île à île. Les Vénitiens comprirent que c'en était fait de leur prospérité, s'ils ne réunissaient pas sur une seule tête le pouvoir souverain. Ils contraignirent les douze tribuns à se choisir un chef qui prit le titre de duc ou de doge, en 695. On lui abandonna le droit de disposer des emplois et des charges, de diriger son conseil, de faire, à son gré, la paix ou la guerre ; en un mot, on le rendit absolu, quoique soumis toutefois à l'assemblée générale de la nation, dont la souveraineté demeura ainsi pleinement établie.

Paul-Luc Anafeste fut le premier doge. Il existe encore onze des douze familles qui concoururent à son élection, je veux conserver leurs noms; on peut, sans contredit, les placer à la tête de toute la noblesse d'Europe, dont aucune maison ne peut lutter d'antiquité avec elles. Polani (éteinte), Badoeri, Barozzi, Contarini, Dandolo, Faliero, Gradenigo, Memo, Morosini; Michieli, Sanudi et Tiepolo. On joint à ces maisons quelques autres dont l'origine remonte aussi haut; celles des Bembi, des Bragadini, des Cornaro, des Giustiniani, des Delphini, des Guerini, etc.

Une seconde classe de noblesse prit naissance lors de la clôture du livre d'or en 1290. On compte parmi elle les Capelli, Foscarini, Moncenigo, Zani, Sorenzo, Celso, Vanieri, Leredano, Vendramini, Grimani, Priuli, Sagredo Zenos, etc. Enfin une troisième classe comprenait, et ceux qui avaient acheté leurs titres de noblesse au prix de cent mille ducats, et ceux auxquels, parmi les étrangers, la seigneurie avait cru devoir accorder le privilége de noble vénitien.

Le dogat d'Anafeste fut prospère, ainsi que celui de son successeur; mais le troisième doge, Orso-Ipato, ne trouvant pas sa puissance assez étendue, entreprit, pour l'agrandir, une lutte dans laquelle il perdit la vie. Ses successeurs la continuèrent et en furent aussi victimes. La guerre civile désola la Vénétie, et néanmoins à chaque mutation de doge, quelquefois héréditaire par subterfuge, le peuple regagnait quelques-unes des nombreuses concessions qu'il avait faites à ses souverains.

Les choses étaient ainsi lorsque Charlemagne renversa la monarchie lombarde. Pépin, son fils, et roi d'Italie, ayant eu des différends avec les Vénitiens, prit et brûla Héraclée, qui n'était plus leur capitale depuis que Théodat, le quatrième doge, avait transporté à Malamoco le siége du gouvernement. La guerre continua : Pépin s'empara de Chiozza et de Palestrine; il menaça Malamoco. Alors les Vénitiens, par une détermination généreuse, suivirent le conseil d'Ange Participatio, l'un de leurs concitoyens ; ils abandonnèrent cette île, et transportèrent à Rialto, véritablement imprenable, leurs établissemens, leurs fortunes, et tout ce qui formait leur existence. Ce sacrifice patriotique fut récompensé par une victoire ; ils détruisirent la flotte de Pépin en 809.

Venise alors naquit réellement du sein des lagunes ; elle fut fondée sur Rialto et les soixante îles voisines. Le palais du doge s'éleva où il est encore. L'église de Saint-Marc, dotée du corps de cet évangéliste, fut construite peu après, et insensiblement cette ville singulière parvint à son plus haut degré de splendeur. Vers le milieu du neuvième siècle, la guerre civile recommença. L'insulte faite par des pirates narentins, en enlevant du pied de l'autel douze jeunes épouses, rallièrent les cœurs; on vola à la vengeance sous le commandement de Pierre Candiano III ; et de ce jour date la souveraineté que Venise s'arrogea sur l'Adriatique. Candiano IV mourut avec son jeune fils au milieu d'une révolte excitée par son ambition. Le doge Pierre Urseolo consolida, en 997, la puissance vénitienne sur la Dalmatie.

D'autres querelles intérieures survinrent sans empêcher le développement du pouvoir de Venise, qui, dès la première croisade, en 1099, aida, de concert avec les Pisans, à transporter les croisés en Terre-Sainte. D'immenses avantages résultèrent de ces expéditions maritimes ; le commerce et la richesse de Venise en augmentèrent considérablement. Bientôt une querelle s'éleva entre les Vénitiens et les Pisans ; des batailles navales furent livrées sur les côtes de l'Asie ; les croisés comblèrent Pise, Gênes et Venise de marques de reconnaissance. On accorda à cette dernière, dans chaque ville du royaume de Jérusalem, un quartier indépendant soumis aux seules lois du dogat. Ainsi, partout le Vénitien retrouvait la patrie; leurs prétentions en lutte avec l'esprit défiant et jaloux des empereurs grecs, amenèrent aussi une collision entre Byzance et Venise. Il s'ensuivit une guerre opiniâtre dans laquelle les républicains eurent presque toujours l'avantage.

Les Vénitiens n'étaient républicains que de nom, le dogat étant dans le fait une véritable monarchie; cette forme de gouvernement leur devint suspecte, et ils la modifièrent. En 1032, une disposition importante interdit au doge de se faire associer son fils. Il fut en outre contraint d'accepter deux conseillers sans le concours desquels il ne pouvait rien décider, et de convoquer souvent les plus influens de la république. Les deux conseillers furent nommés les *Pregadi* (les Priés), et ainsi s'établit le plus ancien conseil de Venise. Quand le doge Vital Micheli fut tué par un bourgeois, après son expédition malheureuse dans l'Archipel, on prolongea à dessein un interrègne de six mois pour restreindre encore les attributions du doge; on éluda en même temps la fréquence des assemblées du peuple, autre source de désordre, en formant un conseil annuel de quatre cent quatre-vingts citoyens représentant les six *sestieri* (sections) de la nation, et antérieurement les douze tribunats.

Depuis, chaque nouvelle élection fut une occasion de nouvelles mutilations faites à l'autorité dogale. Bientôt il ne resta presque plus aucun pouvoir au doge; en retour jamais esclave ne fut traité avec plus de vénération et de respect. Ces changemens à la constitution de Venise n'empêchèrent pas le peuple de marquer avec éclat en Europe. Associé à toutes les croisades, il prit sa part de celle qui, en 1203, fut signalée par la prise de Constantinople. La portion qui échut en partage aux Vénitiens commandés par

Dandolo-l'Aveugle, les autorisa à s'intituler, dans la personne de leur doge : *Seigneurs d'un quart et demi de l'empire romain.* Venise, sans autre territoire que les lagunes, dominait déjà au loin et se faisait respecter de ses voisins ; c'était le résultat de son esprit de conduite et de sagesse. Le gouvernement vénitien s'attacha de bonne heure à ne considérer uniquement que le bien et l'intérêt du pays, tandis que partout ailleurs on y substituait sans cesse ceux du monarque et des particuliers. Cette remarque acquerra, je l'espère, plus d'importance en passant par ma bouche.

Venise, maîtresse d'un *quart et demi* de l'empire romain, en abandonna la conquête à ceux de ses concitoyens qui voudraient l'entreprendre, ou la maintenir à leurs frais, se réservant particulièrement la Grèce. Son appel fut entendu, et il s'éleva dans les îles de l'Archipel un grand nombre de petites souverainetés fondées par de nobles vénitiens, dont la durée fut plus ou moins longue. Le duché de Naxos, où régnait la famille Sanudo, exista pendant une suite de vingt-un ducs, jusqu'en 1590, époque où les Turcs s'en emparèrent.

Vers la fin du treizième siècle, le peuple s'aperçut plus vivement des usurpations du grand-conseil, et en 1289, les Vénitiens opposèrent au doge Gradenigo, élu par eux, Jacques Tiepolo qui, incapable de soutenir son élévation populaire, abandonna Venise, se dérobant ainsi aux espérances que ses concitoyens avaient fondées en lui. Cette tentative amena la fermeture du livre d'or. Bientôt, il y eut à Venise des maîtres et des sujets. Ceux-ci formèrent dans l'ombre une conspiration à la tête de laquelle était Bohémond Tiepolo. Elle éclata le 15 juin 1370. Repoussée par la bravoure de la noblesse, elle ne servit qu'à river plus étroitement les chaînes de la *citadinance* (des plébéiens); on institua le conseil des dix, sorte de dictature perpétuelle. Ce conseil se maintint dans tout son pouvoir jusqu'au jour où fut créé le tribunal des trois inquisiteurs d'État; magistrature invisible et d'autant plus redoutable.

A ces mouvemens intérieurs succéda une guerre étrangère, non moins animée, entre Venise et Gênes, provoquée par des rivalités de commerce, et par les établissemens que l'une et l'autre de ces villes avaient à Constantinople, et jusqu'au fond de la mer Noire. Ces hostilités commencèrent en 1350. Plusieurs batailles navales eurent lieu avec des succès variés. Venise enfin prit le dessus à la suite de la journée de la Loiera (29 août 1353), les Gênois découragés se donnèrent à Jean Visconti, archevêque et seigneur de Milan, qui fut contraint de poursuivre la guerre. Un avantage remporté par un Doria rendit la paix plus facile; elle fut signée le 28 septembre 1358.

C'est peu de temps après qu'une folle colère entraîna le doge Marino Faliero dans une conjuration contre Venise. On sait comment il y perdit la couronne et la vie ; ses sujets osèrent le mettre en jugement le 17 avril 1355. Plus tard, la guerre recommença entre Venise et Gênes, elle eut lieu aussi entre cette république et les Carrara, seigneurs de Padoue ; ici elle ne se termina que par la ruine de la maison de Carrara dont les derniers princes furent étranglés à Venise, en 1400. Un de leurs descendans se réfugia en France, à Montbrison. Les Variclery qui existaient dans le dix-huitième siècle, à St.-Félix de Caraman, tiraient leur origine de ces anciens seigneurs de Padoue. Cette ville et tout son territoire passa au pouvoir des Vénitiens, qui déjà possédaient Trévise sur le continent d'Italie.

Les Gênois se battirent avec un acharnement extrême ; vainqueurs sur la mer, ils vinrent assiéger Venise en 1379, et le 16 août s'emparèrent de Chiozza ; c'était déjà avoir un pied dans la ville ; l'effroi y fut grand, et le courage admirable. L'amiral Pisani passa du cachot où on le punissait d'une défaite, au commandement suprême. Secondé par un autre héros, Carlo Zeno, il changea en revers le triomphe des Gênois. Ceux-ci, assiégés à leur tour dans Chiozza, dûrent se rendre à discrétion, le 21 juin 1380. La paix suivit de près cet évènement.

Les Vénitiens, depuis qu'ils possédaient Padoue, étaient mêlés à toutes les guerres de l'Italie. Ils eurent à en soutenir une autre contre Visconti, duc de Milan, et 1426. Elle fut terminée le 26 avril 1433 par un traité de paix, et recommencée peu de temps après avec un désavantage marqué pour Venise. Cette ville sollicita l'alliance de Florence, qui lui fut accordée en 1439. La défection du fameux Sforza, général des confédérés, obligea les deux républiques à s'accommoder avec le duc de Milan, en 1441 ; mais la lutte recommença bientôt ; le duc Philippe Visconti étant mort, sa riche succession fut recueillie par Sforza, vers 1447. Il se trouva alors l'ennemi des Vénitiens, les battit complètement, et après une multitude de pactes rompus et de combats inutiles, il les obligea définitivement à traiter avec lui.

Venise avait condamné à mort un de ses princes, elle donna en 1497 un autre spectacle du même genre en déposant le doge Foscari, dont le règne avait été si glorieux. Pendant ce temps, l'empire de Constantinople disparaissait ; Mahomet II fondait en Europe celui des Turcs : Venise dut être son premier ennemi. Elle eut à défendre contre lui la Morée et le Péloponèse, dont elle s'empara en 1463. Venise eut aussi une guerre à soutenir contre l'empereur Frédéric III et l'ordre de Rhodes ; mais, d'une autre part, un acte de perfidie lui livra le royaume de Chypre en 1473, qu'elle usurpa sur la maison de Lusignan ; la paix fut signée avec Mahomet II en 1459. A ces combats d'autres succédèrent ; le pape Sixte IV mit l'Italie en feu pour le duché de Ferrare. Allié d'abord des Vénitiens, puis irrité contre eux, il les excommunia en 1483, et mourut sans vouloir reconnaître la paix qui se fit malgré lui, et dans laquelle les intérêts des Vénitiens ne furent pas sacrifiés.

Une nouvelle source de dissensions sanglantes allait s'ouvrir, et Venise devait être sur le point de disparaître du rang des puissances italiennes : mon prédécesseur Charles VIII, décidé à faire valoir ses droits sur le royaume de Naples, en entreprit la conquête. Cette expédition chevaleresque, effectuée en 1495, obtint le plus brillant succès. L'Italie en éprouva de vives alarmes; une coalition générale se forma contre les Français pour couper leur retraite; elle fut suivie de la bataille de Fornoue que Charles VIII gagna avec tant d'éclat.

Venise avait pris part à cette ligue; elle voulut aussi soutenir le duc de Milan contre Louis d'Orléans, qui réclamait la succession de son aïeule Valentine Visconti. Ce prince, devenu roi de France sous le nom de Louis XII, décida le célèbre traité de Cambrai, qui le liait avec le pape Jules II et l'empereur Maximilien. Le but de ce traité était l'envahissement de tous les domaines de terreferme de la république de Venise en 1508. La bataille d'Aignadel, gagnée l'année d'après par les Français, parut décider la question. Les Vénitiens furent refoulés dans leurs lagunes, et ne conservèrent sur la terre ferme que la ville de Padoue. Leur fermeté et leur patience les sauvèrent. Ils apaisèrent le pape, satisfirent l'empereur, profitèrent de nos fautes, si bien qu'à la fin,de la lutte ils regagnèrent tout ce qu'ils avaient perdu.

Depuis ce moment, Venise, affermie dans ses états de terre-ferme, n'eut à soutenir en Italie que des attaques facilement repoussées. Elle employa toutes ses forces contre les Turcs, qui lui enlevèrent successivement les îles de l'Archipel, celle de Chypre et la Grèce. En même temps la puissance positive de Venise disparut par la découverte du Nouveau-Monde, et par l'intervention de la Hollande, de l'Angleterre, des villes anséatiques et de la France dans l'exploration des mers. En 1794, Venise n'était plus que l'ombre d'elle-même ; mais dès que je l'eus vue de près, je compris qu'elle n'aurait aucune chance de succès si on l'attaquait avec vigueur. Je fus surpris que l'empereur la laissât aussi tranquille ; j'étais loin de prévoir alors que ce serait la France qui détruirait Venise au seul profit de l'Autriche.

CHAPITRE XII.

Gouvernement de Venise. — Le doge. — Les procurateurs de Saint-Marc. — Le grand-conseil. — Le Pregadi. — La seigneurie. — Les sages grands. — Le conseil des dix. — Les inquisiteurs d'État. — Les trois Quaranties. — — Les avogadors. — Le grand-chancelier. — Considérations générales. — Vices de ce gouvernement. — Preuve s qu'en donne Monsieur. — Clergé vénitien. — Ses forces de terre et de mer. — L'arsenal. — Réflexions. — Politique vénitienne. — Dialogue plaisant. — Frayeur de la guerre. — Bassesses pour l'éviter. — Police.

Venise, en 1794, possédait trois sortes de souveraineté qni composaient l'ensemble de ses états : *la seigneurie,* comprenant le dogado, ou duché de Venise, le Frioul, la Marche trévisane, le Padouan, la Polésine de Rovigo , le Véronais , le Bressan, Bergame, Crémone , leur territoire , et l'Istrie vénitienne; *la Dalmatie* avec les villes du Levant Butrinto, Parga, Suada en Épire, et dans l'île de Candie , Spina-Longua ; *les îles de l'Archipel*, Corfou , Céphalonie, Zante, Cérigo, Tiné et Sainte-Maur. La population italienne était d'environ deux millions sept cent mille âmes : cette population se composait de la noblesse souveraine, essentiellement résidante dans Venise, de celle dite de terreferme, sorte d'esclavage décoré de titres pompeux, car les gentilshommes de toutes les villes soumises à la domination vénitienne n'étaient que des sujets, et nullement les égaux des nobles de Saint-Marc ; de *la citadinance*, bourgeoisie vénitienne ayant une sorte de rang et de priviléges particuliers ; et du *popolo* (le peuple), maintenu dans une servitude perpétuelle.

Le gouvernement était confié au doge et à divers conseils. Le doge, d'abord souverain presque absolu, avait perdu successivement son importance. Son nom figurait sans son effigie sur les monnaies. Il n'avait que sa voix au conseil qu'il présidait; il était seulement désigné dans les actes publics ; enfin, environné d'une grande pompe, il n'avait de puissance qu'un vain simulacre. L'entretien de sa maison était limité à une somme annuelle de douze mille ducats, et ses funérailles se faisaient aux frais de sa famille ; en un mot, cette dignité était plutôt redoutée que recherchée, et la loi condamnait à une amende le noble Vénitien qui la refusait.

Après le doge, viennent les procurateurs de Saint-Marc, marguilliers de la cathédrale de Venise, et dont les fonctions politiques d'ailleurs s'étendent sur divers établissemens de bienfaisance.

Le grand conseil est l'assemblée générale des

praticiens admis au gouvernement; on ne peut y prendre place qu'à vingt-cinq ans révolus. Il a sur tous les autres conseils une autorité absolue; il casse leurs décisions, et peut même mettre un terme à leur existence. C'est le véritable souverain.

Le sénat ou pregadi est composé de soixante membres, d'une junte de même nombre, et d'une seconde encore, qui, sans se confondre avec lui, l'aide à débrouiller les affaires lorsqu'elles sont trop multipliées. On renouvelle le sénat tous les ans.

Le collége est le premier tribunal de la république; vingt-six patriciens le composent. Il est présidé par le doge, accompagné de six conseillers qui ne le quittent point, et forment avec lui le corps de la seigneurie : trois membres de la garantie criminelle, cinq sages de terre-ferme et cinq sages de mer achèvent de composer le collége. Ses fonctions sont de recevoir les ambassadeurs, les députations des villes, les requêtes sur diverses matières qu'on doit lui remettre avant que le sénat en prenne connaissance, et en juge en dernier ressort.

Les sages grands, au nombre de six, sont les ministres de la seigneurie; ils en remplissent les fonctions : la durée de leur exercice est de six mois. Les cinq sages de terre-ferme et les cinq sages de mer sont de véritables sous-secrétaires d'État.

Le conseil des dix est une institution puissante qui sert de frein à toute ambition, à tous actes hostiles contre la paix de l'État. C'est une police vigilante qui embrasse le dehors et le dedans ; c'est une arme terrible, toujours prête à frapper ; elle pèse sur Venise, déplaît particulièrement aux nobles, et néanmoins tous la soutiennent. Il suffirait, pour que ce conseil cessât d'exister, que ses membres ne fussent pas nommés au ballottage qui a lieu tous les ans. Mais le patricien comprend trop bien que cette institution est la base de sa propre puissance, pour l'anéantir.

Cependant, comme si une autorité aussi formidable n'eût pas suffi pour répandre la terreur, on forma, du sein même des dix, un autre tribunal plus terrible ; celui des inquisiteurs d'État. Ils sont trois ; leur pouvoir est sans bornes, du moins on le croit parmi le peuple, et cette croyance contient les turbulens. L'unanimité d'avis entre eux équivaut à une loi de l'État ; enfin, deux inquisiteurs peuvent sévir contre un troisième. Il serait difficile de fixer le moment précis de sa création, tant on a entouré de mystère tout ce qui le concerne. Ses règles de conduite sont une violation perpétuelle du droit commun, c'est le résumé le plus complet d'une tyrannie sans limites : il n'y a aucune barrière à lui opposer, il décide en sens contraire de toute autorité légale ; le doge comme le dernier des citoyens y sont également soumis, et personne ne peut se soustraire à ses jugemens.

Il existe ensuite trois cours secondaires pour l'expédition des procès : la *quarantie civile nouvelle*, qui juge par appel toutes les sentences rendues, en matière civile, par les juges de terre-ferme et des îles ; la *quarantie antique*, ou civile vieille, qui juge des appels du doge ; et la *quarantie criminelle*, qui juges de toutes les causes criminelles dont le conseil des dix ne s'est pas réservé la connaissance. Les juges passent d'une quarantie à l'autre en restant huit mois dans chacune : les deux premières sont abandonnées à des *barnabotes* (nobles pauvres) ; la troisième, qui jouit de plus de considération, parce que ses membres entrent au Pregadi, est réservée à des hommes de distinction. Trois *avogadors* remplacent nos procureurs et avocats-généraux ou du roi. Ces charges, qui donnent l'entrée dans les conseils de la république, jouissent d'une grande importance.

Il y a un magistrat pris toujours dans la *citadinance*, le grand-chancelier de l'État, qui complète par ses fonctions l'ensemble du gouvernement ; sa charge est très-recherchée. On ne l'obtient qu'à l'aide de vrais talens et d'une grande souplesse.

Telle est la composition du gouvernement de Venise, machine adroitement composée d'une multitude de rouages qui s'enchâssent les uns dans les autres en s'aidant mutuellement. Là, on ne commet point de fautes personnelles ; on n'a de volonté que celle de tous, on agit pour le bien commun, et on obtient presque toujours des résultats satisfaisans.

Il a souvent été dit à ceux qui proposaient des théories nouvelles en matières administratives : Faites des hommes nouveaux si vous voulez régénérèr le monde. Eh bien ! à Venise, par suite de tendances vers le même point, on était parvenu à former les esprits de manière à recevoir toutes les impressions qu'on voulait leur donner. La nation gouvernementale était là toute trouvée ; aussi on y observait les lois avec une facilité dont ailleurs on ne peut se faire une idée. Nobles et peuple chacun connaissait la part qu'il devait prendre à la chose publique, jusqu'où s'étendait son degré d'indépendance, et jusqu'où devait aller sa soumission aux lois. Cette éducation diplomatique devenait propre à tous les citoyens ; elle se maintenait par une réserve et une discrétion absolues sur ce qui touchait aux affaires de l'État. On paraissait étranger aux actes qui en ressortaient le plus vivement, on n'interrogeait point, et on attendait toujours qu'on vînt vous demander votre avis ou votre concours.

Ce gouvernement eût été, sans contredit, le chef-d'œuvre de l'esprit humain, si, à force de sévérité envers l'individu, pour le plus grand avantage de la masse, on ne fût tombé dans l'excès contraire, celui de niveler tellement les hommes qu'il ne fut plus possible de trouver parmi eux ni de grands vices ni de grandes vertus. Or, c'est du choc de ceux-ci contre ceux-là, c'est du besoin de satisfaire son ambition ou d'acquérir une haute renommée par des qualités brillantes, que se forment ces génies qui concourent à la grandeur des empires, et sans lesquels un gouvernement s'efface et perd toute sa considération.

Ce fut donc en réduisant les hommes à une obéissance passive que bientôt on n'en trouva plus qui fussent capables de commander. On ne peut citer, dans les deux derniers siècles de l'existence de Venise en corps d'état, un seul de ces esprits élevés qui frappent les regards du monde entier; il n'y avait plus ni capitaines, ni administrateurs distingués, ni marins célèbres. Une semblable stérilité se faisait remarquer dans les arts, les lettres et les sciences. Partout la gloire de Venise était morte, le corps débile de cette république ne se soutenait plus que sur sa vieille réputation, par la jalousie réciproque des princes, et par ce qu'on appelait la balance de l'Europe et de l'Italie; mais la première attaque portée à sa puissance devait montrer la dissolution qui minait sourdement ses bases, et on chercherait vainement sa force là où ne se montrerait plus que ses places fortes, sa marine, son arsenal, et la majesté de son gouvernement.

Il me fut facile de prévoir ce qui arriverait, et lorsque les premières victoires de Bonaparte l'eurent amené en Italie, je déclarai que la chute de la république de Venise était venue. Je m'étais déjà expliqué sur ce point avec plusieurs patriciens. L'un, c'était un Badoër, me dit avec une franchise déplorable : — Sire (j'étais roi alors), mon devoir m'oblige de transmettre à l'inquisition d'État tout ce que Votre Majesté m'a fait l'honneur de me dire.

— Vous voulez donc trahir ma confiance ?
— Je suis sénateur avant tout.

Et ce digne patricien s'en alla faire ainsi qu'il m'avait dit.

Venise étendait sa domination jusque sur le clergé, ailleurs si indépendant. Le patriarche de cette ville, à la suite de ses titres et après ces mots sacrementaux : *Archevêque par la miséricorde divine*, n'y ajoutait pas ceux-ci : *et par la grâce du saint Siége*. Le pape ne pouvait rien donner à un Vénitien ; on bornait sa suzeraineté aux matières de foi. Malheur au prêtre ou au moine qui, dans une querelle entre le gouvernement et la cour de Rome, aurait embrassé la cause de cette dernière. La terrible inquisition l'aurait anéanti. Chaque fois qu'un Vénitien parvenait au cardinalat ou à la papauté, aussitôt ses parens étaient exclus de toutes les charges de la république. On en aurait agi de même envers la famille d'un ecclésiastique qui aurait accepté un bénéfice à l'étranger sans l'autorisation du sénat.

On sait que le noble qui servait un autre souverain ne pouvait plus rentrer dans sa patrie ; que celui qui, sans mission, mettait le pied dans le palais d'un ambassadeur, était puni de mort. En un mot, des formes sanglantes ou tout au moins sévères, ajoutaient à la solennité des lois, et comme il n'y avait pour le coupable ni pardon, ni indulgence, on évitait avec soin de se rendre criminel.

Venise manquait de forces et d'argent; son arsenal était mal fourni, sa marine nulle. A peine si elle entrétenait six mille hommes de troupes régulières, tant d'infanterie que de cavalerie, lesquelles étaient disséminées dans les îles de la Dalmatie et la terre-ferme italique. Ces troupes se composaient d'Albanais, d'Esclavons, de Morlaques, d'Heiduques et de déserteurs allemands, espagnols et français. Elles n'étaient par conséquent animées d'aucun esprit national, et on ne pouvait guère en attendre de grands secours contre les ennemis du dehors.

Cependant Venise n'en exerçait pas moins sa tyrannie habituelle dans l'intérieur. Cette tyrannie se cachait sous des habits de fête, des plaisirs de tout genre. Son carnaval appelait tous les partisans des divertissemens extraordinaires. On se masquait la moitié de l'année dans la ville la plus exposée aux investigations de la police. La licence y était tolérée pour faciliter le despotisme, car il est rare que le débauché conspire; ou du moins, s'il conspire, il est plus aisé à découvrir qu'un homme qui ourdit ses trames à l'aide d'un esprit qu'aucun vice n'a énervé.

POLITIQUE DE VENISE.

Elle consistait à maintenir l'intérieur dans une dépendance complète du gouvernement, et à se faire oublier à l'extérieur des autres puissances. Venise se sentait incapable de soutenir la guerre ; aussi depuis long-temps elle se renfermait dans une neutralité qui la faisait mépriser de tous ses voisins. Les Vénitiens, pour justifier leur repos, disaient :

— « Le lion de Saint-Marc dort maintenant. » Mais c'était de vieillesse et non de fatigue : il aurait fallu, pour entreprendre la guerre, avoir des officiers de terre et de mer sortis de Venise même. Mais jamais la noblesse jalouse n'aurait consenti à ce que quelques-uns de ses membres se fussent distingués sur un champ de bataille. On aurait redouté les conséquences de cette gloire acquise par les armes. Il était donc interdit aux patriciens de servir dans les troupes de ligne. Alors il fallait recourir à des étrangers qui faisaient naître un autre genre de terreur. Ils pouvaient profiter de la victoire pour vendre Venise aux puissances ennemies. Ainsi, de toutes parts, la guerre leur présentait des périls. Le gouvernement vénitien croyait s'y soustraire en se mettant bien avec tous les souverains. Il assistait aux traités sans y avoir aucune prépondérance, et perdait sa considération en approuvant tout.

Cependant la révolution française inspira une juste crainte aux Vénitiens ; mais ils ne firent rien pour la conjurer. Ils se flattèrent que le mot de république tromperait les démagogues français. C'était une autre erreur dont j'essayai de les faire sortir, en leur disant :

— Vos excellences se trompent, si elles croient pouvoir s'accommoder avec les patriotes, car ils détestent autant l'aristocratie dans une république que dans un royaume. Ainsi, ils vous poursuivront comme ils nous poursuivent.

— Mais si on ne les attaque pas !

— Ils vous attaqueront.

— Nous garderons une neutralité si complète !

— Cela ne vous mettra pas à l'abri de leur fureur. S'ils pénètrent en Italie, ce sera pour tout renverser. Une guerre franche faite de concert avec vos voisins, et l'empire deviendra votre meilleure ancre de salut.

La guerre... ce mot sonnait mal aux oreilles des patriciens de Venise ; et toujours ils voulaient me persuader par des raisonnemens interminables qu'une république n'avait rien à craindre d'une autre république, et qu'en conséquence ils vivraient en bonne intelligence avec celle de France.

— Il n'en sera rien, répondais-je. Chez vous le noble commande et le peuple obéit, tandis qu'en France le peuple est tout.

— Il est si heureux à Venise !

— Je crains que les jacobins ne pensent le contraire, et n'essaient de le mettre sur le même pied qu'eux.

— Ah! par *San-Marco!* c'est impossible.

—Vous n'avez pas d'ambassadeur à Paris, et déjà c'est un grief.

— On en enverra un.

En effet, en échange du citoyen Lallemand, qui se morfondait à Venise, on envoya en France son excellence Quirini, homme d'esprit qui vit les choses sous leur vrai point de vue, et qui commit la faute de les démontrer avec trop de ménagement. Il savait que le conseil voulait la paix, et il n'osa prendre sur lui de le porter à la guerre.

La politique tortueuse de Venise consomma la perte de l'Italie. Peut-être que, si chaque puissance de cette belle contrée s'était sincèrement unie aux autres, on aurait arrêté les armées de la république; mais au lieu de cela on s'isola, et il en advint que la victoire resta aux plus habiles.

Le comte d'Entraigues me seconda vigoureusement par ses écrits dans les plans que j'avais formés d'une ligue dans toute l'Italie. Le gouvernement de Venise l'appela à diverses reprises à des conférences secrètes, où se discutèrent toutes les questions politiques du moment. Il lutta avec chaleur contre toutes les objections qu'on lui opposa, mais il ne put obtenir gain de cause. On voulait la paix à tout prix ; c'était tendre le cou au joug de l'oppression étrangère.

Ce fut donc par excès de timidité que l'état de

Venise se perdit. Il ne sut être ni fort, ni faible ; il parla d'amitié à la république française, et dès qu'il vit ses armées à ses portes, il les traita en ennemies. Mais en même temps il ne montra ni courage ni habileté. L'histoire moderne n'offre rien de plus déplorable que l'agonie sans gloire de l'antique Venise.

Il fallait à un gouvernement établi sur de pareilles bases une police vigilante, inquisitoriale. La sienne était telle, que tout Vénitien était à la fois surveillant et surveillé. La dénonciation passée en religion de l'État n'était entachée d'aucune infamie ; elle était regardée au contraire comme une manière glorieuse de servir sa patrie, et dont on retirait à la fois de l'honneur et du profit. Dans chaque maison, les domestiques espionnaient les maîtres ; souvent une famille était trahie par un de ses membres. Les gondoliers, les moines, les courtisanes venaient aux bouches des lions du palais ducal, déposer ce qu'on avait arraché à la confiance, à l'amitié et à l'amour.

Des soupçons devenaient des preuves pour condamner. Dès-lors un effroi perpétuel régnait dans Venise ; on ne se parlait qu'avec réserve, craignant toujours un appel devant le conseil des dix, un exil, une longue captivité sous les toits de plomb, ou dans les cachots du palais de Saint-Marc ; enfin une exécution nocturne, ou une noyade dans le canal Orfano. C'était ainsi que se maintenait le repos de Venise, que le gouvernement marchait dans ce qu'il appelait sa sûreté. La tranquillité est sans doute une bonne chose. Mais, tout roi que je suis, je n'en voudrais pas à ce prix. Un souverain peut gouverner avec fermeté, et s'assurer en même temps l'affection de son peuple.

CHAPITRE XIII.

Vers du Sannazar sur Venise. — Le gouvernement. — J'aimais plus les arts que les sciences. — Monsieur visite Venise incognito. — Saint-Marc. — Le palais ducal. — Mot qu'inspire à Monsieur l'escalier des géans. — Salle du grand conseil des dix. — Le hasard met Monsieur en présence du doge. — Détails curieux sur cette entrevue. — Louis Manini, dernier doge. — *Le puntillo* de l'étiquette. — Le ministre français Lallemand. — Les femmes et les gondoliers. — Les canaux. — Le Bucentaure. — Noblesse de terre-ferme. — Thermomètre politique. — Mœurs et médisances. — Une regata.

Sannazar, l'un des plus grands poètes italiens de la fin du quinzième siècle, s'écriait en parlant de Venise en vers latins :

> Viderat adriacis, Venetam, Neptunus in undis
> Stare urbem, et toto ponere jura mari
> Nunc mihi Tarpeïas quantum vis Jupiter, arces.
> Objice et illa tui, mœnia Martis ait.
> Si Pelago Tiberim præfers, urbem aspice utramque
> Illam, homines, dices, hanc posuisse Deos.

(Lorsque Neptune eut vu Venise s'élever du sein des eaux et donner des lois à l'Adriatique, Jupiter, s'écria-t-il, vante-moi les citadelles du rocher tarpéien et ces murailles que Mars a bâties ! Si tu préfères le Tibre à l'Océan, contemple ces deux villes, et tu diras : Celle-là fut construite par les hommes et celle-ci par les Dieux.)

Un décret du sénat, et un don de six cents écus d'or payèrent ces six vers, à tel point Venise en fut flattée. Qu'aurait dit Sannazar s'il avait pu voir les merveilles ajoutées à celles de son temps ; cette somptuosité déployée dans la construction des édifices sacrés et profanes, et dans leurs ornemens intérieurs ? Les arts furent toujours bien mieux accueillis à Venise que les sciences, quoique Galilée serait la preuve que ces dernières n'y étaient pas dédaignées. Mais les hommes qui écrivent ont en main une arme trop hostile pour qu'ils ne se fassent pas redouter d'un pouvoir ombrageux. Il craint les principes d'indépendance que propage le génie dans ses écrits, tandis que les peintres et les sculpteurs ne font parler que la toile et le marbre ; aussi les artistes furent toujours en première ligne à Venise ; ou se plut à leur fournir un champ immense où ils déployèrent toute la fécondité de leur talent. Ces merveilles flattaient l'orgueil du Vénitien (peuple) ; c'était le sujet ordinaire de ses conversations. Il s'intéressait à une belle fresque, à un monument richement sculpté, et cette distraction l'empêchait de scruter les actes du gouvernement.

La protection accordée aux beaux-arts entrait donc dans la politique vénitienne ; aussi Venise renfermait une multitude de chefs-d'œuvre. Il aurait fallu des années à un voyageur pour visiter en détail tous les trésors de la souveraine des lagunes. Quant à moi, je pourrai à peine en dire quelques mots, ne les ayant vus qu'à la dérobée. Je n'ai séjourné que quelque temps à Venise, et sous un sévère incognito ; je n'avais pu me décider à passer si près de cette ville sans y pénétrer. D'une autre part, j'avoue que, prévenu contre l'orgueil aristocratique de tous les patriciens, je ne voulais pas m'y montrer en souverain malheureux. Je me rappelai aussi la plaisanterie de Voltaire, et je me dis que si l'Europe ne savait pas mieux se défendre qu'elle ne faisait contre la France régicide, il serait bientôt possible de voir réunis au carnaval vénitien plus de rois que n'en trouva Candide.

Je fis demander par le duc de La Vauguyon deux passeports pour deux Anglais, MM. Michel et David Forster : on les expédia sur-le-champ. Je pris avec moi le seul d'Avaray qui porta de nouveau dans cette circonstance le nom d'un prince dont nous nous étions servis lors de notre fuite en 1791.

A l'entrée des lagunes, j'aperçus autour de la barque légère sur laquelle nous voguions (une peote) plusieurs gondoles qui naviguaient de concert avec nous. Le comte d'Entraigues, qui remplissait l'office de mon Cicerone, me dit qu'elles étaient garnies d'agens du conseil des dix, *les signori delle notte* (les seigneurs de la nuit) chargés de veiller à ma sûreté ; car mon incognito n'existait pas pour la seigneurie. Nous descendîmes dans le grand canal à la place Saint-Marc dont l'aspect me frappa par les palais qui l'environnent.

J'allai d'abord, en fils de saint Louis, faire ma prière dans la cathédrale. Je remarquai en entrant sur la porte principale, les quatre chevaux de bronze, voyageurs perpétuels, malgré leurs proportions massives, et que vingt ans plus tard je devais revoir à Paris.

Saint-Marc présente dans son architecture un type particulier qui n'a rien du style gothique, c'est plutôt le caractère de l'école byzantine ; on y a entassé des richesses en tous genres dont je ne ferai pas la description. De là j'allai visiter le palais ducal. En arrivant au faite de l'escalier des Géans, je m'arrêtai, et m'adressant à d'Entraigues :

— Est-ce ici, lui dis-je, que Marino Faliero...?

Un geste expressif de mon conducteur fut sa seule réponse.

— Ah! ajoutai-je avec amertume, les Français et les Anglais ne sont donc pas les seuls qui ont immolé leurs souverains!

D'Entraigues mit son doigt sur sa bouche, et je me rappelai que nous étions à Venise.

Nous n'avons en France, à l'exception de la galerie de Versailles, rien qui, selon moi, présente un spectacle aussi imposant que la salle du Grand-Conseil. Son étendue est de cent cinquante pieds de long sur soixante-quatorze de large ; toutes les boiseries en sont dorées. Les évènemens principaux de l'histoire de Venise forment le sujet des tableaux qui garnissent les pourtours des murs. Au-dessus du trône ducal est le paradis peint par Tintoret, ouvrage admirable dans ses détails, mais dont l'ensemble me sembla confus. Je donnai la préférence à un morceau de Paul Véronèse, en forme d'ovale, qui orne le centre du plafond; le sujet est *Venise triomphante*. Venise, représentée par une belle femme, est portée dans les nues, précédée par la Renommée et suivie de la Paix, de l'Abondance et des Grâces; elle est couronnée par la Gloire. Plus bas s'étend une galerie d'une ordonnance aussi noble qu'élégante; elle est remplie de personnages de tout sexe et de tout rang qui avec des regards d'amour contemplent l'ascension de leur souveraine. Le tout est digne de louanges; la composition, le dessin, l'expression et la couleur.

Le vieux Palma a aussi dans cette salle un tableau très remarquable; plusieurs beaux ouvrages sortis du pinceau des plus fameux maîtres vénitiens, s'y font également admirer. Je jetai en frémissant un coup d'œil sur le voile noir qui couvre la place où figurait le portrait de Faliero; une inscription rappelle le genre de sa mort. C'est, selon moi, une leçon permanente de régicide.

J'étais fatigué; le sénateur qui *par hasard* s'était présenté à moi lors de mon entrée dans le palais, me proposa de me conduire pour me reposer dans la salle d'assemblée du conseil des dix. J'y trouvai une collation, préparée aussi *par hasard ;* et tandis que je trempais un biscuit dans un verre de limonade à la glace, j'examinai un *stupendo*, plafond de Paul Véronèse : Jupiter foudroyant les vices. C'est un des chefs-d'œuvre de l'art.

Mes yeux étaient attachés sur cette page sublime de l'histoire de la peinture, lorsque la porte s'ouvrit et le doge Louis Manini entra. Il était suivi de quelques membres de la seigneurie élevés en dignité, et du chevalier Capello, dernier ambassadeur de la république auprès du roi mon malheureux frère. J'étais debout quand cette noble société arriva ; le sénateur qui m'accompagnait me désigna le doge, puis il me présenta à lui, non sous le titre de *Michel Forster*, mais sous celui d'un *gentilhomme étranger* (forestière) qui voyageait pour son plaisir. Le doge fit quelques pas vers moi, me salua le premier, et les assistans l'imitèrent. Il s'ensuivit une conversation gracieuse et toute de prévenance de la part des patriciens. J'observai avec quel soin plusieurs d'entre eux me parlèrent sans en demander la permission au doge. Le chevalier me fit une inclination plus profonde que les autres pour me prouver qu'il me reconnaissait.

Dirai-je que je me tins sur mes gardes avec plus de prudence que je ne l'aurais fait ailleurs ? La réputation de sage réserve dont jouissent les

Vénitiens me donna le désir de les imiter en cela. Nous ne parlâmes que de sujets locaux ; je fis l'éloge de la ville, de ses monumens : il ne fut nullement question de politique, et au bout d'une demi-heure le doge et les patriciens prirent congé de moi. Ils me laissèrent, en signe de distinction, le chevalier Capello, afin qu'il m'accompagnât dans les endroits que je voulais encore visiter.

Le doge Louis Manini, issu d'une famille peu ancienne, et qui tirait son origine d'un apothicaire, avait succédé, en 1789, à Paul Rainieri; il était âgé, lorsque je le vis en 1795, de soixante-quinze ans. C'était un vieillard de bonne mine, mais d'un caractère faible, et sans ambition. Il convenait aux patriciens, bien qu'ils fussent un peu honteux de sa naissance. Ce prince devait assister aux derniers momens de la république, et ensevelir le plus vieux gouvernement de l'Europe, celui qui rattachait l'époque moderne à l'empire romain. Il aurait fallu à sa place un de ces esprits énergiques qui affrontent les orages politiques et savent parfois les conjurer. Mais le bon Manini n'eut d'autre courage que celui de mourir souverain sur les ruines de Venise. Il était vêtu d'une robe de damas rouge à fleurs, garnie d'hermines, malgré la chaleur de la saison. Il portait sur la tête le *Corno*, ce qui m'obligea à me couvrir en lui parlant. Le *corno* était le bonnet ducal semblable par la forme à la mitre antique, et recourbé par devant comme le bonnet phrygien. Cette affectation de le garder en présence d'un roi de France, bien que ce roi conservât l'incognito, me parut une petitesse. J'en conclus que la seigneurie prétendait que le doge protestât de l'indépendance absolue de la république. A part cela, je n'eus qu'à me louer de la politesse de la Seigneurie, qui, tout en respectant mon incognito, me prodigua les marques de respect que j'étais en droit d'en attendre.

Je passai quatre jours à Venise, toujours accompagné par le patricien Capello, et par un procurateur de Saint-Marc. J'admirai les merveilles de cette ville unique dans le monde, et cela, à la barbe du citoyen Lallemand, envoyé de la république française, qui adressait note sur note à la Seigneurie, pour me faire sortir de ses états, ignorant que j'étais dans Venise. Je quittai cette ville, très satisfait de l'avoir vue et revins à Vérone aussi secrètement que j'en étais parti.

Le sang me parut beau à Venise, principalement dans la classe de la citadinance et de la plèbe? Je trouvai dans les femmes ces modèles des chefs-d'œuvre de Titien et de Véronèse ; ces belles épaules, ces poitrines larges à la peau chaudement colorée. Les gondoliers sont en général de belle taille et d'une heureuse physionomie. Ils ont autant de gaieté que d'intelligence. La noblesse me parut moins bien partagée : cela doit provenir, comme en Espagne et ailleurs, de la fréquence des mariages entre gens des mêmes maisons. J'ai remarqué dans mes voyages que les noblesses de France et d'Angleterre sont celles qui présentent le plus de beaux hommes et de belles femmes par les nombreuses mésalliances qui s'y contractent.

Le silence de Venise me frappa. On n'entend aucun bruit dans une ville où ne peuvent circuler ni les voitures, ni même les bêtes de somme. L'air n'est troublé que par le son monotone des rames qui font glisser les gondoles sur les canaux, et par les acclamations qui ont lieu dans les fêtes publiques. Je donnai un coup d'œil au Bucentaure, à ce char maritime de l'époux de l'Adriatique. Lui aussi allait cesser de servir et tomber en débris sur les ruines de la république. Je parcourus l'arsenal qui portait également le sceau de la décadence vénitienne. Tout dans cette ville me parut si près de sa chute, que je fus sur le point de craindre qu'elle ne s'écroulât sur moi avant que j'eusse le temps d'en sortir.

Je voyais d'ailleurs dans la noblesse de terre-ferme une grande impatience de secouer le joug sous lequel elle gémissait depuis si long-temps. Pour y parvenir, elle aurait sacrifié toutes ses prérogatives et priviléges féodaux, préférant l'indépendance à tout autre avantage.

Il y avait dans la nuance des égards que la seigneurie me témoignait un thermomètre sûr pour juger du plus ou moins d'importance que les Français républicains obtiendraient près d'elle. Ces égards décroissaient, augmentaient, s'effaçaient tour à tour, suivant que les nouvelles arrivaient favorables ou fâcheuses. Dans certains momens, on se mourait d'envie de me reconnaître publiquement, en ma qualité de roi de France; dans d'autres on me faisait entendre que je ferais bien de partir. Enfin on me signifia mon *congé*. La crainte et son cortége m'apparurent dans toute leur laideur, dans la conduite que le gouvernement de Venise tint envers moi dans cette circonstance; j'en parlerai plus tard.

Le déréglement des mœurs était poussé à Venise à un excès qu'on ne rencontre pas dans le reste de l'Italie. On y faisait du concubinage une sorte d'état légal, un mariage valable pour tant de mois ou d'années, conclu pour une somme par devant notaire. On prétendait en outre que l'épouse du chef d'une maison noble, tombait dans le domaine commun des frères et des oncles célibataires des maris, afin que la lignée du même sang pût se perpétuer. Les courtisanes tenaient le haut bout dans la ville, et une protection patricienne les mettait à couvert de la vengeance de ceux qu'elles trompaient.

Les jeunes filles du peuple avaient chacune un amant noble ou citadin, ce qui n'empêchait pas un pêcheur ou un gondolier d'en faire sa dona légitime. On racontait à ce sujet des choses inouïes. Le costume des femmes me parut très gracieux et d'une extrême richesse. Il y avait une telle profusion d'or, de bijoux, d'étoffes de soie, de perles et de pierres, que j'en fus ébloui. Mais en me rappelant le proverbe, « Tout ce qui reluit n'est pas or », je compris comment les femmes du peuple pouvaient à peu de frais étaler tant de magnificence.

J'eus le loisir de les voir dans leurs plus beaux atours, car, *par hasard* encore, on autorisa une joûte sur le grand canal, et un défi de course entre les gondoliers les plus célèbres. L'aspect que me présentèrent les alentours du pont de Rialto, dans cette circonstance, surpassa l'idée que j'avais pu m'en faire. Chaque fenêtre de ces palais superbes dont les deux rives sont si resserrées, avait une décoration particulière de verdure, de guirlandes de fleurs, de clinquans, de tapis de Turquie, et d'étoffes brochées ou brodées de mille nuances diverses; elles étaient en outre garnies des plus belles femmes de Venise et des hommes les mieux faits. Une foule innombrable couvrait les lieux où le pied pouvait se poser ; on se faisait transporter sur des gondoles et dans des péotes ; des chœurs de voix, des symphonies d'une ravissante musique retentissaient dans les airs, que ne troublait aucun nuage ; un soleil brillant éclairait cette scène magique, et se reflétait dans les eaux vertes du canal ; tout, en un mot, contribuait à donner de la féerie à ce tableau qui m'a laissé une vive impression. Je vis Venise comme un étranger doit la voir, riante, joyeuse, et oubliant dans son allégresse insouciante les fers qui pesaient sur elle.

CHAPITRE XIV.

Les agences royales et anglaises. — Projets cachés de l'Angleterre. — Détails à ce sujet. — L'Espagne change à l'égard de Monsieur. — Le duc de La Vauguyon dupé. — Opinion du comte d'Entraigues sur le Directoire. — Biographie de ce diplomate. — Agens de Monsieur. — Projets d'évasion de Louis XVII. — Position affreuse de ce prince. — La pauvre Madeleine. — Deux bons prêtres. — Nouveau crime des conventionnels. — Le despote Mathieu. — Son propos et ses opinions. — Ce que dira Monsieur.

J'ai anticipé sur les évènemens afin de passer en revue, et d'une seule haleine, ce que je voulais dire sur Venise dans ces Mémoires. Maintenant je reviens aux faits qui se rapportent aux premiers momens de mon établissement à Vérone.

Je commencerai par faire connaître quelques hommes dont je me servis pour l'exécution de mes projets ; mais je veux auparavant traiter un point d'administration générale.

On devrait croire que nul en Europe n'aurait dû prendre une part active à la guerre contre la révolution de France, ou faire aucune démarche sans s'entendre d'abord avec moi et le comte d'Artois. Cependant une puissance, par suite d'une politique toute particulière, s'avisa de travailler pour la cause des Bourbons souvent à leur insu, et plus souvent encore contre leur gré : cette puissance, c'est l'Angleterre.

Du moment où elle entra en guerre ouverte avec la république, l'Angleterre organisa une administration occulte composée de Français et de nationaux qu'elle dirigea selon sa fantaisie. Elle s'attacha surtout à ne mêler en rien cette agence avec la mienne. L'isolement dans lequel le cabinet de Londres se tint des vrais royalistes, le fit tomber dans plusieurs piéges grossiers. Ce fut lui qui lança sur le continent ce Roques de Montgaillard et Méhée de la Touche son émule. Elle fut encore trompée par Perlet, et tous les hommes que le Directoire et Bonaparte lui adressèrent tour à tour.

Les deux ministres que cette puissance investissait de sa confiance, Wickham et Drake, se montrèrent d'une crédulité excessive et se laissèrent enlacer dans tous les rets qu'on leur tendit. Ils avaient cependant des pouvoirs très étendus, des correspondances nombreuses, de l'argent en abondance ; ils pouvaient faire beaucoup s'ils avaient voulu s'entendre avec moi ; mais, ai-je dit, il y avait chez les Anglais une arrière-pensée, par conséquent une politique louche et l'espérance d'obtenir des avantages qu'une politique franche avec nous leur aurait fait perdre.

Voilà pourquoi les entreprises que je formais avec le concours de l'Angleterre, manquaient toujours d'ensemble. Je citerai pour exemple le fait de la Vendée. Jamais le cabinet de Londres, mal informé ou à dessein incrédule, ne voulut renoncer à diriger la marche de cette guerre. Il fallait pour lui plaire se maintenir autour des ports et des villes, dont plus tard il exigerait la garde. Aussi m'empêcha-t-il de me rendre sur cette terre classique du royalisme.

Il fut étrangement surpris, lorsqu'à la fin de cette année, la cour de Madrid parut se rappeler que j'étais au monde; lorsqu'il la vit écrire à toutes les puissances qui n'avaient pas reconnu mon titre de régent, pour les engager à me rendre cet acte de justice : et lorsqu'enfin elle négocia avec moi par l'intermédiaire du duc de La Vauguyon, m'offrant ses flottes pour me transporter dans la Vendée, si je voulais y aller tenter la fortune.

Le conseil espagnol, dirigé par l'inepte Godoï, auquel la Péninsule doit tous ses malheurs, se croyait au moment de recueillir la succession de Louis XIV. Il voyait le roi mon neveu dans les fers, et le reste de la famille royale dans l'exil, ce qui lui faisait espérer une contre-révolution en faveur des enfans de Philippe V. C'était bien bâtir chez nous un vrai château en Espagne. Mais comme, de l'autre côté des Pyrénées, l'intelligence suprême n'était pas très lucide, on prenait pour certaines toutes les fariboles de don Manuel Godoï. L'Espagne avait le plus grand intérêt à ce que je ne m'accommodasse pas avec l'Angleterre pour rentrer en France par son aide. En conséquence on imagina de me leurrer par les offres brillantes dont je viens de parler, afin que, donnant ma confiance à l'Espagne, je l'enlevasse à l'Angleterre. On se flattait ainsi, comme on dit vulgairement, de me tenir le bec dans l'eau, jusqu'à ce que la contre-révolution se fît au profit de Charles IV.

Le duc de La Vauguyon eut le malheur de croire à cette restauration amenée par l'Espagne : je lui montrai son erreur, et dès-lors il cessa de m'en parler.

Le comte d'Entraigues ne se laissa pas ainsi éblouir. Il ne voulait ma restauration que par la France, et tant que le Directoire exista, il n'en désespéra jamais.

— Sire, me disait-il, ces gens sont tous à vendre un peu plus ou un peu moins cher. Le fond du républicain est vanité ou avidité. Quant au pouvoir, ils y renonceraient sans peine, pourvu qu'on le leur payât convenablement.

Il pensait différemment de Bonaparte.

— « Celui-ci, m'écrivait-il, travaillera pour lui, et non pour autrui. D'après le chemin qu'il a franchi, je le vois marcher dans la voie d'une usurpation. »

Le comte Emmanuel-Louis-Henri de Launay-d'Entraigues était lui-même un homme de beaucoup d'esprit. Languedocien de naissance, neveu de Saint-Priest, ministre de Louis XVI et investi de ma confiance au commencement de la révolution, il avait eu pour précepteur l'abbé Maury. Il débuta par s'engouer des idées du jour, ou plutôt il en avait été nourri, car, avant 1789, c'était le ton d'une partie de la noblesse de se faire libérale. J'ai dit ailleurs qu'on continuait la Ligue et la Fronde avec la philosophie. Nommé aux états-généraux, d'Entraigues changea subitement de système et se rangea parmi les défenseurs de la monarchie. Il fut choisi par son ordre, lors de la discussion qui s'établit pour décider si on vérifierait les pouvoirs en commun ou séparément. Le comte d'Entraigues parla à ce sujet avec beaucoup de chaleur et d'éloquence. Ce fut lui qui provoqua l'arrêté rendu par la noblesse, disant que la division des trois ordres serait maintenue. Il ne voulut pas siéger long-temps dans l'Assemblée nationale, et quitta la France à la fin de 1789. Il alla d'abord en Russie; Catherine le chargea de diverses négociations mystérieuses, relatives à notre révolution, dont il s'acquitta avec succès. De là il se rendit à Vienne pour le service du comte d'Artois, puis il recommença ses courses, toujours dans nos intérêts; et s'attachant enfin à ma personne, il me servit utilement de sa plume et de ses conseils. Bonaparte le fit arrêter à Milan en 1797; mais la précaution qu'il avait prise de se faire naturaliser Russe le sauva. La France ménageait cette puissance, et, à sa sollicitation, la liberté fut rendue au comte d'Entraigues. Il alla à Vienne, puis revint à Saint-Pétersbourg, où la fortune le dédommagea de toutes ses traverses. Ici finirent mes relations directes avec lui. Je crus devoir le mettre à l'écart. Il appartenait alors un peu trop à l'Angleterre, après s'être prononcé si fortement contre elle.

Le comte d'Entraigues était envoyé extraordinaire de Russie près la cour de Dresde en 1809, lorsqu'une brochure audacieuse qu'il publia contre Bonaparte, irrita tellement celui-ci contre lui, qu'il exigea son renvoi de Saxe. Plus tard, ayant appris le secret des articles mystérieux du second traité de Tilsitt, il courut le vendre à l'Angleterre, qui le paya un prix énorme. Je n'approuvai point cette démarche, aussi ne voulus-je pas le revoir, et il reçut la défense de venir à Harthwel. Le comte d'Artois le traita mieux. Il négocia ensuite avec les royalistes de France, et il se serait targué d'avoir préparé les voies de la restauration, si un crime n'eût tranché sa vie : je dirai quand il en sera temps qui arma le bras du meurtrier. Le comte d'Entraigues périt, en 1812, avec sa femme, la célèbre actrice Saint-Huberti.

Je l'ai long-temps employé avec succès dans diverses négociations ; j'ai eu à me louer de ses talens ; mais il ne fallait pas le contredire et surtout affecter de le diriger. Il était jaloux à l'excès de tous ceux auxquels j'accordais ma confiance ; il n'avait jamais pu souffrir d'Avaray, et ne s'arrangea pas davantage de Blacas. Ces picoteries me refroidirent insensiblement, et je cessai mes relations avec lui. Sa haine pour Bonaparte surpassait tous ses autres sentimens, et il le prouva à la suite de l'entrevue de Tilsitt, comme je l'ai déjà dit.

Le marquis de Jaucourt, l'un de mes ministres, fut donc chargé avec le baron de Flaschlanden, le duc de La Vauguyon, et en arrière d'eux le comte d'Entraigues, de correspondre directement avec le comité royaliste de Paris. Celui-ci se composait dans le principe de MM. l'abbé Brottier, président ; de Lavilleheurnois, maître des requêtes, de Duverne, de Presle, officier dans la marine royale.

Tant que dura la Convention, cette agence dut se borner à me transmettre les renseignemens propres à m'éclairer sur l'esprit public en France; elle ne travaillait pas encore activement, il fallait laisser passer la *rabia* révolutionnaire contre laquelle se seraient brisés les faibles moyens dont je pouvais disposer. Je l'employai d'une manière plus directe pour tâcher d'obtenir l'évasion du roi mon neveu, et voici la tentative qui eut lieu vers le commencement de 1795.

Louis XVII, séparé de sa malheureuse mère, de sa sœur et de sa tante, le 3 juillet 1793, restait livré à un monstre sous forme humaine, à un cordonnier, nommé Simon; ni l'âge, ni les infortunes de l'enfant-roi, ne purent toucher le cœur sans pitié de ce scélérat et de sa concubine : tous les deux s'établirent dans le Temple, l'un sous le titre d'instituteur, l'autre sous celui de ménagère. On connaît les tortures physiques qu'ils infligèrent à leur victime, les menaces odieuses qu'ils employèrent inutilement pour pervertir le jeune monarque ; les choses allèrent si loin que les jacobins eux-mêmes en eurent honte, et au mois de janvier 1794 Simon fut exécuté. Ceux qui le remplacèrent se montrèrent ses dignes émules.

Cependant il y avait, dans l'intérieur du Temple, un cœur généreux qui déplorait le rôle passif qu'on lui faisait jouer dans ce drame horrible ; c'était une jeune fille, nommée Madeleine, une espèce de servante d'un des employés de la prison. Elle n'était, dit-on, pas belle, mais la noblesse de son ame lui tenait lieu de charmes ; elle ne put approcher de son roi sans éprouver le désir de le rendre à la liberté et à la vie ; elle avait de la piété, et se confessait à un pauvre prêtre réfractaire, qui était sans cesse prêt à monter au ciel par la voie du martyre.

Un jour que Madeleine était au tribunal de la pénitence, elle avoua au père Charles (ainsi s'appelait l'ecclésiastique) qu'elle était disposée à tout entreprendre pour sauver le roi. Le père Charles, comme on peut le croire, la fortifia dans ce généreux dessein, et lui demanda si elle voulait l'autoriser à en parler à l'un de ses amis, qui avait mission de moi pour agir dans l'intérêt du jeune monarque. Madeleine répondit affirmativement, et le père Charles, religieux dominicain, s'empressa d'aller trouver l'abbé Brottier son ami, et de lui conter ce qui se passait. Il le mit en rapport avec Madeleine, à laquelle il promit une récompense proportionnée à la grandeur du service qu'on lui demandait. La bonne fille répliqua qu'elle ne désirait qu'un chapelet béni de la main du pape, et auquel seraient attachées des indulgences.

Ceci avait lieu (car j'anticipe sur l'ordre des choses) au moment où la Convention s'occupait publiquement du sort du royal enfant, lorsque le député Mathieu prononça à la tribune la phrase suivante :

« La Convention et son comité, étrangers à
» toute idée d'améliorer la captivité des enfans
» de Capet, savent comment on fait tomber la
» tête des rois ; mais ils ignorent comment on
» élève leurs enfans. »

Ce Mathieu, député de l'Oise, il n'est pas besoin de le dire, se faisait gloire d'être un des régicides. C'était lui qui, lors de la discussion de la loi sur les émigrés, voulait qu'elle s'appliquât dans toute sa rigueur sur les filles âgées de quatorze ans.

Il y avait tout à craindre de tels hommes, et l'agence royale s'empressa de s'entendre avec Madeleine. Cette fille offrit d'introduire dans le Temple un de ses frères ayant l'âge du jeune roi, afin de le substituer à ce prince dans les rares instans de promenade qu'on lui permettait de faire dans la cour. Son projet était d'entraîner mon neveu dans sa chambre, de l'habiller comme l'autre enfant, et, à l'aide de ce déguisement, de lui faire franchir les divers guichets, d'autant plus que les geôliers avaient en elle une pleine confiance. Tout cela peut-être n'était pas bien adroit; mais c'était une chance et on la tenta.

Déjà le frère de Madeleine était entré plusieurs fois au Temple, et à chaque fois y avait introduit une partie de son double vêtement. L'échange avait même été sur le point de se faire un certain vendredi, lorsque Madeleine fut subitement arrêtée et jetée dans un cachot, où elle mourut deux jours après par suite de coliques violentes qu'on qualifia de *cholera-morbus*. Son frère n'eut pas une destinée plus heureuse; on dit qu'il s'était précipité par mégarde d'un cinquième étage d'une maison rue du Verfbois, où il logeait. Tout fait croire qu'ayant surpris le secret de ses deux infortunés, on avait voulu s'en débarrasser sans bruit.

J'attendais avec quelque espérance des nouvelles de cette entreprise pour laquelle l'un de mes agens à Londres, le sieur Duteil, avait fourni des fonds, lorsque l'abbé Brottier m'annonça la fatale catastrophe. Cette tentative d'évasion coïncidait avec une négociation directe qui avait lieu alors entre les Vendéens et quelques membres de la Convention nationale, dont le but était également de sauver le roi mon neveu. Ce projet échoua comme l'autre, et son dénouement fut même plus fatal, puisqu'il décida la mort du jeune monarque. C'est un des actes les plus atroces de la Convention nationale; je lèverai le voile qui le couvre quand j'aurai raconté certains autres faits qui ne sont pas sans intérêt.

CHAPITRE XV.

Mort de Madame Élisabeth. — Révélation autographe concernant Robespierre. — Il veut épouser Madame Royale. — Derniers momens de Madame Élisabeth. — Propos atroce de Fouquier-Tinville.—Démarches diplomatiques. — Le comte d'Artois va en Angleterre. — Madame de Polastron.—On sait que Monsieur négocie avec Robespierre. — Détails à ce sujet. — Lettre de Van P... — Réponse inédite de Robespierre.—Suite de la négociation.—Un mauvais prophète. — Révélation singulière. — Conséquences du 9 thermidor.

Louis XVI et Marie-Antoinette étaient morts sur l'échafaud, et ce double crime s'expliquerait à la rigueur en politique par la nécessité d'anéantir la royauté, et de se venger sur la reine de la haine qu'elle avait montrée à la révolution. Mais quel avantage résultait-il pour les révolutionnaires du supplice de madame Élisabeth ? n'était-ce pas un forfait en pure perte ?

Je pouvais donc regarder la captivité de ma sœur comme un fait très-déplorable, mais qui tôt ou tard aurait un terme. Déjà même je faisais négocier indirectement pour sa liberté, par l'intermédiaire du gouvernement de Venise, et je me flattais de l'obtenir lorsqu'une lettre de B... d'A... vint détruire mon illusion et me plonger dans un affreux désespoir. Elle était ainsi conçue :

» Il est de mon devoir de vous instruire de ce
» qui se passe. Je lis enfin dans l'ame de Robes-
» pierre. C'est un autre Cromwell qui se prépare;
» mais un Cromwell sans courage, et à qui un
» crime inutile sourit encore comme crime.

» Robespierre veut la couronne de France, non
» avec le titre de roi, mais avec celui de dictateur,
» de conservateur, de président du conseil, que
» sais-je? Il a immolé à ce désir immodéré de
» pouvoir, la reine, le duc d'Orléans. Je prévois
» la mort de votre neveu et celle de votre ver-
» tueuse sœur. Préparez-vous à cette double perte,
» elle est inévitable. Votre nièce seule restera en
» France.

» Pourquoi? me direz-vous. Pour en faire sa
» femme... Vous reculez d'horreur, et cependant
» telle est la pensée de Robespierre. Votre surprise
» augmentera encore lorsque vous saurez que cette
» pensée lui a été suggérée par l'Angleterre. Il y
» a ici un agent de ce cabinet qui, quoique caché
» pour le plus grand nombre, ne l'est pas pour
» moi. Croyez qu'il se passe à l'étranger des cho-
» ses faites pour étonner, qu'on s'y arrangerait
» pour nous d'un gouvernement qui concèderait
» certains avantages commerciaux, ou qui donne-
» rait pour gage de ses intentions pacifiques tel ou

» tel port de mer. L'Autriche, car il faut tout vous
» dire, l'Autriche reconnaîtrait Robespierre à quel-
» que titre que ce fût, s'il lui abandonnait la Lor-
» raine et l'Alsace.

» Or, on flatte l'homme, on fait luire à ses
» yeux une perspective capable de le tenter ; mais
» lui, rien ne l'arrête, et déjà il se croit au faîte
» de l'échelle.

» On va vite en révolution, ainsi méditez sur ce
» que je vous mande... »

Malgré les révélations fâcheuses que me faisait mon correspondant, et qui intéressaient tant mon avenir, je ne fis attention dans le premier moment qu'à ce qui concernait ma sœur infortunée, elle à qui la révolution ne pouvait imputer même un murmure ! Bientôt je sus la vérité tout entière. Madame Élisabeth, ce modèle de toutes les perfections, l'unique et dernière consolation de notre nièce, lui fut arrachée violemment le 9 mai 1794. On la conduisit à la Conciergie, et dès le lendemain eurent lieu à la fois son jugement inique et son odieuse exécution.

Elle parut pour la forme devant le tribunal révolutionnaire ; j'ai depuis acquis la certitude que l'arrêt de sa condamnation avait été libellé, écrit et signé à l'avance, dans un souper qui, la veille au soir, avait eu lieu chez Robespierre, souper où furent admis le président Dumas, l'accusateur public Fouquier-Tinville, Collot-d'Herbois et Barrère.

D'autres victimes accompagnèrent ma malheureuse sœur au supplice, les Loménie, les Lamoignon, plusieurs dames de considération, au nombre de vingt-cinq personnes. Ma sœur reçut de ses compagnons d'infortune les hommages dus à son rang et à sa vertu. Tandis que les fatales charrettes roulaient lentement, un coup de vent ayant emporté sur le Pont-Neuf le bonnet de madame Élisabeth, les autres dames se décoiffèrent instantanément. On avait dressé des banquettes sur la plate-forme de l'échafaud pour y faire asseoir les victimes. Elisabeth se leva, afin de mourir la première ; mais, au même instant, l'un des exécuteurs portant sur elle une main sacrilége, la força de se tenir à l'écart en lui disant d'un ton rude :

— Tu ne sauteras que la dernière, on sait les égards qu'on te doit ici!!!... (1).

Je n'ai pu écrire moi-même ces affreux détails, et j'ai emprunté une autre main, voulant les conserver à la postérité. Ils brisent encore mon cœur, et m'arrachent des larmes! Ah! s'il y a dans le ciel une sainte de plus parmi les victimes de la révolution, c'est sans contredit madame Élisabeth!!!

Ce meurtre avait été précédé par un autre non moins inique, celui du défenseur de Louis XVI,

(1) Tout ce commencement de chapitre est d'une main étrangère dans l'original primitif.

(Note du duc D...)

de Lamoignon de Malesherbes. Il était monté sur l'échafaud dès le mois d'avril de la même année : la vertu était un crime aux yeux des conventionnels ; je sais qu'on fit des démarches en faveur de Malesherbes auprès de Fouquier-Tinville, et qu'il répondit :

— Son existence compromet le salut de la république, et comme on n'a rien à lui reprocher, on ne saurait trop tôt s'en défaire.

A part ce qu'avaient d'horrible les formes de cette époque, j'éprouvai encore une vive inquiétude sur les desseins cachés de l'Angleterre et de l'Autriche, dont la première nouvelle me parvint par B...d'A... Sa révélation m'engagea à m'attacher davantage à ce qui se passait en Europe. Le comte d'Entraigues dut, par mon ordre, mander en Russie et en Prusse ce que j'avais découvert. J'en fis en même temps toucher quelque chose au ministère anglais, qui se récria et prétendit qu'on le calomniait ; alors M. Dulex nomma l'agent intermédiaire ; on persista à soutenir que ses instructions étaient toutes en faveur de la cause royaliste, ajoutant que, s'il les avait dépassées, il en serait sévèrement puni. Voilà tout ce que je pus tirer de ce cabinet, qui jamais ne songea à fournir la preuve patente de son innocence, ni à punir son envoyé.

Ce résultat que Dulex me transmit ne me rassura point. L'argent d'ailleurs nous manquait. Je crus convenable d'envoyer le comte d'Artois négocier en Angleterre, d'autant mieux que des causes particulières ne lui permettaient plus de séjourner à Hamm, où il était resté après moi. Je n'étais pas très satisfait des personnes qui l'entouraient ; la plus sage était madame de Polastron, douce et bonne créature, qui n'intriguait qu'autant qu'il le fallait pour se maintenir au ton de la maison. Elle avait un grand fond de sens et d'honnêteté ; jamais elle n'a cherché à éloigner mon frère de moi, c'est une justice que je me plais à lui rendre.

L'évêque d'Arras pouvait à peine dissimuler sa joie à la pensée qu'une fois en Angleterre, et soustrait à mon influence, il pourrait jouer un premier rôle et diriger les affaires. J'aurais bien désiré qu'il restât sur le continent. Mais je n'osai en faire une des conditions du voyage, à tel point je cherchais à prouver au comte d'Artois, par des sacrifices continuels, l'importance que j'attachais à notre bon accord. Le baron de Rolle, MM. d'Escars, de la Chapelle, de Maillé et quelques autres accompagnèrent le prince et le duc d'Angoulême son fils. Cependant le départ n'eut pas lieu aussi vite que je l'aurais souhaité ; divers arrangemens le reculèrent au mois d'août suivant, après la chute de Robespierre.

Ce que m'avait mandé B... d'A... ne sortait pas de mon esprit. Je me tourmentais pour amener de l'intérieur une contre-révolution. Plus d'une fois l'idée me vint de chercher, dans l'intérêt général, à nouer une négociation avec Robespierre. La grande difficulté était d'attacher le grelot. Mes agens les plus dévoués reculaient à l'idée de se trouver en présence de ce monstre. C'était courir à une mort certaine, car s'il refusait d'entrer en pourparlers, il ferait périr celui qui le lui aurait proposé.

Sur ces entrefaites le chevalier de Lasser, un de mes correspondans de Hollande me manda que sa bonne fortune l'avait mis en rapport avec un agent secret de Robespierre, qui habitait Amsterdam, et que cet agent, ayant deviné qu'il était dans mes secrets, lui avait dit que Robespierre ne refuserait pas de s'entendre avec moi, si on voulait satisfaire à ses exigences.

Ma réponse ne se fit pas attendre. J'écrivis à Lasser que je consentais à traiter avec Robespierre à condition qu'au préalable j'aurais une preuve que cet agent ne nous trompait point. Lasser s'acquitta de ma commision auprès de cet homme, qui lui remit un double d'une lettre qu'il venait d'écrire à Robespierre, lui promettant de lui montrer sa réponse. J'ai ces deux pièces curieuses, que je transcris ici : la première est celle de l'agent :

« Vous êtes inquiet sans doute de n'avoir pas
» reçu plus tôt des nouvelles des effets que vous
» m'aviez fait adresser pour faciliter votre retraite
» dans ce pays. Soyez tranquille sur tout ce qui
» concerne ces effets et votre sûreté personnelle.

».Vous savez que je ne dois vous écrire que par
» notre courrier ordinaire; la cause de mon retard
» vient de ce qu'il a été interrompu dans sa der-
» nière course. Il est inutile de vous rappeler tous
» les dangers qui vous menacent en France ; le
» dernier pas qui vous a porté à la présidence vous
» rapproche de l'échafaud, où vous verriez cette
» canaille vous cracher au visage, comme elle l'a
» fait à Égalité dit d'Orléans. Ainsi, puisque vous
» êtes parvenu à vous former ici un trésor suffisant
» pour vos besoins, je vous attendrai avec une bien
» vive impatience, afin de rire ensemble du rôle
» que vous aurez joué dans les troubles d'une na-
» tion aussi ridicule qu'avide de nouveautés. *Elle*
» *mérite la verge de fer qui la châtie et tout*
» *homme raisonnable ne s'amusera pas à la plain-*
» *dre.*

« Prenez votre parti d'après nos arrangemens,
» tout est disposé. Je vous attends pour réponse (1). »

Cette lettre écrite dans les premiers jours de
mai 1794, eut une réplique datée du 22 de ce mois,
veille du jour où le jeune Renaud tenta, dit-on,
d'assassiner Robespierre, ce qui est faux. Elle ne
portait pas son seing ; mais son écriture était par-
faitement connue du chevalier Lasser qui la co-
pia. Je présume qu'elle piquera la curiosité du
lecteur. Elle était conçue en ces termes :

(1) L'original de cette lettre a été trouvée dans les papiers
de Robespierre, on avait omis la phrase soulignée en l'im-
primant.   *Note de l'éditeur.*

« Vous êtes bien pressé de me voir ; mais vous
» ne réfléchissez pas dans vos craintes exagérées
» qu'il ne serait pas sage à moi de fuir lorsque je
» puis tirer de si grands avantages de ma position.
» Les difficultés s'aplanissent ; la mort fait justice
» de ceux que j'aurais à redouter ; ce sont d'ail-
» leurs des ennemis de la patrie ; les étrangers me
» voient avec plus de crainte que de haine ; ils
» savent que ma vertu ne se démentira pas, que je
» resterai l'incorruptible Robespierre.

» Tous ceux qui peuvent me faire ombrage me
» sont désignés par Collot : ce sont les pavots de
» Tarquin ; ils tombent dès que leur nom est pro-
» noncé. Les militaires ont sur nous un grand
» avantage ; ils savent monter à cheval et manier
» le sabre. Il y a des instans où je doute qu'un
» homme qui n'est qu'administrateur puisse s'éle-
» ver à la première place, car il lui manque tou-
» jours le prestige des victoires remportées sur les
» ennemis du dehors. Si, au lieu d'avoir été avo-
» cat, j'eusse suivi la carrière des armes, je serais
» plus sûr de mon avenir.

» Nos amis pensent comme moi ; ils veulent
» tenter plus long-temps la fortune. Nous aurons
» toujours le loisir de fuir si la chance tourne....
» Je ne veux pas finir par la main du bourreau ;
» ce genre de mort me fait horreur !... Si je pou-
» vais me fier à ceux qui veulent traiter avec moi...
» leur bonne foi est impossible ; ce sont des rois...
» et j'en ai envoyé un à l'échafaud...

» Encore deux mois, et si je n'ai pas fait un pas
» éminent, je prétexte une tournée générale dans
» les départemens ; je longe les frontières, et j'ar-
» rive chez vous.

» Adieu, etc. »

Robespierre, dont on m'a accusé d'avoir fait mon agent dans la révolution, s'est toujours au contraire montré mon ennemi. Il m'a attaqué plusieurs fois dans les diverses législatures dont il faisait partie ; il a poursuivi avec acharnement tous ceux qui se rattachaient à moi, et a dit à Boissy-d'Anglas :

« Je ne sais pourquoi on te laisse vivre, car tu
» as été au prétendant. »

De mon côté, je voyais en lui un tigre, l'assassin de ma famille; aussi lorsqu'il s'agit de traiter avec lui, j'eus de la peine à m'y déterminer, il fallut pour cela l'espoir d'arracher le roi mon neveu à une mort certaine. Le chevalier de Lasser demanda à Van P..., agent de Robespierre, ce qu'il exigerait si, par son intermédiaire, la contre-révolution s'opérait. Van P... voulut avant tout avoir sur ce point une explication avec son commettant, et il lui fit part de ce qui se passait.

Tout me porte à croire que dans ces préliminaires il y avait un dessous de cartes ; que déjà Van P... savait à quoi s'en tenir, et que ce n'était pas *de proprio motu* qu'il venait de faire la première ouverture. Cependant il fallait avoir l'air de le croire et de se confier à sa franchise. Il expédia donc un courrier à Robespierre qui ne le renvoya que bien avant dans le mois de juin. Sa réponse très entortillée, dont l'agent ne voulut communiquer que l'analyse, me prouva que Robespierre flattait son ambition et un reste de bon sens; qu'il redoutait d'ailleurs un piége, et que, par un motif inconnu, il ne refusait cependant pas de négocier avec tout le monde.

Il disait entre autres choses qu'il voulait tout ce qui assurerait le bonheur de la France, et qu'avant de s'engager il désirait savoir sur quelles bases on prétendait traiter. C'était comme on voit mettre le marché à la main. Le chevalier de Lasser se trouva donc arrêté dès le premier moment de la négociation; il crut devoir s'en référer à moi, et me pria de lui désigner quelle offre on ferait à Robespierre.

Les communications n'étaient ni promptes, ni faciles, d'Amsterdam à Vérone; la lettre me parvint tard; le chevalier de Lasser n'eut ma réponse qu'après un assez long délai, et pendant que Van P... écrivait à Robespierre, la catastrophe du 9 thermidor arriva. Elle délivra sans doute la France d'une effroyable tyrannie; mais en même temps elle rompit le fil que je nouais avec tant de soin pour arriver plus vite à la restauration de notre monarchie.

Je dirai à ce sujet que le 10 thermidor (20 juillet 1794), le père Agostino, moine de l'ordre des capucins, et qui passait pour un saint personnage, arrêta dans la rue mon valet de chambre Montigny, et lui dit avec un mélange d'italien et de français :

—Dieu a frappé un grand coup à Paris, en précipitant le représentant de Lucifer du trône de cadavres qu'il s'était élevé.

Montigny, très pieux sans doute, mais peu disposé à croire aux prophètes courant les rues, lui demanda comment il avait appris cet évènement, et quand il avait eu lieu.

— Hier et aujourd'hui, repartit le père Agostino. Ce matin, en disant ma messe, je l'ai lu sur le cartel de l'épître.

Montigny remercia le bon père de cette nouvelle arrivée par le télégraphe céleste, et il vint m'en régaler. Dirai-je que j'en fus ému, et que j'en parlai d'un ton sérieux? Ma cour ne cacha pas la joie que lui causait la chute de Robespierre. Quelques jours s'écoulèrent, et nous reçûmes la confirmation de l'avertissement surnaturel. On ne sut plus alors qu'en penser. Cependant je me déterminai à prendre la chose du bon côté, persuadé que ce triomphe d'une branche de la faction jacobine sur l'autre ne déplacerait pas entièrement la question.

Je me trompai en ceci. Le renversement de Robespierre changeait en France le système de terreur pour arriver par une ère transitoire de la république à la reconstruction momentanée du vaste empire de Charlemagne.

Je ne fus pas long-temps à prévoir ce qui arriverait. Les campagnes brillantes de Bonaparte me firent deviner qu'il substituerait un jour son épée à notre sceptre. Cette fois, je ne me trompai pas : mais je ne perdis rien de ma fermeté, et me reposai toujours sur l'excellence de mon droit et sur Dieu.

CHAPITRE XVI.

Jugement que porte Monsieur sur les auteurs du 9 thermidor. — Politique de Robespierre. — Récit de cet évènement par Fouché. — Agens de Robespierre. — Son calepin. — Anecdote à ce sujet. — Les hommes du 9 thermidor découvrent qu'ils sont proscrits. — Suite de leurs intrigues. — Comment ils enlèvent à Robespierre son secret. — Les conjurés s'accordent. — Massacres projetés. — Barrière à la tribune le 9 thermidor. — La lutte commence. — 8 thermidor. — Robespierre attaqué. — La lutte continue. — Mesures des conjurés pendant la nuit. — Saint-Just et ses collègues au comité. — Sécurité et propos de Robespierre. — Séance du 9. — Décret d'arrestation.

Ceux qui coopérèrent à la journée du 9 thermidor en reçurent des éloges qu'ils ne méritaient point. Ce n'était point pour arracher la France au régime de terreur qui pesait sur elle que ce combat de tribune eut lieu. Aucun des hommes qui y prirent part ne comptaient parmi les modérés ; tous, au contraire, s'étaient baignés dans le sang de leurs concitoyens, soit dans les proconsulats, soit en participant aux actes atroces des comités de salut public et de sûreté générale. Il suffit de les nommer pour prouver ce que j'avance : Barrère, Vadier, Billaud-Varenne, Fréron, Barras, Tallien, Carnot, Thuriot, Collot-d'Herbois, Bourdon de l'Oise, etc. Certes il n'est aucun de ces hommes qui ne se soient enfoncés jusqu'au cou dans la fange révolutionnaire, quel que fût leur point de départ, et quel que fût leur but final.

Que voulaient ces conventionnels du 9 thermidor? défendre leur vie alors menacée en conséquence du système de Robespierre. Il savait combien il était peu propre à remplir la première place ; or, pour y parvenir, il fallait d'abord, à l'aide d'hommes pervers et habiles, faire disparaître les hommes vertueux et audacieux. Cette première partie de ce plan machiavélique fut suivi avec une persistance peu commune. Robespierre n'épargna ni les savans, ni les militaires distingués, ni les diplomates, ni les littérateurs. Toute célébrité qui ne prenait pas la fuite montait à l'échafaud. En même temps il commençait la seconde partie de son plan ; il faisait disparaître successivement les conventionnels ses émules en crimes, espérant arriver jusqu'au dernier, afin que, restant seul, il pût s'emparer sans concurrence, du pouvoir souverain.

Déjà les girondins étaient passés les premiers, puis les Hébertistes, Danton, Camille-Desmoulins, Hérault de Séchelles ; enfin tous ceux qu'il avait pu englober dans une des mille conspirations qu'inventaient ses agens. Marat aurait succombé comme les autres, si Charlotte Corday ne fût venue au secours de Robespierre, sans intention toutefois de l'obliger. Les choses en étaient au point que les hommes qui, au 9 thermidor, se réunirent pour renverser Robespierre, se trouvaient être les seuls dont il eût encore à se débarrasser. Ils comprirent son projet, et reconnurent qu'il ne leur restait qu'à mourir ou à vaincre : voilà pourquoi ils coururent aux armes, pourquoi ils frappèrent un coup qui parut hardi, et qui n'était que l'inspiration du désespoir. Je tiens du duc d'Otrante les causes qui renversèrent le régime de la terreur ; je vais le faire parler lui-même, n'ayant pour cela qu'à transcrire la note historique que sur ma demande il écrivit en 1814, lorsqu'il cherchait à revenir sur l'eau.

« Il est un point qu'on ne peut nier, c'est le projet de dictature perpétuelle enfanté par Robespierre, bien qu'il manquât de tout ce qu'il fallait pour maintenir cette dignité. Il ne savait, au reste, lui-même sur quelles bases il l'établirait, et à quel titre elle lui serait confiée. L'hérédité, qui seule procure la stabilité, ne pouvait alors être ni demandée ni acceptée. Qu'y avait-il donc à faire? Question d'une solution difficile. Robespierre crut l'éluder en se plaçant de manière à ce qu'il n'y eût que lui en France qu'on pût charger du pouvoir.

» Il savait que les puissances, fatiguées de guerres qui ne leur rapportaient aucun des avantages sur lesquels elles avaient compté, seraient bien aises qu'on leur fournît un prétexte de mettre bas les armes. Ces puissances néanmoins ne pouvaient traiter avec l'anarchie ; il fallait, pour satisfaire aux convenances, qu'elles ne parussent pas sanctionner les excès permanens de la révolution, et cette dernière ne semblerait terminée que lorsqu'on leur présenterait à sa place une forme de gouvernement offrant des chances de solidité, et en harmonie avec leurs idées : or, une présidence, un consulat, ou une dictature à vie, étaient ce qui en rapprochait le plus.

» Il était fait à Robespierre personnellement des propositions positives, quoique détournées par l'Angleterre et l'Autriche. Cette négociation se poursuivait encore, au moment du 9 thermidor, par l'intermédiaire du baron de Thugut.

» La réputation politique de Robespierre avait alors un éclat qu'on lui a enlevé depuis. Il est certain qu'il se présentait à l'Europe bien détaché de ses collègues ; aussi l'étranger pouvait se faire illusion, et le croire appelé à devenir le Cromwell français. Nous, mieux situés pour l'apprécier, connaissions son insuffisance.

» Néanmoins, il marchait à son but en abattant les têtes à droite et à gauche ; sanguinaire par calcul et non par nature, il voyait dans tous ceux qui tombaient un moyen de plus à son élévation. Il se flattait, lorsqu'il ferait cesser les supplices, qu'on lui en saurait tout le gré, et que l'odieux des meurtres serait attribué à ses collègues. Je puis affirmer qu'il entrait dans son plan de devenir le plus clément des princes aussitôt qu'il aurait expédié le dernier de ses concurrens; il espérait commencer le rôle d'Auguste dès qu'il aurait terminé celui d'Octave.

» Mais il ne pouvait agir seul, il lui fallait des agens, des complices; il en trouva dans Saint-Just, Couthon, Lebas, Fleuriot-Lescot. Maignet, Lebon, et quelques autres; il crut que Collot-d'Herbois, Vadier et Barrère ne se rangeraient jamais franchement de son parti, et il les mit sur les tables de proscription; c'était un calepin couvert en maroquin rouge, de petite dimension, et fermé par une agrafe d'argent. Robespierre ne s'en séparait jamais; il avait fait faire à chacun de ses habits une poche intérieure, placée au côté droit, à la hauteur de la poitrine; c'était là qu'était renfermé le sinistre calepin.

» Ce petit manuscrit contenait tous les noms de ceux que Robespierre voulait envoyer au supplice; une indiscrétion de la fille Duplay, sa maîtresse, fit soupçonner l'existence de ce portefeuille. Un jour qu'elle était de mauvaise humeur contre la maîtresse en titre de Billaud-Varenne, elle lui dit :

» — Va, je recommanderai à Robespierre de te placer sur son carnet.

» Ce propos ne tomba pas à terre; les deux femmes se raccommodèrent, et la belle de Billaud-Varenne, autant par curiosité que par prudence, voulut savoir ce que c'était que ce *carnet* dont on la menaçait. Il y avait parmi les *gardes-du-corps de Robespierre* un grand garçon de bonne mine qui trouvait fort à son gré *madame Billaud*. Lorsqu'il vint lui conter son martyre, elle lui dit qu'elle l'écouterait favorablement s'il voulait questionner la fille Duplay sur ce qu'elle avait avancé. Le jeune Renard (c'était son nom) était dans les bonnes grâces de *madame Robespierre*, si bien que, pour plaire à celle qui avait touché son cœur, il sut attraper le secret de la fille Duplay, dont il ne se souciait plus, sur le secret du calepin de Robespierre. Il alla aussitôt conter sa prouesse à sa dame, qui en régala Billaud-Varenne ; celui-ci en fit part à son tour à Vadier, lequel m'en dit un mot. Je lui fis comprendre l'importance de garder un profond silence sur ce fait, qui, s'il parvenait à la connaissance de Robespierre, deviendrait l'arrêt de notre mort.

» Cependant, tout en convenant que je parlais en homme sage, Vadier me dit qu'il donnerait une moitié de sa vie pour lire dans ces notes, où figuraient sans doute tous nos noms, et que dans tous les cas, il serait prudent de prendre nos mesures. Il me quitta néanmoins en me promettant de se taire, et alla aussitôt jaser avec Tallien : c'était mettre de l'huile sur le feu. Tallien adorait madame de Fontenay, née Gabarus, et aujourd'hui madame de Caraman ; elle était dans les prisons du Luxembourg, prête à périr peut-être, et son amant se désespérait.

» D'après la confidence de Vadier, Tallien s'imagine que le nom de sa maîtresse est sur les tablettes. Il forme dix projets plus extravagans les uns que les autres ; il veut endormir Robespierre avec de l'opium pour lui enlever le carnet fatal, puis de s'aider d'un escamoteur ; bref, Vadier, effrayé de son indiscrétion court demander conseil à Carnot.

» Celui-ci était encore un baril de poudre toujours prêt à s'enflammer. Il s'alarme comme les autres, et pendant trois ou quatre jours il n'est question entre eux que de trouver les moyens de surprendre le secret de Robespierre. Ceci se passait en juillet; il faisait excessivement chaud. Quoique Robespierre eût cessé de venir aux comités, il gardait certains ménagemens envers ses collègues. Couthon, impotent, veut donner à dîner à quelques-uns d'eux : c'était Carnot, Saint-Just, Vadier, Lebas, et deux ou trois autres ; Robespierre est du nombre des convives. Ce jour-là le soleil était brûlant ; les conventionnels mettent sans cérémonie habit bas ; Robespierre les imite ; on passe dans la salle à manger. Tout-à-coup une idée lumineuse frappe Carnot... il fait d'horribles grimaces. — Qu'est-ce? — Des tranchées. — Sortez. — Je sors... Et en effet il court à l'habit de Robespierre, le tâte, sent sous ses

doigts le fameux portefeuille, s'en empare, et aux dernières pages trouve son nom et celui de ses collègues qui prirent une part si active au 9 thermidor... Il se hâte de replacer le calepin révélateur, s'efforce de calmer son émotion, et reparaît... mais Robespierre n'est plus à sa place...
— Où est-il? demande Carnot. — Il a eu froid, répond l'amphytrion, et il est allé se revêtir. Carnot frémit de nouveau en pensant au péril qu'il vient de courir; il continue à feindre une indisposition, qui lui sert bientôt de prétexte pour se retirer.

» Aussitôt qu'il a quitté la société, il va chez Fréron, Barras et Tallien, et leur rapporte sa découverte. Ces messieurs appellent à une conférence secrète tous ceux dont les noms figurent sur la liste de proscription (celui de Barrère et le mien n'y étaient pas); ils se concertent, et décident qu'il ne faut point attendre la mort tranquillement. Ils prenaient les mesures qu'exigeaient les circonstances, lorsqu'un nouvel incident vint les activer. Madame de Fontenay, instruite que sa mort est résolue et qu'elle va passer au tribunal révolutionnaire, écrit à Tallien un de ces billets qui opèrent des miracles; Tallien y répond par un autre non moins énergique : c'est lui qui devient l'ame de la conspiration dirigée contre Robespierre, qui excite les uns, entraîne les autres, et les domine tous.

» Sur ces entrefaites, le bruit se répand que

Robespierre veut faire égorger tous les membres de la Convention le jour de la translation des cendres du jeune Viala au Panthéon. C'est dans cet édifice que le crime doit se commettre, et ce seront les Jacobins qui porteront les coups, au moment où le cercueil descendra dans le sépulcre. Ce bruit était absurde ; mais rien ne rend crédule comme la peur ; il décida donc à se déclarer contre Robespierre bien des gens qui n'auraient jamais osé prendre d'eux-mêmes un pareil parti.

» Or, tandis que le futur dictateur s'apprêtait à porter le dernier coup à ceux dont il craignait l'énergie, eux, de leur côté, prenaient contre lui des mesures qu'il avait toujours employées avec succès. Le destin permit que Robespierre ne se doutât de rien. Plein de sécurité et se flattant de surprendre ses victimes à l'improviste, il était persuadé qu'il n'aurait qu'à les désigner à ses émissaires pour s'en débarrasser. Cette confiance le perdit, et comme il ne prévoyait ni complot ni résistance, il ne put parer aux chances de la lutte qui se préparait.

» Il était maître de la force armée par Henriot ; la municipalité de Paris lui assurait le pouvoir dans la ville ; les Marseillais et la canaille étaient prêts à se ranger sous ses drapeaux ; le maire Fleuriot-Lescot, successeur de Pache, était son ame damnée. En un mot, il pouvait, non espérer la victoire, mais la regarder comme certaine. Ceci le détermina à agir. Barrère, je dois le dire à Votre Majesté, est un de ceux dont il voulut se servir. Il le lança à la tribune le 7 thermidor. Dans un long discours sur les dangers qui menaçaient la république, Barrère accusa les masses sans désigner personne; il parla des mesures à prendre : — Il les faut décisives, énergiques, dit-il. — Lesquelles? demanda-t-on. Il se tait sur ce point, il ne veut rien préciser, il sait quelle épouvante est renfermée dans un danger dont on ne connaît pas encore toute l'étendue. Robespierre espère par la frayeur se rallier le centre de la Convention.

» Barrère continue son discours; la foudre grondait dans ses paroles ambiguës, elle allait éclater, et les conjurés en étaient d'autant mieux sur leurs gardes. Néanmoins ils se maintinrent dans une tranquillité apparente qui trompa leurs ennemis. Le lendemain 8, Robespierre se flattant que les voies étaient suffisamment préparées, aborde à son tour la tribune : il y prononce une harangue menaçante contre ses collègues, dont la proscription est décidée. Il est si sûr de son fait, qu'il n'hésite pas à frapper d'anathème ceux qui mettront le moindre obstacle aux plans qu'il veut proposer pour le salut de sa patrie.

Pendant qu'il parlait, une liste circulait de main en main dans la salle. On prétendait que le comité de salut public venait de la faire saisir sur un juré du tribunal révolutionnaire, arrêté dans la matinée. Cette liste, faite par les conspirateurs, portait, outre leurs noms, celui de quarante autres députés d'un esprit entreprenant. C'était une ruse pour les décider à se joindre aux premiers. Chacun voulait voir si son nom figurait sur la liste. On chuchotait, on s'indignait, on s'encourageait réciproquement à mettre fin à ces assassinats périodiques, décorés du nom de justice révolutionnaire. Cette ruse enfin produisit tout l'effet qu'on en attendait.

» Robespierre poursuit ; il fait son apologie, puis il déclame avec colère contre les trois comités de salut public, de sûreté générale et de finances. Il désigne Cambon, et termine en promettant d'indiquer les moyens qui peuvent encore sauver la patrie.

» Comme il descend de la tribune, Lecointre de Versailles demande que le discours de son collègue soit imprimé ; Bourdon de l'Oise s'y oppose. Cet acte de courage est une nouveauté ; un murmure sourd s'élève autour du siége qu'occupe Robespierre. Cependant Bourdon continue ; il prétend que ce discours inculpe trop sérieusement les trois comités, pour qu'on ne le leur envoie pas, afin qu'ils puissent y répondre avant qu'il soit livré à la publicité de la presse.

» Barrère parle dans le sens de Lecointre. Couthon, qui à son tour prend la parole, veut non-seulement qu'on vote l'impression du discours, mais encore qu'on l'adresse aux quarante-quatre mille communes de la république. Il profite, dit-il, de cette circonstance pour apprendre aux patriotes qu'il y a des traîtres dans le sein de la Convention, et qu'il faut se défier de ces hommes perfides.

» Fréron, après avoir interrogé d'un long regard ses amis, prêts à le soutenir, se lève, et de sa place s'écrie en interrompant Couthon : « Jus-
» qu'à quand un petit nombre de députés, se re-
» gardant comme les maîtres de la Convention,
» auront-ils l'audace, sur des accusations vagues,
» de conduire leurs collègues à l'échafaud, sans
» même daigner les entendre? Vous ne pouvez
» connaître la vérité sans rétablir la liberté des
» opinions, et comment parlera-t-on librement
» dans cette enceinte, si l'on craint d'être arrêté
» en sortant? »

» Cette opposition inattendue surprend Robespierre ; on décide que son discours ne sera pas imprimé. Ce premier pas hostile, ce début des conjurés est déjà le prélude de leur triomphe. Leurs adversaires stupéfaits vont porter leur fureur et leur désappointement à l'assemblée des jacobins. Là on discute, et au lieu de prendre des mesures foudroyantes, Couthon dénonce des membres des comités de salut public et de sûreté générale.

» Les conjurés, de leur côté, travaillent toute la nuit à se procurer des complices ; ils mettent habilement en œuvre la liste prétendue dont les notes de Robespierre leur ont donné l'idée. Barras parle à quelques officiers qui s'engagent à soutenir la majorité de la Convention. On se distribue les rôles, on se prépare à soutenir le danger.

» Quelques membres du comité de salut public, réunis dans le lieu ordinaire de leurs séances, voient arriver parmi eux Saint-Just leur collègue, dont ils se méfient depuis long-temps. Saint-Just, violent jacobin, le seul à qui Robespierre reconnaisse un républicanisme digne du sien, leur apprend qu'il dresse un rapport à la Convention, sur les intrigues contre-révolutionnaires dans lequel il dénonce plusieurs membres du comité. On était au 8 thermidor ; et le lendemain, Saint-Just devait monter à la tribune. On le presse de montrer son écrit, afin qu'il soit discuté en commun et à l'amiable. Saint-Just répond qu'il regrette de ne pouvoir satisfaire ses collègues, le rapport n'étant plus dans ses mains.

» — Soit : mais dis-nous-en les conclusions, cela reviendra au même.

» — Je ne me les rappelle pas ; au reste, demain vous les entendrez.

» Une porte s'ouvre, et Collot-d'Herbois se présente. Les jacobins, ne le trouvant pas assez pur, viennent de l'expulser de leur sein. Un mélange d'effroi et de colère se peint sur ses traits. Saint-Just, qui cherche à éluder l'explication sollicitée par ses collègues, lui demande ce qu'il y a de nouveau aux jacobins. Cette question semble un outrage à Collot-d'Herbois, qui lui répond avec véhémence :

» — Quoi ! tu me demandes ce qui se passe aux jacobins ! mais n'es-tu pas le complice de Robespierre ? mais ne fais-tu pas partie avec lui et Couthon de l'infâme triumvirat qui a comploté de nous assassiner ? Cependant je vous le déclare, lors même que vous réussiriez, vous ne jouiriez pas longtemps de vos forfaits ; et le peuple, qui ne tarderait pas à être éclairé, vous mettrait en pièces.

» Chacun entendit avec étonnement cette violente apostrophe. Saint-Just la soutint mal, il balbutia des mots sans suite et s'échappa, en promettant à ses collègues de leur envoyer son rapport. Le rapport ne vint point, mais à sa place un billet arrive. Il est de Saint-Just qui s'exprime ainsi :

« Vous avez flétri mon cœur, je vais l'ouvrir à la
» Convention nationale. »

» Toutes ces choses étaient significatives de part et d'autre ; chacun devait se tenir pour averti. Robespierre aurait dû sans perdre de temps, à l'aide des jacobins, de la commune et de la troupe, dissoudre les comités, arrêter les députés qui les composaient, répandre la terreur parmi le reste, et c'en était fait de la conspiration ; mais lui et ses satellites persistèrent à ne voir dans leurs adversaires que des hommes isolés, craintifs, et qui n'opposeraient aucune résistance. Je sais qu'un député alla très tard chez Robespierre lui proposer ce coup d'état. Il lui fut répondu :

— « J'ai besoin encore de la Convention; je veux que ce soit elle qui demain lance la foudre contre mes ennemis. Cela jettera de la poudre aux yeux, et convaincra les citoyens de la bonté de ma cause. Il sera toujours temps après de faire disparaître la Convention.

» Cette infatuation perdit les jacobins.

» Le 9 thermidor est arrivé, la Convention, en séance dès midi, est au complet. Thuriot la préside; il est un des conjurés. Saint-Just, chargé de commencer le combat à mort, se dirige vers la tribune un rouleau à la main. Ses traits si doux et si beaux sont altérés. Le feu de la vengeance brille dans ses yeux, et ses membres se crispent. On l'examine avec attention ; il entame la lecture du rapport annoncé. C'est une accusation contre la majorité du conseil : « J'étais chargé, poursuit-il, de
» vous faire un rapport sur les scandaleuses dévia-
» tions qui tourmentent depuis long-temps l'opinion
» publique, mais les remèdes que je voulais vous
» indiquer sont impuissans. Un peu de baume ne
» suffit pas pour une cure aussi difficile ; il faut
» tailler dans le vif et couper les membres gan-
» grenés. »

» A ces paroles menaçantes, plusieurs murmures s'élèvent ; les conjurés éclatent. Carnot prend l'initiative, et dédaignant de répondre à Saint-Just, il s'adresse à Robespierre, et l'accuse de prétendre à la dictature. Billot-Varenne soutient cette imputation, que Tallien corrobore par des phrases encore plus énergiques. La violence de l'attaque, sa presque unanimité au sein de la Convention, confond, épouvante Robespierre. Il veut parler, il veut monter à la tribune, mais Thuriot l'en repousse, et couvre du bruit de sa sonnette les éclats impuissans de sa voix. Cependant Tallien poursuit; il signale comme un scélérat Henriot, que Robespierre a placé à la tête de la garde nationale. — Tout annonce, ajoute-t-il, que l'ennemi de la Convention va enfin tomber. Je l'ai suivi hier aux jacobins, j'ai assisté à cette séance, j'ai vu former l'armée du nouveau Cromwel, et je me suis muni d'un fer vengeur pour lui percer le sein si la Convention nationale n'a pas le courage d'ordonner à l'instant même son arrestation.

« Il dit, et fait briller un poignard caché jusqu'alors sous ses vêtemens. Cet acte hardi inspirant de l'audace aux plus faibles; mille cris partirent : *A bas le tyran! hors la loi Robespierre!* Tallien demande la mise en arrestation de Henriot et de son état-major, et veut que l'assemblée se constitue en permanence jusqu'après justice faite.... L'élan est donné; on accueille la mesure. Un décret rendu en conséquence met en jugement Henriot, ses compagnons, et supprime sa place. On y supplée par la nomination d'un commandant provisoire; c'est le citoyen Aimar, chef de la cavalerie, et homme d'honneur.

» Lebas, qui voit où tend le mouvement, essaie de justifier Robespierre. On ne le laisse pas achever, et on poursuit l'attaque contre son chef. Divers orateurs se font entendre ; on les écoute tous s'ils accusent Robespierre, et on impose silence à ce dernier et aux siens. Thuriot est infatigable avec sa sonnette. Enfin, la rage donnant un développement prodigieux à la voix de Robespierre, on entend distinctement ces mots sortir de ses lèvres pâles :

» — Qu'on m'envoie à la mort !

» — Oui, tu l'as méritée, répond-on de toutes les parties de la salle.

» Robespierre veut parler encore, mais sa langue s'épaissit.

» Malheureux ! lui crie Garnier de l'Aube, ne vois-tu pas que le sang de Danton t'étouffe ! il sort par ta bouche.

» Robespierre s'adresse au Marais (1); il qualifie ceux qui le composent d'*hommes vertueux*. Mais aucun ne se leva pour le défendre, on le voit vaincu, et le Marais ne soutient que les victorieux. Vadier demande un décret pour l'arrestation de Robespierre ; Thuriot se hâte de mettre la proposition aux voix, et soudain la *Montagne* et la *Plaine* la convertissent en loi, par un mouvement

(1) On appelait alors *Marais* ce que depuis on a désigné sous le nom de *centre*, de *ventre*, de *juste milieu*.

(*Note de l'éditeur.*)

spontané. Robespierre le jeune veut, dit-il, partager le sort de son frère dont il a imité les vertus. On y consent ; et le même décret l'englobe avec Lebas, Couthon et Saint-Just. Les tribunes, pleines de jacobins, restent silencieuses ; une sorte de terreur les domine et leur secours manque aux décrets. Quatre huissiers saisissent Robespierre et ses complices ; ils l'entraînent et la Convention respire se croyant victorieuse, lorsque par le fait, le combat commence seulement.

CHAPITRE XVII.

Robespierre est relâché. — Actes de la commune rebelle. — Elle envahit les comités. — Collot l'annonce à la Convention. — Mesures décisives. — Commandement donné à Barras. — Séance à l'Hôtel-de-Ville. — Proclamation et arrêté de la commune. — Legendre chasse les jacobins de leur salle. — Barras attaque la commune. — Sort de ses membres. — Robespierre ne peut se tuer. — Il est conduit au supplice. — Fin du récit de Fouché. — Monsieur reprend la parole. — Documens fournis par Boissy-d'Anglas. — Monsieur tente un effort inutile. — Il est le premier auteur de la constitution de l'an III. — Réflexions politiques. — Comment Monsieur a entendu sa charte. — En quoi peut servir l'article 14.

» La terreur qui jusqu'à ce moment avait pesé sur la majorité de la Convention passa tout-à-coup aux jacobins, et cela d'une manière si soudaine qu'aucun de ceux qui étaient dans la salle n'osa aller apprendre à Henriot ce qui se passait. Celui-ci entourait la Convention à la tête de ses troupes, et certes, s'il se fût douté que Robespierre prisonnier devait traverser le bataillon, il se serait hâté d'opérer sa délivrance. Les détenus furent jetés dans des voitures, et on les conduisit rapidement à leur prison respective. Le concierge du Luxembourg qui était vendu à Robespierre, ne voulut pas le retenir après le départ de ceux qui le lui avaient remis en gage. Il tomba même à ses genoux, et le conjura de lui pardonner si dans ses intérêts il avait feint d'obéir à ses ennemis.

» Robespierre, libre de ses actions, quitte le Luxembourg, et se retire à l'Hôtel-de-Ville, où le bruit de son arrestation est parvenu. Le corps municipal, parmi lequel on distingue Fleuriot-Lescot, Payan et Coffinhal, organise sur-le-champ une insurrection jacobine contre la Convention nationale. Elle nomme dans son sein une commission exécutive de douze membres qui, dès son installation, fraternise avec les clubs, ordonne la fermeture des barrières, le tocsin, et la mise en réquisition de toute la force armée. En même temps, les jacobins demeurés en permanence envoient dix des leurs à la commune pour qu'elle s'unisse à eux, puis ils se répandent dans Paris en disant que la Convention fait égorger les patriotes, et qu'il faut les défendre.

» La commission exécutive s'empare ensuite de la poste aux lettres, de la poudrière, et met au cachot ceux qui lui apportent les ordres de la Convention. Henriot, sorti enfin de son ignorance, parcourt les rues, appelle les braves aux armes, et cherche à exciter un soulèvement général. Il est dans la rue Saint-Antoine à haranguer le peuple, lorsque deux députés surviennent, et ordonnent à dix gendarmes de le saisir. Henriot est entraîné au comité de sûreté générale. Coffinhal, en apprenant cette nouvelle, rallie autour de lui cinq ou six cents hommes de la lie du peuple, marche au comité, force les portes, et enlève l'ex-commandant de la garde nationale. Dès qu'Henriot est libre, il remonte à cheval, et vient jusque sous les murs de la salle d'assemblée de la Convention solliciter les canonniers de se réunir à Robespierre et à la commune.

» Collot-d'Herbois qui, ce jour-là, était dans l'exercice de la présidence, en avait cédé les fonctions à Thuriot, afin de veiller dans le comité de salut public aux intérêts de ses amis. Voyant le danger, il sort du comité, arrive dans la salle, monte au fauteuil, et se couvre en signe de détresse. On le comprend, un profond silence succède à une vive agitation.

« Citoyens, dit-il, les comités de gouvernement
» sont forcés, leurs membres dispersés, les re-
» belles ont l'avantage, il ne nous reste plus qu'à
» mourir, mais jurons de mourir en braves. »

» On lui répondit par des acclamations ; tous les députés se lèvent à la fois ; ils agitent leurs chapeaux, ils étendent la main, et font le serment de vaincre ou mourir pour la patrie. Divers décrets provoqués sont rendus ; ils mettent hors la loi Henriot, Robespierre, ses amis, et plusieurs membres de la commune. Barras est nommé commandant suprême de la force armée. Fréron, Bolleti, Delmas, Rovère, Ferrand, Léonard Bourdon, Bourdon de l'Oise, lui sont adjoints : ils partent aussitôt pour aller assurer à la Convention le concours des sectionnaires.

» Tout cela se passait avec une extrême promptitude, l'artillerie tonnait déjà qu'on délibérait encore. Cependant, un huissier, homme téméraire, prend le décret qui met la commune hors la loi, et le porte à la commune même. Payan fait arrêter le messager, et lit le décret à l'assemblée, il y ajoute de son chef que la Convention proscrit, non seulement la municipalité, mais encore tous les citoyens qui assistent à ses séances... Cette dernière phrase produit un effet contraire à celui qu'il en attendait. Les *tricoteuses*, les piliers de tribunes, et les clabaudeurs d'office, loin de s'indigner contre la Convention, et prendre fait et cause pour la commune, ne songent qu'à fuir ; la salle reste vide de curieux. Cette défection met l'épouvante dans l'ame des jacobins.

» Cependant le nouveau pouvoir exécutif a fait publier la proclamation suivante :

« Frères et Amis,

» La patrie est dans un danger imminent ; des
» scélérats oppriment la Convention ; on poursuit
» le vertueux Robespierre qui fit décréter le prin-

» cipe consolant de l'existence de Dieu et de l'im-
» mortalité de l'ame ; Couthon dont le cœur est
» enflammé d'un pur patriotisme, Saint-Just,
» Lebas, Robespierre jeune, recommandables par
» leurs nobles travaux aux armées du Rhin et
» d'Italie. Et qui sont leurs ennemis? un Collot-
» d'Herbois, comédien, convaincu, dans l'ancien
» régime, d'avoir volé la caisse de sa troupe ; un
» Bourdon de l'Oise, calomniateur perpétuel des
» municipaux de Paris ; un Barrère, attaché tour
» à tour aux diverses factions, un Tallien, un
» Fréron, confident de l'infâme Danton. Peuple!
» lève-toi! ne perds pas le fruit du 10 août et du
» 2 juin : périssent tous les traîtres ! »

» A la suite de cette pièce virulente, on placarda un arrêté ainsi conçu :

» Le 9 thermidor, la Commune révolutionnaire
» ordonne au nom du peuple, à tous les citoyens,
» de ne reconnaître d'autre autorité que la sienne;
» déclare traîtres tous ceux qui abusent du titre
» de représentant du peuple pour faire de per-
» fides proclamations, et mettre hors la loi ses
» défenseurs ; déclare encore que tous ceux qui
» n'obéiront pas à cet ordre seront traités en
» ennemis de ce même peuple. »

» On ne gardait de ménagemens d'aucun côté :
des renforts arrivent à la commune ; elle braque
ses canons ; elle va combattre, mais elle n'a point
de chef. Robespierre est un lâche, et Henriot un

imbécile ; il s'est gorgé de vin , il a perdu la tête, il chancelle , il balbutie, il déraisonne quand il devrait agir ; bientôt sa nullité éclate d'une manière si funeste pour sa cause que Coffinhal, le seul homme de tête qui soit dans le parti de Robespierre, se laissant aller à son emportement, renverse Henriot de cheval et le jette dans un égout d'où les vainqueurs le retirent pour le conduire au supplice.

La Convention, au contraire, montre un grand courage et une fermeté à toute épreuve. Le club des jacobins demeure comme elle en permanence, et il est encore à craindre. Le député Legendre suivi d'une douzaine de gens bien intentionnés, s'y présente, et prévient les membres présens du danger qu'ils courent en se maintenant en mesure de rébellion. Les plus forcenés n'osent lui répondre ; les autres ne dissimulent plus leur terreur. Il en profite, les presse, les menace même, et, élevant la voix, déclare traître à la patrie qui ne se retirera pas... Cinq minutes après la salle est déserte. Legendre en ferme les portes, et va en déposer les clefs sur le bureau du président de la Convention.

» Mais la question n'est pas encore décidée : le jour va paraître, et les faubourgs peuvent se soulever. Ici Barras se montre et sauve véritablement ses collègues. Il a organisé deux fortes colonnes composées de gardes nationales et de soldats de bonne volonté. Il marche vers la commune; précédé de crieurs publics qui proclament la mise hors la loi des factieux. Ce mouvement bien dirigé obtient un succès complet. Les statellites de Robespierre hésitent ; la populace les abandonne ; les canoniers de la commune, au lieu de la défendre, tournent leurs canons sur elle. Bref, les cris de *vive la République! vive la Convention!* apprennent à Robespierre et aux siens que tout est fini pour eux.

» Coffinhal, dans cette position désespérée, propose de faire sauter l'Hôtel-de-Ville, et de périr sous ses débris : on ne lui répond rien. Robespierre se retire dans l'embrasure d'une fenêtre ; un coup de pistolet se fait entendre ; il a voulu se tuer, mais il s'est seulement fracassé la mâchoire. Il vivra pour mourir du supplice qu'il a infligé à tant de Français. Son frère, en essayant de se sauver, tombe par une fenêtre, se brise le corps sans mettre un terme à son existence. On entend Saint-Just demander à Lebas d'une voix lamentable de lui donner la mort, car il n'ose le faire lui-même.

» — Lâche! réplique Lebas, chacun est ici pour soi...

» Et il se fait sauter la cervelle. L'impotent Couthon s'est caché sous une table ; il tient un couteau qu'il a l'air de tourner contre sa poitrine ; mais il manque de résolution pour l'enfoncer. Les autres brigands sont arrêtés sans résistance, et c'en est fait des terroristes en France.

» On relève Robespierre baigné dans son sang,

et après l'avoir mis dans un fauteuil, on rapproche, avec un mouchoir noué autour de sa tête, les deux mâchoires horriblement mutilées. Il est transporté en cet état au comité de sûreté générale, où on l'étend sur une table, après lui avoir mis sous la tête une boîte de sapin en guise d'oreiller. Là, et sans conserver de la dignité ou de la modération dans la victoire, on l'outrage de toute manière, on l'insulte de paroles et de gestes. Quelques-uns plus compatissans essuient avec des morceaux de papier les ordures dont on lui couvre le visage, et sa salive qui s'arrête à sa bouche déprimée. Lui, insensible aux malédictions dont on l'accable, sourd aux questions qu'on lui adresse, paraît plongé dans une léthargie absolue. Sa main serre, par un mouvement machinal, le sac de son pistolet qui porte, imprimée sur le cuir, l'adresse du vendeur *Au Grand Monarque.*

» La mise hors la loi rend inutile la prononciation d'un jugement contre ceux qu'une telle proscription atteint. Il suffisait de constater l'identité de l'individu. Le tribunal révolutionnaire déjà décimé, et dont on va poursuivre les membres à leur tour, remplit cette dernière formalité envers les prisonniers, et la chose faite, l'ordre de les conduire au supplice est donné ; ils y vont, et les deux Robespierre, et Saint-Just, et Couthon, et Payan, et Henriot, et Coffinhal, et Fleuriot-Lescot, et Simon le geôlier de votre royal neveu, et Forestier, et Viviers. Il y en a deux ou trois autres, jacobins subalternes, qui sont destinés à mourir de compagnie avec ces grands coupables, comme pour leur servir d'escorte au dernier moment.

» Le 10 thermidor, à quatre heures du soir, et les alarmes de la ville entièrement calmées, le cortége de mort sort de la Conciergerie. Une multitude innombrable encombre les quais, les lieux par où il doit passer. On manifeste avec des mouvemens et des expressions de rage la joie qu'on éprouve. Le bonheur de cette délivrance a tous les dehors de la fureur. On accueille les condamnés avec des cris, des trépignemens, des acclamations sans exemple; on les charge d'injures, de coups; on leur souhaite de subir cent fois la mort qu'ils vont recevoir. Cette joie est effrayante.

» Il est difficile de peindre la contenance de Robespierre; le visage entortillé d'un linge sale et ensanglanté, ce qu'on aperçoit de ses traits est horriblement défiguré; une pâleur livide achève de le rendre affreux; soit qu'il soit accablé par les douleurs que lui cause sa blessure, soit que le souvenir de ses forfaits le déchire, il affecte d'avoir les yeux baissés et presque fermés. Près d'arriver au lieu de l'exécution, il est tiré de sa léthargie par une femme qui, fendant la presse, s'élance vers la charette qui l'emporte, s'attache d'une main aux barreaux, et le menaçant de l'autre, lui crie :

» — Monstre vomi par les enfers ! ton supplice m'enivre de joie !

» Robespierre tressaille, ouvre les yeux, et regarde avec une expression douloureuse cette femme, qui continue de le poursuivre de ses imprécations :

» — Va, scélérat, ajoute-t-elle, descends au tombeau avec les malédictions de toutes les épouses et de toutes les mères de famille.

» — Lorsque la charette est arrivée au pied de l'échafaud, les valets du bourreau descendent Robespierre, et l'étendent par terre jusqu'au moment où viendra son tour de recevoir la mort. On observe que pendant le temps qu'on exécute ses complices, il ne donne aucun signe de sensibilité, et qu'il ferme constamment les paupières ; il ne les rouvre que lorsqu'on le soulève pour l'exécuter à son tour ; alors il regarde avec épouvante l'échafaud ; un soupir de désespoir lui échappe. Mais, avant que de mourir, il lui reste à supporter un supplice préparatoire, et non moins cruel : on ne peut le frapper tant qu'il conservera l'appareil mis sur sa blessure ; on le lui arrache si brusquement, qu'un cri, qu'un rugissement lui échappe ; le sang coule à flot, la machoire inférieure retombe... Il fait horreur à voir...

» Des applaudissemens accueillent le coup qui le frappe. La colère du peuple n'est pas encore calmée ; les deux jours suivans quatre-vingt-trois autres complices de Robespierre périssent, et la révolution du 9 thermidor est consommée. »

J'ai tenu à rapporter dans toute son étendue ce tableau d'une époque mémorable, et tracé par une main habile, qui déjà en avait publié quelques traits. Il m'a paru le résumé exact de la chute de Robespierre, et suivi de révélations importantes complètement ignorées ; mais celui qui en est l'auteur a eu le soin, et de se mettre à l'écart, et de ne rien dire de ce qui advint à la suite. Je compléterai son récit par les fragmens d'une lettre que m'écrivit quelque temps après Boissy-d'Anglas, et qui montrera comment la politique du gouvernement révolutionnaire fut changée irrésistiblement par la nécessité et la force des choses. Je laisserai de côté tout ce qui remettrait sous les yeux des lecteurs ce qu'il a vu déjà.

« ..... Voilà donc ce qui a eu lieu, voilà com-
» ment est tombée cette hideuse et dévorante ty-
» rannie, voici maintenant ce qui en résulte. Les
» auteurs du 9 thermidor n'ont pas entendu dé-
» livrer la France de l'anarchie et de la terreur,
» mais seulement faire passer à leur profit cette
» terreur et cette anarchie, en un mot, succéder
» à Robespierre en cessant de craindre pour leur
» propre existence ; car vous remarquerez que
» parmi tous ces gens-là, il n'en est pas un qui,
» en bonne justice, ne mérite d'être pendu. Que
» fallait-il attendre de bon de ces hommes san-
» guinaires ? rien sans doute ; je sais d'ailleurs

» pertinemment que leur dessein unique était de
» se substituer aux lieu et place de ceux qu'ils
» évinçaient, et de se perpétuer par l'usage des
» mêmes moyens ; mais ces *messieurs* n'ont pas
» mis en leur calcul et en ligne de compte qu'on
» n'est pas toujours le maître d'arrêter comme on
» le voudrait une impulsion donnée, et que le
» point de départ s'éloigne chaque jour davantage.
» C'est ce qui leur est arrivé.

» Aussitôt que Robespierre a disparu, les ci-
» toyens, de toutes parts, se sont prononcés avec
» une telle énergie contre le jacobinisme pur, que
» celui-ci n'a pu tenir vingt-quatre heures; il a
» fallu l'abandonner universellement : c'est un
» mécompte dont les meneurs sont les dupes. Ils
» ont essayé de tâter l'opinion au sein de l'assem-
» blée en affectant de parler de persistance dans
» les mesures de sévérité antérieure; on les a
» sifflés, et on leur a dit qu'on n'entendait plus obéir
» à des bourreaux. La division règne parmi les
» meneurs ; une portion se rattache aux jacobins,
» l'autre revient à nous, et il arrivera que les pre-
» miers seront battus, et que les seconds ne re-
» cueilleront qu'à demi les fruits de la victoire.
» Nous la complèterons lors de la fermeture des
» clubs et la destruction du système révolution-
» naire. On s'en occupe déjà. On va faire un grand
» pas en donnant une constitution à la France.
» Celle de 1791 n'existe plus, celle de 93 est im-
» praticable : il en faut une autre mieux appropriée
» aux idées du moment. »

Boissy-d'Anglas confirmait par ce rapport ce que me mandaient mes agens de diverses parties du royaume. Une immense réaction s'était effectuée dès le 9 thermidor ; les révolutionnaires, vaincus à leur tour, n'avaient pu l'empêcher, et désormais il leur serait impossible de ressaisir leur odieux pouvoir. Le résultat avait trompé les adversaires de Robespierre; un instinct involontaire de royalisme avait dominé la révolution thermidorienne. Certes, l'heure eût été favorable pour rétablir la royauté, si des hommes de courage et probes eussent continué le mouvement. Pour cela il suffisait de regarder comme non avenue la constitution de 93, et de déclarer la continuité de celle de 1791 : on l'eût obtenu facilement d'une nouvelle assemblée nationale, qu'il aurait fallu convoquer sur-le-champ.

Je me hâtai de le proposer ; j'écrivis et fis écrire à tous ceux qui étaient en correspondance avec l'émigration. On me répondit que le moment était manqué ; que ce qu'on aurait pu faire le 10 thermidor devenait impossible à l'époque actuelle ; que la nation n'étant pas encore assez désabusée de la chimère républicaine, redoutait des réactions après une révolution si récente, et que pour rentrer dans la monarchie, il fallait d'abord passer par un régime intermédiaire.

Alors je proposai une imitation imparfaite de la royauté, un gouvernement composé d'un pouvoir exécutif confié à un petit nombre de membres, puis deux chambres se pondérant l'une par l'autre. Deux chambres... c'était le point essentiel. Il fallait qu'on s'accoutumât à cette balance du pouvoir divisé en trois parties, à l'introduction d'une future chambre des pairs, dont l'absence avait produit tous les maux de la constitution de 1791. C'est donc à moi que la France doit ce premier pas vers un édifice sage qui la réconcilie avec le reste des nations. Oui, j'insiste sur ce point, j'ai donné la première idée de cette forme de gouvernement, qu'on appela constitution de *l'an III*; j'en fis naître l'idée à ceux qui la développèrent ; et j'ajouterai que, plus tard, lorsque je la vis mettre à exécution, je m'écriai, plein de joie, en présence de ceux qui m'entouraient quand on m'apporta cette nouvelle :

— Messieurs, félicitez-moi, la monarchie vient par le fait d'être rétablie en France !

J'avais raison, car le Directoire était le monarque appuyé par la force des deux chambres, et par conséquent inattaquable. Le dogme absurde de la souveraineté du peuple cessait d'exister. Or, puisqu'on convenait que l'exercice du pouvoir ne devait s'étendre que dans un cercle très borné, on ne tarderait pas à s'apercevoir que le règne de cinq rois en concurrence n'était pas possible ; les moins habiles comprendraient bientôt que, puisque l'unité de roi est indispensable, il faut encore que cette unité soit protégée par l'hérédité : il n'y a pas de roi sûr de l'être long-temps là où il y a chance pour tous d'arriver à la royauté. Ce point obtenu, où prendra-t-on la famille qui règnera? N'est-ce pas celle qui depuis quatorze siècles a occupé le trône de France, et qui ne peut avoir d'autres intérêts que ceux de la nation? Ainsi, de conséquence en conséquence, je voyais qu'on arriverait à rappeler moi ou les miens. Il n'y avait pas alors cette pierre d'achoppement qui s'éleva dans la suite, cette prétendue légitimité impériale, fondée uniquement sur des victoires, et se soutenant sur des institutions non populaires. Bonaparte fit une grande faute en créant une constitution dans laquelle la France n'avait aucune part, et qui certes serait tombée avec lui.

J'ai bien autrement consolidé la mienne ; je me suis réservé tout le pouvoir dont un monarque a besoin pour se soutenir, et j'ai cédé à la France au-delà de ses espérances, de telle sorte qu'elle a plus de liberté qu'elle n'en aurait demandé lorsque je revins en 1814 ; j'ai par-là affermi mon trône et assuré le bonheur de mon peuple. L'article 14, par exemple, est un pont que j'ai jeté à l'avance sur tous les évènemens possibles. Le roi peut, au moyen de cet article de prévoyance, prendre des moyens prompts et décisifs pour rétablir l'équilibre dans le cas où il serait détruit ; mais ce serait une étrange erreur que de voir dans cet article un levier propre à écarter la Charte elle-même ; il ne peut, je le répète servir qu'au maintien de son ensemble.

CHAPITRE XVIII.

La Vendée. — Préambule. — Topographie nécessaire. — Caractère des Vendéens. — Mot à leur sujet. — Le curé, le sorcier, le seigneur. — Travaux de Monsieur relativement à la Vendée. — Causes du soulèvement. — Baudry-d'Usson. — Seconde révolte. — D'Elbée. — Cathelineau. — Bonchamp. — Charette. — Stofflet. — Henri de La Rochejacquelein. — Sa harangue. — Lescure. — Projets de l'insurrection. — Effroi des républicains. — Combats de Saint-Venant. — De Beaupréau. — Quelques noms. — Combat de Thouars. — L'évêque d'Agra. — Prise de Fontenay.

J'ai voulu sans interruption suivre le fil des évènemens depuis ma sortie du royaume jusqu'à la chute de Robespierre ; c'est donc afin de ne pas morceler un récit qui doit être plus intéressant dans son unité, que j'ai toujours laissé de côté ce que j'avais à dire sur la Vendée ; non qu'il entrât dans mon plan de dédaigner cette partie importante de notre histoire moderne, car c'est, au contraire, pour moi, un besoin d'en esquisser les traits principaux ; et je saisis avec empressement l'occasion de manifester ma reconnaissance pour les efforts héroïques de cette terre classique de la bravoure et de la fidélité. J'ai peu fait, sans doute, pour la Vendée ; c'est un reproche que je m'adresse : compléter mon ouvrage est un devoir que mes successeurs auront à remplir. Contraint de céder à la nécessité, je ne pouvais, en présence des armées républicaines ou impériales, montrer tout l'intérêt que m'inspiraient les braves Vendéens; j'espère qu'ils sauront faire la part des circonstances, et ne se plaindront pas de moi avec trop d'amertume ; aucun de leurs services n'est oublié. Un jour viendra où nous pourrons leur en tenir compte, où il nous sera permis de nous acquitter largement de notre dette envers eux. Mon frère et mes neveux ont sur ce point mes instructions ; ils sont Vendéens de cœur, et la Vendée doit tout attendre d'eux.

La Vendée forme une portion du Poitou, divisé encore en deux départemens, les Deux-Sèvres et la Vienne, qui touche à l'Océan. La Vendée avait, au commencement de la révolution, trois cent mille habitans répartis en trois cent cinquante communes : aucune grande ville ne réunissait une forte partie de cette population ; celle de Fontenay contenait seulement sept mille ames. La Vendée est séparée par la nature en trois portions distinctes : le Marais, la plaine et le Bocage ; cette dernière forme plus des deux tiers de son étendue ; on la nomme ainsi à cause de la quantité de bois, de hautes haies et de taillis dont elle est couverte : tout champ ou pré est entouré d'une ceinture d'arbres ou de buissons entremêlés les uns avec les autres de manière à ne laisser aucun passage. Des rivières nombreuses, des ruisseaux aux bords escarpés, coupent ce pays, et rendent la circulation difficile, d'autant que les ponts, les chaussées et les grandes routes manquent sur tous les points ; on ne se dirige dans ce labyrinthe qu'au moyen de chemins étroits et uniformes, au milieu desquels l'étranger erre à l'aventure. Le Bocage présente, par sa contexture physique, une perpétuité de citadelles et de forts enlacés les uns dans les autres, et qu'on ne peut escalader qu'avec difficulté.

Le Marais consiste dans les terrains limitrophes de l'Océan. Là, il existe une lutte constante entre les flots et l'homme, l'Océan cherchant toujours à s'étendre, et l'homme le contenant par des digues, des rigoles, des canaux entrecoupés de sentiers sinueux. Le sol est fangeux ou mouvant ; il est couvert de forêts, de roseaux ; de joncs, de saules, d'aubiers, de frênes, de peupliers, tous arbres amis d'une humidité permanente.

La plaine est située au-dessus du Bocage ; c'est la partie la plus méridionale de la Vendée : elle tient fort peu aux deux autres terres, et n'en a presque ni les mœurs ni les usages, comme elle le prouva à cette époque. Au commencement de la révolution, la Vendée était fort en arrière relativement au reste de la France. Elle conservait les formes et les usages anciens, et ne comprenait rien à l'affranchissement que les démagogues lui promettaient. Elle rendait à la religion et à la royauté un double culte également sincère et pur. Les fortunes médiocres ou plutôt nulles dans la bourgeoisie, y divisaient la population en deux seules classes, les paysans et les nobles, tous unis par des vertus patriarcales, qui semblaient s'être réfugiées dans ce coin de l'univers.

Le département des Deux-Sèvres était aussi coupé par des bocages et des plaines. Le premier, formé comme celui de la Vendée, offrait plus de variété; il avait des coteaux, des étangs, des montagnes, des vallées, des eaux courantes et des chemins inextricables; l'air y était plus pur, le sol pierreux, mais comme les autres, la civilisation y était aussi en retard. Ses habitans se faisaient remarquer par une grande simplicité unie à une force d'ame peu commune, une imagination ardente, sous une contexture lourde et épaisse : ce que j'exprimais en disant : *Dans ce pays, chaque pierre vaut un boulet de canon.*

Ils reconnaissaient trois maîtres sur la terre : le curé, le seigneur, et le sorcier : tous trois aimés, craints et servis, sans qu'on crût la résistance contre eux chose possible. Le curé commandait au nom de Dieu, le sorcier au nom du diable, et le seigneur au nom du roi. Tenter de détruire cette unité, eût été folie. Les plaisirs chez eux étaient sans vivacité, l'amour sans désirs, les arts inconnus, le luxe ignoré ; et néanmoins la pauvreté en était bannie, parce que les besoins étaient tellement bornés qu'on les satisfait à peu de frais.

Tel est encore en grande partie le théâtre où l'on releva pour la première fois l'étendard royal abattu au commencement de la révolution ; où l'on combattit sans espoir de succès avec autant de bravoure que si on se fût cru certain de la victoire. J'ai voulu tracer ce tableau topographique d'un pays si recommandable, afin de faire mieux comprendre les ressources qu'il offrait à la guerre civile, et pourquoi les armées nombreuses et aguerries qui l'attaquèrent ne purent parvenir à la soumettre entièrement.

J'ai dit que le curé, le sorcier et le seigneur formaient la trinité terrestre vendéenne ; or tous les trois se réunirent contre la révolution qui aspirait à anéantir leur influence, et balancèrent longtemps son impulsion. Les premiers troubles qui éclatèrent dans ce pays vinrent d'un cas de conscience ; le serment imposé aux prêtres, leur refus de le prêter, et les persécutions qui en furent la conséquence. Attaquer le curé, c'était attaquer Dieu, et le Vendéen imbu de cette croyance par le curé lui-même, crut dès-lors que le plus sûr moyen d'aller au ciel était celui du martyre. Le sorcier lui tint le même langage, car jamais la paix n'exista entre le devin et le philosophe. Or de tous les philosophes le révolutionnaire était celui qui effrayait le plus le sorcier. Restait le seigneur : celui-ci, imbu des traditions féodales et chevaleresques, abhorrait la destruction des priviléges de la monarchie. D'ailleurs il n'émigrait pas dans la Vendée ; il y restait au milieu de ses vassaux. Ceux-ci savaient qu'il ne les abandonnerait pas dans le danger, et cette idée enflammait encore leur courage.

Il ne fallait qu'une étincelle pour produire une explosion. Déjà la Bretagne, contrée voisine, était vivement agitée par le marquis de La Rouairie. Cet homme extraordinaire, à l'ame forte, au cœur intrépide, aurait entraîné après lui toute cette province, si son activité n'eût mis fin à ses jours. Divers mouvemens insurrectionnels avaient déjà eu lieu pendant sa vie, et la Bretagne donnait l'exemple à la Vendée. Il expira le 3 mars 1793, et sept jours après, dit un historien, une partie de la Bretagne, de l'Anjou et du Poitou étaient soulevées en faveur de la royauté.

Je travaillais depuis long-temps à provoquer cette levée de boucliers. J'étais en relation avec les personnes les plus recommandables de cette province ; j'étais soutenu par le clergé, par les femmes de haut rang surtout, qui se montraient infatigables à propager les saintes doctrines : madame de Donissant, par exemple, et toute sa famille. Elle encourageait les faibles, allumait l'enthousiasme des intrépides, entraînait le paysan. En un mot, elle paraissait au milieu d'eux tous, catholique, royaliste et belliqueuse.

On distribuait des écrits, des chapelets, des croix, des reliques, des cocardes blanches, des fleurs de lis et des écharpes, tous objets bénits, consacrés, et chargés d'indulgences. C'était pour Dieu, pour le roi et pour le sol, qu'il s'agissait de combattre. Guerre à la fois sainte, monarchique et patriotique. J'insiste sur ce point, car ce fut le vrai mobile de la guerre de la Vendée ; et l'unique moyen avec lequel on la maintint dans de si nobles dispositions. On répandit le bruit de plusieurs prodiges : des statues de la Vierge avaient parlé ; des anges s'étaient montrés les mains armées de lauriers et de palmes. Déjà une impatience enthousiaste enivrait les cœurs. Il ne fallait qu'un prétexte, qu'un signal, pour soulever la Vendée ; les jacobins se chargèrent de le fournir.

Un arrêt barbare est lancé contre les prêtres réfractaires du département des Deux-Sèvres ; sa promulgation est accueillie avec colère et mépris. Huit mille paysans des alentours de Châtillon se lèvent en masse ; un chef se présente, ancien militaire, homme brave et simple, Gabriel Baudry d'Asson. Il avait commandé la garde nationale de Brochain au commencement de la révolution. On va le chercher dans son manoir ; on lui jure obéissance. Il ordonne de marcher, et chacun obéit à sa voix. Châtillon est pris ; on attaque Bressuire, défendue par des gardes nationales. Les insurgés redoublent de vigueur ; le combat s'engage le 24 août, veille de la Saint-Louis ; mais la victoire reste aux républicains. Ils égorgent six cents Vendéens, des femmes, des enfans, et préludent ainsi à une guerre d'extermination.

Le courageux Baudry chercha un asile sous les ruines de son château, qu'on venait d'incendier. Il y vécut dans un trou avec son jeune fils ; une servante dévouée leur fournit de l'eau et du pain d'orge. L'insurrection paraissait éteinte dès sa naissance, mais bientôt elle allait être rallumée par des héros dont le souffle puissant la changerait en un vaste incendie... Ils parurent, et tout fut soulevé.

Le 20 mars, à la nouvelle d'une levée de trois cent mille hommes, un mouvement spontané a lieu dans le Poitou ; le tocsin retentit dans neuf cents communes. Cette fois encore les paysans demandent des chefs, ces chefs qui leur ont toujours manqué. Ils se montrent... Leur nom est devenu l'objet du respect du monde civilisé. Il y en a de tout rang, de tout mérite. Les plus obscurs ne seront ni les moins habiles, ni les moins courageux. En même temps apparaissent de tous les districts du pourtour, d'Elbée, ardent, téméraire, irascible, au coup d'œil d'aigle ; Cathelineau, simple roulier, intrépide, doué de l'instinct du talent de commander, que ses compagnons désignaient sous le titre *Saint-d'Anjou* ; le marquis de Bonchamp,

Épaminondas moderne, aussi généreux que brave; Charette, lieutenant de vaisseau, le Marcellus de la Vendée, infatigable, invincible, ambitieux, superbe, tyran même, qui nous rendit d'éminens services, et auquel mon frère aura de justes et sévères reproches à adresser; Stofflet, simple garde-chasse, bon militaire, retenu, discret, énergique, s'ennoblissant par ses exploits, mais jaloux, sombre, mais ennemi de tous ses chefs, aspirant à la première place; puis enfin, le chevaleresque Henri de Larochejacquelein, *Monsieur Henri*, comme l'appelaient les paysans, et qui, sublime jusque dans ses discours, disait : « Si j'avance, suivez-moi; si je recule, tuez-moi; si je meurs, vengez-moi! »

A côté de ces premiers et principaux chefs vendéens, je dois citer encore Richard Duplessis, le marquis de l'Escure, autre héros digne de ceux de la vieille France; Danguy-de-Vue; la Cathelinière, Lucas Championnet, Saint André, plus intrépide qu'heureux, le marquis de Bonisquery, de Couëtus, Joly de la Chapelle Hermié, la Secherie, Savin, Pinaud, Vrignaux Royrand, vieillard vénérable, chevalier de Saint-Louis; les deux Bejary, deHargues, les deux Sapinaud, de la Verie, Ville-neuve, Lirot de la Patouillère, Piron, Dandigné, de Mainœuf, Prodhomme, etc. Je voudrais pouvoir nommer tous ces chefs, leurs officiers, et jusqu'aux soldats, car ils sont tous dignes de figurer ici.

Dès leurs débuts les Vendéens avaient fait des prodiges; ils venaient de naître depuis cinq jours seulement, et déjà ils avaient pris Jallais, Chollet, Vihiers, Saint-Florent, Challans, Machecoult, Chantonay, Legé, Palluau, Saint-Fulgent, les Herbiers et La Roche-sur-Yon. Les bataillons circonvenaient les environs des Sables, de Luçon et de Nantes; ils menaçaient même ces villes, dont ils se seraient peut-être emparés, avec plus de témérité..L'effroi régnait partout où l'on pouvait supposer que les royalistes se présenteraient. On en trouve une preuve bien certaine dans la lettre que les administrateurs du département de la Loire-Inférieure écrivirent le 11 mars aux autorités des environs :

» Frères et amis, à notre secours ! Notre dépar-
» tement est en feu; une insurrection générale
» vient de s'y manifester. Partout on sonne le toc-
» sin; partout on assassine, on pille, on brûle ;
» partout les patriotes, en petit nombre, tombent
» victimes de la fureur et du fanatisme des révol-
» tés... Avez-vous des forces à nous prêter ?... des
» moyens de défense à nous fournir ?... Avez-vous
» des soldats, des hommes, du fer ? Envoyez-les-
» nous : jamais on n'en eut plus besoin. »

La frayeur était augmentée par les nouvelles les plus absurdes, et entre autres, par la supposition d'un chef suprême du soulèvement ; homme mystérieux, aux formes colossales, à la bravoure surnaturelle, connu sous le seul prénom de *Gaston*.

Personne ne doutait de son existence, et au sein de la Convention, le député Pons de Verdun demanda sérieusement à Gaston, de l'Arriège, s'il était le frère du généralissime vendéen, dont Carra, non moins crédule, mettait la tête à prix.

La Convention ordonna la soumission de la Vendée. Le général de La Bourdonnais, chargé de la défense des côtes de l'Océan, depuis Bordeaux jusqu'à l'embouchure de la Somme, n'avait que peu de troupes autour de lui ; il dit au général de brigade Marcé d'aller combattre les rebelles. Celui-ci se présente le 19 mars, à la tête de treize cents hommes, dans le vallon du Laye. Une action s'engage, elle est résolue en moins de trois heures en faveur des royalistes. C'est ce qu'on appela depuis le combat de *Saint-Vincent*. Cette victoire augmenta le courage des Vendéens, et remplit d'effroi les jacobins. La Convention décréta la formation d'une armée spéciale divisée en quatre corps, et en trente-deux bataillons, plus deux régimens de ligne, deux de cavalerie, *les vainqueurs de la Bastille*, des compagnies de chasseurs, d'artilleurs, vingt-quatre bataillons venus des bords du Rhin, et enfin tout ce qu'on pourrait réunir de gardes nationales. Ces forces devaient environner le pays soulevé, y pénétrer et le détruire. Le général Berruyer eut le commandement en chef ; on nomma tout son état-major, mais les évènemens s'opposèrent à la mise en exécution de ce plan d'attaque.

En attendant, la guerre continuait, les Vendéens ne purent s'emparer des Sables d'Olonne. Les opérations des républicains commencèrent, et sans succès. D'Elbée, Bonchamp, Lescure, Cathelineau, Charette et Stofflet, les battirent presque toujours dans les diverses rencontres qui eurent lieu. On en trouvera les détails dans l'ouvrage de M. de Bonchamp ; je citerai seulement la bataille de Beaupréau dont les résultats furent tels, que la rive gauche de la Loire demeura dans presque toute son étendue au pouvoir des Vendéens. Ce combat se donna le 28 avril.

Les chefs de l'armée royale furent alors rejoints par Henri de La Rochejacquelein qui, n'ayant pu défendre Louis XVI à Paris où il s'était trouvé au 10 août, venait dans la Vendée combattre pour le roi mon neveu. Il rallia à notre cause ceux qui étaient encore indécis, il imprima au mouvement vendéen quelque chose de chevaleresque qui en augmenta la force et l'éclat. La Rochejacquelein débuta par la défaite du général Quétineau, que Ligonnier appelait à son secours. L'effroi se répandit jusqu'à Nantes, à Saumur et à Angers. La Convention renforça l'armée des côtes de l'Océan de quelques bataillons et d'une foule de proconsuls ; c'étaient Carra, Choudieu, Garnier de Saintes, Goupilleau, Magardé, Treilhard, Trialquier, Merlin, Gillet et Sevestre, gens de tribune, et peu propres à diriger des opérations militaires. Ils ajoutaient à la confusion, et ne purent rendre aucun service réel à leur cause.

Après quelques jours de repos, les Vendéens se remirent en campagne. Tous les hommes valides, de dix-huit à soixante ans, avaient pris les armes d'après une proclamation de leurs chefs. Ils s'emparèrent de Bressuire et d'Argenton-le-Château, où ils délivrèrent Lescure, le marquis de Donissant, son beau-père, et Bernard de Marigny, qui, après avoir commandé l'artillerie vendéenne, périt misérablement. Ces chefs, avec Bonchamp et La Rochejacquelein marchèrent sur Thouars que défendait Quétineau avec six mille hommes. Ils s'en emparèrent le 5 mai. Le général, l'armée, les munitions, cinq ou six mille fusils, douze pièces de canon, et vingt caissons, tombèrent en leur pouvoir.

Aucun excès ne souilla ce triomphe. Ce fut là que parut pour la première fois le fameux évêque d'Agra, l'abbé Guillot de Folleville. On lui reproche injustement d'avoir pris le titre épiscopal ; il le fit sans doute, mais d'accord avec quelques chefs principaux. On comprit l'avantage, pour exciter l'enthousiasme des paysans, de placer à leur tête un prince de l'Église, un évêque, dont ils suivraient aveuglement les inspirations. L'abbé de Folleville se prêta à jouer ce rôle, à condition cependant que le titre qu'il prendrait provisoirement serait légitimé par une nomination régulière. La chose ainsi convenue, on m'écrivit à ce sujet ; mais avant qu'on eût pu la terminer, le malheureux évêque d'Agra fut assassiné par les républicains. C'est là aussi que Beauvilliers l'aîné, échappé à Tallien qui avait ordonné son arrestation, se réunit aux royalistes ; il commanda l'artillerie sous Bernard de Marigny.

La Convention se vengea de la défaite de Thouars par le supplice de Quétineau, ce qui n'empêcha ni la déroute du général Chabos, ni la prise de la Châteigneraie. Chabos fut vaincu à Fontenay, où Lescure, par trop d'impétuosité, se laissa battre le 16 mai. Il prit peu après sa revanche avec usure ; trente-cinq mille Vendéens se portèrent le 24 sur Fontenay, l'évêque d'Agra et le clergé marchaient en tête vêtus des ornemens sacerdotaux. De tels soldats devaient être invincibles ; ils manquaient de munitions, en ayant demandé à Beauvilliers : *En voilà*, leur dit-il, et il leur désignait les ennemis. Lescure mit pied à terre, et s'empara avec les siens de la première batterie au pas de course. Bonchamp et La Rochejacquelein l'imitent, le désordre est dans les rangs des républicains : leur résistance est vaine, chefs et soldats sont culbutés. La bataille de Fontenay donna d'immenses avantages au soulèvement vendéen, il devint un pouvoir, et après avoir vaincu, il administra... Ah! si le comte d'Artois était allé alors dans la Vendée, ou si j'avais pu m'y montrer! Dieu ne le voulut pas, et tant de triomphes furent en pure perte.

CHAPITRE XIX.

Proclamations des Vendéens. — Composition de l'armée républicaine. — Prise de Saumur. — Cathelineau généralissime. — Réponse des royalistes aux jacobins. — Prise d'Angers. — Préliminaires du siége de Nantes. — Attaque de Nantes. — Mort de Cathelineau. — D'Elbée lui succède. — Combats divers. — Formation d'un conseil supérieur. — Conséquences du 31 mai dans la Vendée. — Bataille de Viviers. — Dernières paroles de Biron. — Le général Rossignol. — Mesures atroces. — Revers. — Marches des républicains. — Dispositions des Vendéens. — Leurs victoires successives. — Les républicains sont repoussés. — Mort du chevalier Duhoux. — Les bleus reprennent l'avantage.

Le *Te Deum* chanté après la prise de Fontenay, les généraux vendéens se réunirent, et rédigèrent une proclamation dont je citerai quelques passages; je tiens d'autant plus à les faire connaître, qu'ils serviront à refuter les calomnies que les jacobins ne manquèrent pas de répandre à cette époque contre nos défenseurs.

« Le ciel se déclare pour la plus sainte et la plus
» juste des causes; le signe sacré de la croix et l'é-
» tendard royal l'emportent de toutes parts sur les

» drapeaux sanglants de l'anarchie. Maîtres des
» cœurs et des opinions, plus encore que des vil-
» les et des hameaux qui nous donnent les doux
» noms de pères et de libérateurs, c'est maintenant
» que nous croyons devoir proclamer hautement
» nos projets et le but de nos communs efforts. Nous
» connaissons le vœu de la France, il est le nôtre;
» c'est de recouvrer et de conserver à jamais no-
» tre sainte religion.... c'est d'avoir un roi qui nous
» serve de père au dedans, et de protecteur au de-
» hors... Que la conduite de ceux qui se disent pa-
» triotes soit mise en parallèle avec la nôtre! Ils
» égorgeaient nos prisonniers au nom de la loi, et
» nous avons sauvé les leurs au nom de la religion
» et de l'humanité... A Bressuire, ils ont massacré
» des hommes pris sans armes pour la plupart,
» tandis que nous traitions comme des frères ceux
» que nous avions pris les armes à la main; tandis
» qu'ils pillaient et incendiaient nos maisons, nous
» faisions respecter leurs personnes et leurs biens
» et si, malgré nos efforts, quelques désordres ont
» été commis dans les villes que nous avons recon-
» quises pour notre bon roi, nous en avons pleuré
» amèrement, nous en avons puni les auteurs avec
» une éclatante sévérité. C'est un engagement for-
» mel que nous avons contracté en prenant les ar-
» mes, et que nous remplirons au péril de notre
» vie. Ainsi la France va être désabusée sur les
» mensonges de nos ennemis... Notre conduite à
» Thouars est connue.

» Citoyens, jugez-nous, et jugez nos persécu-
» teurs : qu'ont-ils fait? qu'ont fait vos représen-
» tans eux-mêmes pour votre bonheur et pour le
» bien général de la France? Ils ont seulement
» arraché de vos cœurs les principes de votre foi,
» amassé d'immenses trésors au prix de vos larmes
» et de votre sang, porté la désolation dans le sein
» de vos familles....; Ouvrez donc les yeux! ô Fran-
» çais, revenez à nous, revenez à vous-mêmes!...
» Deux étendards flottent sur le sol des Français :
» celui de l'honneur et celui de l'anarchie. Le mo-
» ment est venu de se ranger sous l'un de ces dra-
» peaux. Marchons donc tous d'un commun ac-
» cord, chassons ces représentans perfides qui,
» abusant de notre confiance, ne l'ont employée
» qu'à des disputes inutiles, qu'à des rixes indé-
» centes...; Chassons ces représentans qui, en-
» voyés pour le maintien de la monarchie qu'ils
» avaient solennellement juré, l'ont anéantie et ren-
» versée. Chassons enfin ces mandataires auda-
» cieux qui, s'élevant au-dessus de tous les pou-
» voirs connus sur la terre, ont détruit la religion
» que vous vouliez conserver, créé des lois que
» vous n'avez pas sanctionnées, disons mieux, que
» vous eussiez rejetées avec horreur, si votre vœu
» eût été libre. Ils ont fait du plus florissant des
» royaumes un cadavre de république, objet de
» honte pour ceux qu'elle opprime et de mépris
» pour les peuples étrangers.... »

Les signatures de cette première adresse furent

celles de MM. Bernard de Marigny, Desessart, de LaRochejacquelein, Lescure, Duhoux, d'Auterive, Donissant et Chatelineau.

Cependant les royalistes avaient obtenu de grands succès. Ils étaient maîtres de la Vendée, des Deux-Sèvres, de la partie méridionale de la Loire-Inférieure, de Maine-et-Loire, et pouvaient s'étendre au-delà de ce rayon de plus de vingt lieues. Ils menaçaient Niort, où les républicains rassemblèrent une armée. Paris fournit pour sa part douze mille hommes, dont le fameux Santerre prit le commandement. La légion du Nord s'y réunit, ayant à sa tête le général Westermann. Le général en chef fut l'ex-duc de Lauzun, devenu le citoyen Biron, militaire sans mérite, comme il avait été courtisan sans vertu; ambitieux, qui devait bientôt payer de sa tête sa défection envers son roi. Il avait pour diriger ses opérations plusieurs conventionnels : Bourbotte, Thureau, Bourdon de l'Oise, Chaulieu, Danton, députés; Richard, Choudieu et Ruelle, qui formaient à Angers une commission centrale de surveillance.

Quarante mille royalistes sous les ordres de La Rochejacquelein, Beauvolliers, Lescure, Stofflet et Cathelineau, se dirigèrent vers Saumur, dont ils voulaient s'emparer. Le général jacobin Ligonnier fut battu complètement le 7 juin, sur les hauteurs de Concourson. Sa déroute livra Doué, et rendit la défense de Saumur impossible. Les Vendéens arrivèrent devant cette place, où se trouvaient les généraux Salomon, Santerre, Coutard, Menou et Berruyer. Ils furent culbutés par les nôtres, transformés en autant de héros qu'ils étaient de combattans. Domagné fut tué avec près de deux mille hommes, et Lescure blessé. On trouva des munitions de tous genres dans Saumur.

Les chefs vendéens commençaient à sentir l'importance d'établir un centre d'opération, et une unité de commandement : on décida l'élection d'un généralissime. L'armée réunissait une foule de nobles qui s'étaient distingués par des actions d'éclat, et cependant, par la plus admirable des abnégations humaines, ils élurent, d'un commun accord, le voiturier Cathelineau. C'était certes prouver à l'anarchie qu'ils ne prenaient pas les armes pour le maintien des priviléges, mais uniquement dans l'intérêt général. Ce choix, aussi juste que politique, donna une force nouvelle à la Vendée ; il y eut dès-lors unanimité de sentiment.

On profita de tant de succès pour attaquer Nantes et Angers. On tranquillisa les habitans des villes en ne souffrant ni pillage, ni exaction, et on répondit aux députés de Chinon, venus pour solliciter des conditions qu'ils craignaient de ne pas obtenir :

Nous ne combattons point pour faire des conquêtes, mais seulement pour ramener l'ordre, la religion et la paix. Si vous vous tournez contre nous, nous prendrons les mesures nécessaires pour vous ramener à des sentimens propres à votre bonheur et au nôtre ; si, au contraire, vous uous tendez les bras, vous êtes d'avance nos amis, et nous prendrons, de concèrt avec vous, les moyens les plus prompts et les plus efficaces pour parvenir à ce même but. »

On ne pouvait tenir un langage plus propre à faire des partisans à la cause royale : c'était de la politique de religion et de cœur, pourquoi ne fut-elle pas comprise de tous ? Les Vendéens, après la nomination de Cathelineau, continuèrent le cours de leur expédition. Ils se présentèrent devant Angers, que les républicains abandonnèrent sans combattre ; une terreur panique s'était emparée d'eux.

La prise d'Angers porta au comble l'enthousiasme des nôtres et le désespoir des ennemis. On crut qu'il n'était plus rien d'impossible à des hommes armés au nom de Dieu, du trône et des lois. On ne douta plus de la reddition de Nantes ; c'était un tort. Cette seconde capitale de la Bretagne, située sur les bords de la Loire, dans une contrée délicieuse, renfermait une population de plus de soixante-dix mille âmes, augmentée alors par les réfugiés de tous les lieux circonvoisins. Sa ligne extérieure était de près de six mille toises mal défendues par des travaux faits à la hâte, par son château facile à escalader, et par ses dix-huit ponts plutôt propres à aider les attaquans que les assiégés.

Les conventionnels présens dans la ville en confièrent le commandement militaire au général Beysser, qui avait Canclaux pour général en chef. La place était défendue par des troupes nombreuses, des volontaires, des gardes nationaux et une multitude de patriotes fanatiques. On pouvait en outre disposer d'une artillerie immense et de toutes les ressources que fournissait un gouvernement établi. Les républicains avaient des corps réguliers exercés aux manœuvres, tandis que les royalistes, sans ensemble, sans habitude, combattaient avec le seul secours de leur courage. Aussi leurs nombreuses colonnes leur nuisaient plus souvent qu'elles ne leur étaient utiles.

Cependant quarante mille Vendéens environnaient Nantes. Cathelineau et d'Elbée arrivaient avec douze mille hommes par Ancenis, vers le nord; Bonchamp venait par la route de Paris à la tête de quatre mille soldats; Lyrot de La Poterie s'avançait du midi avec mille hommes et douze pièces de canon. Charette avec le reste de l'armée se posta de manière à former son attaque par le pont Rousseau. Tout étant ainsi disposé de part et d'autre, le 24 juin, deux prisonniers nantais portèrent aux citoyens de Nantes une sommation des chefs de l'armée catholique royale, MM. Donissant, Bérard, d'Hervouet, d'Elbée, le chevalier Desessart, Duhoux, d'Hauterive, La Tremoïlle, La Rochejaquelein, Piron,

Concise, chev. d'Autichamp, Cathelineau, Stofflet et la Louerie, portant que le drapeau blanc serait arboré, la garnison désarmée par capitulation militaire, les caisses publiques, approvisionnemens et munitions livrés ; les députés de la Convention en mission à Nantes, remis en otage. A ces conditions, on garantissait la ville de toute perte, et, en cas de refus, on ne lui épargnerait aucuns des maux de la guerre.

Les autorités répondirent par un refus, et le 27 l'attaque commença avec vivacité. Le général Canclaux ne pouvant tenir dans son camp de Saint-Georges, se replia sur Nantes sous le feu d'Elbée. A onze heures du soir, le corps d'armée de Charette fit une attaque simulée, afin de faire diversion à l'attaque véritable que dirigeait d'Elbée. Cathelineau, Bonchamp, Lyrot, Talmont, joignent leurs efforts aux autres chefs. On combat sur sept points différens avec une bravoure égale des deux côtés ; la victoire est long-temps incertaine, car c'étaient des Français opposés à des Français. L'intrépide Cathelineau se flatte de la décider en enlevant la batterie de la porte de Renne ; il s'y précipite avec ses soldats : ils ont pénétré jusqu'à la place Viarme, lorsqu'un coup de feu frappe Cathelineau mortellement. Ce malheur est le signal de la défaite. Les diverses colonnes, sourdes à la voix de d'Elbée, qui veut en vain les rallier, reculent, se retirent ; et au point du jour, le siège de Nantes est levé. Bientôt même l'armée vendéenne repasse la Loire, et rentre dans ses foyers pour prendre quelques jours de repos.

Je pourrais entremêler ce récit de faits qui me sont personnels ; mais je préfère les placer plus bas, et compléter d'abord l'ensemble de la première guerre de la Vendée. Des combats partiels furent livrés sur divers points avec une balance de succès et de défaites. Westerman surprenait Lescure le 20 juin, avant l'attaque de Nantes, et le mettait en fuite ; mais bientôt Lescure le surprend à son tour, aidé de Bonchamp et de La Rochejacquelein ; ils le battent complètement, et il est mis en accusation pour ce revers. Il se justifie, mais il ne devait pas être toujours aussi heureux.

Ce fut un peu avant ce moment que s'établit à Châtillon le conseil général de la Vendée, ainsi composé : de l'évêque d'Agra, *président* ; Michel Desessart, *vice-précident* ; Bernier, curé de Saint Laud d'Angers ; Bodi, avocat à Angers ; Michelin, procureur à Chantoceau ; Bouteillier-des-Homelles, de Mortagne ; de Larochefaucauld, de Lamoignan ; Paillon, sénéchal de la Flocellière ; Lenoir de Pas-de-Loup, ex-officier des carabiniers ; Thomas de Saint-Philibert, de Grandlieu ; Duplessis, avocat ; Generon, Condraye, notaire ; Bresi, prêtre ; Rourasseau, de la Banothière ; Lyrot de la Patouillère ; de la Roberie, Casière, *procureur général du roi* ; Sagault, de Thouars ; Bénédictin, *secrétaire-général* ; Barré de Saint-Florent, *secrétaire-général du bureau des depêches*.

La mort de Cathelineau laissait vacant le grade de généralissime, d'Elbée l'obtint. Bonchamp le méritait, sa modestie devint un malheur, et la vanité de son rival en fut un plus grand encore. L'élection eut lieu à Châtillon le 15 juillet. Charette n'y prit aucune part, et n'envoya personne pour le représenter; il affectait déjà l'indépendance qu'il montra plus tard.

Les conséquences de la journée du 31 mai à Paris furent favorables à la Vendée. La lutte qui s'établit momentanément, entre deux factions de la Convention, éloigna du théâtre de la guerre civile une partie des républicains. Les contrées voisines firent acte de fédéralisme ; on se disposa à soutenir ce système par d'autres combats. Le Calvados, le Finistère, l'Ile-et-Vilaine, l'Eure, la Seine-Inférieure et la Manche, prirent part à ce mouvement, qui se répandit dans Angers, à Niort, à Poitiers, à Laval et à Rennes. Bordeaux, Lyon, Toulon et Marseille, s'en mêlèrent aussi ; il n'en résulta rien pour notre cause, mais la Vendée respira, et ce fut beaucoup.

La Montagne, victorieuse au sein de la Convention, voulut l'être partout; elle y parvint par son épouvantable énergie, par la vivacité qu'elle mit à frapper ses ennemis ; et quand elle en eut triomphé par les massacres, les proscriptions et les supplices, non encore rassasiée de sang, elle porta ses regards sur la Vendée, et se disposa à déchirer cette autre proie. La Vendée, mieux inspirée, l'aurait bravée et même vaincue ; défendue par cent mille hommes pleins d'enthousiasme et de bravoure, établie dans des forteresses dont le siége paraissait impossible, à quelle destinée ne pouvait-elle pas prétendre ? Les puissances en guerre avec la république lui fourniraient sur sa demande des armes, des munitions, et peut-être des corps auxiliaires. La déroute de Westerman avait réparé la défaite de Nantes ; tout laissait donc espérer que la prochaine lutte ne lui serait pas désavantageuse.

Aussi lorsque la Convention eut ordonné de détruire la Vendée, la Vendée ne s'effraya pas. Biron fut attaqué le 15 juillet à Martigné-Briant. Tout ce que peut la valeur signala le combat de la part des nôtres ; mais les blessures de Bonchamp et de La Rochejacquelein décidèrent, non la fuite, mais une retraite honorable. Les Vendéens prirent leur revanche avec éclat à la bataille de Vihiers le 18. Ici la science céda à l'enthousiasme religieux et royal ; l'épouvante fut telle parmi l'armée républicaine qu'elle fit en trois heures un trajet de sept lieues pour atteindre Saumur, où elle ne s'arrêta qu'un instant. La république perdit deux mille soldats sur le champ de bataille, trois mille prisonniers, quinze pièces de canon, un grand nombre de fusils, et des munitions considérables. Biron paya ce revers de sa tête, la Convention l'envoya au supplice ; il s'écria sur l'échafaud :

— J'ai été infidèle à mon Dieu, à mon roi et à mon ordre ; je meurs plein de repentir.

Il fallut le remplacer; le choix tomba sur Rossignol, misérable jacobin sans talens militaires, et qui ne devait sa réputation qu'à ses crimes. Il assista, on peut le dire, aux succès que *les bleus* (les républicains) remportèrent d'abord en diverses rencontres ; il était soutenu par les décrets atroces de la Convention provoqués par Barrère. On forma vingt-quatre compagnies d'incendiaires et de braconniers égorgeurs ; on décida que la flamme dévorerait le Bocage, les villes, les hameaux, les maisons et les fermes ; qu'on enlèverait les grains, les provisions, les bestiaux ; qu'on ne ferait grâce ni aux femmes, ni aux enfans, ni aux vieillards; enfin, ce fut une guerre toute révolutionnaire. La garnison de Mayence et celle de Valenciennes arrivèrent en poste pour exécuter ces lois infâmes ; elles étaient composées de seize mille hommes, honteux d'avoir mis bas les armes devant les étrangers, et qui brûlaient de se laver de cette tache en égorgeant leurs compatriotes.

Les Vendéens, qui ne se reposaient que pour reprendre les armes avec plus d'ardeur, se flattèrent d'emporter Luçon où commandait Tunck. Leurs espérances furent déçues ; ils supportèrent une sanglante défaite, qui leur coûta six à sept mille hommes tués pendant la bataille ou massacrés de sang-froid. Tandis que les vaincus cherchaient à reprendre l'offensive, la discorde se mettait parmi les vainqueurs : on destitua successivement Tunck et Rossignol, puis on leur rendit leur grade avec augmentation de pouvoir. Les proconsuls se querellèrent, se dénoncèrent les uns les autres; on agita divers plans; enfin, on s'arrêta à celui de faire pénétrer plusieurs corps d'armée par différens points de la Vendée pour les réunir à Mortagne, vers le 16 septembre; c'était le général Canclaux qui avait fourni ces habiles mais funestes dispositions.

La première rencontre, qui eut lieu le 8 septembre, fut favorable aux royalistes. Royrand et d'Elbée marchent vers l'armée de Luçon, et les battent complètement: Vivres, munitions, artillerie, charrois, chevaux, etc., tombent en leur pouvoir. Les Vendéens, encouragés par ce début brillant, reçurent une autre marque de la faveur divine; l'arrestation d'un courrier leur révéla dans tous ses détails le plan de campagne qu'on allait suivre contre eux. D'Elbée conserva la direction des forces du Haut-Anjou et du Poitou, Royrand celle du centre, et Charette celle du Bas-Poitou. Ces trois armées étaient opposées aux huit divisions des troupes de la république.

Ces dernières, composées de soixante-dix mille hommes de troupes régulières, dûrent, dans le principe, être soutenues par une levée en masse de tous les habitans des départemens voisins, formant environ trois cent mille individus, qui, loin de servir, désorganisèrent l'unité du projet. Les bleus, au jour fixé, entrent dans le pays à conquérir ; ils rencontrent d'abord Lescure, dont la retraite fut une espèce de victoire par la manière habile avec laquelle on l'effectua. Le même jour, 14 septembre, le prince de Talmont et le chevalier d'Autichamp attaquèrent la division de Santerre, qui triompha, grâces au général de génie Dambarrère, depuis sénateur et pair de France. Mais le 18, d'Elbée l'ayant rencontré à Coron, tailla son armée en pièces. Cette affaire glorieuse porta le nom de *déroute de Santerre*. D'Elbée marcha ensuite vers le général Duhoux, chef de la division d'Angers. Ici, même victoire ; quatre mille républicains furent tués, blessés ou prisonniers. On remarqua que le corps du centre des royalistes était commandé par le chevalier Duhoux, neveu du général républicain. Ce jeune homme avait dit, quelques jours auparavant :

— Mes amis ! prenez patience ; mon oncle, qui vient avec les bleus, ne nous laissera pas manquer de munitions.

C'étaient de beaux succès ; mais il en restait d'autres à obtenir sur des ennemis plus redoutables. La garnison de Mayence faisait son mouvement, dès le 9 septembre, dans la Basse-Vendée sous les ordres des généraux Canclaux, Beysser, et Dubayet. Elle amenait à sa suite l'incendie et tous les crimes dont la Convention avait fait une loi. Tous les corps royalistes qui se présentent devant cette armée sont défaits ; elle va soumettre la Vendée. Charette lui-même cède à la force ; il dispose ses troupes, et attend de nouveaux secours.

CHAPITRE XX.

Les Vendéens victorieux à Jorfon. — Mort du marquis de Bonchamp. — Il sauve cinq mille républicains. — Madame de Bonchamp. — La Loire franchie par les Vendéens. — Irrésolution parmi les chefs. — Succès. — Victoire de Laval. — Mort du général Léchelle. — Siége de Granville. — Retour. — Victoire de Pontorson. — Déroute du Mans. — Dissolution de la grande Vendée. — Morts illustres. — La Vendée se ranime. — Stofflet s'empare du généralat. — Division entre les chefs. — L'abbé Bernier. — Ses travaux. — Querelle entre Stofflet et Charette.

Les royalistes ne tardèrent pas à reprendre courage. Les victoires remportées par plusieurs de leurs divisions excitaient la généreuse émulation des autres. Cependant les Mayençais avançaient toujours. Charette rallia autour de lui ses braves, et le combat s'engagea le 19 à Jorfon. Kléber, qui a jeté un si grand éclat sur notre histoire militaire, commandait les républicains. Charette devait avoir l'honneur de le vaincre. Le succès de la bataille était douteux, lorsque Bonchamp arriva avec cinq mille hommes. Sa présence décida le succès de la journée en faveur des royalistes. Kléber avait été blessé grièvement. Les Vendéens, sans s'arrêter, marchèrent sur Mortagne, où les attendait une autre victoire. Là le général Beysser ne put éviter non plus une défaite complète; le général Canclaux fut aussi au moment d'éprouver le même sort; mais Charette manqua pour assurer ce triomphe, qui, cette fois, fut imparfait. Enfin, Charette met en déroute le corps commandé par le Polonais Mieskouwsky, et complète ainsi les opérations de l'armée vendéenne, qui, en cinq jours, s'était couverte d'une gloire immortelle.

Ainsi, cette expédition si formidable qui devait tout soumettre, avait elle-même disparu, et n'avait trouvé de salut que dans la fuite. La Convention s'indigna de ces défaites; elle prit des mesures plus atroces encore que les premières. Le général Léchelle fut investi du commandement suprême; des renforts arrivèrent, on adopta un autre plan de campagne. Peut-être qu'il n'eût pas été plus heureux que le précédent, si la division ne se fût mise parmi les chefs vendéens. Aucun ne voulait obéir, et une fatale manie d'indépendance amena des catastrophes que leur union aurait empêchées. Les républicains les battirent successivement à Châtillon, à Mortagne et à Chollet. Cette dernière bataille eut des suites funestes; elle causa la mort du vertueux et héroïque Bonchamp. Je ne puis me refuser de rapporter dans toute son étendue le récit que fait un historien des derniers momens de ce guerrier sans peur et sans reproche. On remarquera que c'était en 1806 que l'historien que je cite écrivait ainsi :

« L'aspect de Bonchamp blessé de plusieurs coups de fusil dans la poitrine, et porté sur une civière, suspendit un moment la déroute; bientôt les fuyards, plus occupés de sa fatale destinée que de leurs dangers, lui servent d'escorte. Bonchamp arrive sur les bords de la Loire à l'instant où les Vendéens s'y rassemblaient en tumulte. Toute la population de la haute Vendée s'était réfugiée à Saint-Florent ; les cris douloureux des enfans, des femmes, des vieillards et des mourans, augmentaient encore la désolation et le désordre : c'était à qui gagnerait plus tôt la rive opposée. Quelques-uns, la rage dans le cœur, troublés par la crainte de ne pouvoir échapper aux républicains, demandaient à grands cris la mort de cinq mille prisonniers renfermés dans l'église de Saint-Florent. Vengeons-nous! s'écriaient ces forcenés! Voyez les flammes dévorer nos villes et nos hameaux! Nos barbares ennemis ne nous font point de quartier; usons de représailles! Serions-nous assez imprudens pour laisser derrière nous cinq mille ennemis de plus? Tuons-les! massacrons les républicains !

» Ce cri devint général ; déjà les canons avançaient pour mitrailler les prisonniers, lorsque le général Bonchamp, expirant d'une blessure mortelle, frappé par ces vociférations, rappelle ses officiers et ses soldats, les sollicite, et obtient de leur dévouement la grâce de tant de malheureux. Mais comment en imposer à cette tourbe furieuse? La voix mourante de Bonchamp ne peut se faire entendre ; un roulement annonce une proclamation ; les plus mutins écoutent : c'est un ordre donné par Bonchamp de respecter les prisonniers. Il menace de la mort ceux qui oseraient y attenter. Au nom de ce général, le calme renait, le recueillement sucède à la fureur ; les canons déjà braqués sont détournés ; de tous côtés on entend crier, *grâce! grâce!* sauvons *les prisonniers! Bonchamp le veut, Bonchamp l'ordonne!...* Telle fut la dernière action de ce héros chrétien... Dès que le passage de la Loire eut été effectué, Bonchamp expira sur la rive, au hameau de la Meilleraye. On déposa ses restes dans l'église de Varade, vis-à-vis Saint-Florent. »

Ce fut une perte irréparable pour la cause royaliste. Les vertus de Bonchamp, jointes à sa brillante valeur, lui avait obtenu une suprématie nécessaire sur ses compagnons d'armes ; tous avaient reconnu son autorité, et cette réunion à un seul chef eût donné de l'ensemble à un mouvement trop divisé. L'indépendance et l'indocilité de ces chefs perdirent la Vendée ; chacun ne songeait qu'aux triomphes d'une vanité personnelle, sans avoir en vue l'intérêt commun. Je crois devoir parler ici de la magnanime compagne de Bonchamp, autre héroïne de cette guerre féconde en faits extraordinaires. Madame de Bonchamp ne quitta jamais son mari, même sur le champ de bataille. Après sa mort, elle continua à donner à la cause royale des marques de dévouement qui nous ont laissé de grands devoirs à remplir envers elle et sa charmante fille, que ma famille doit adopter.

Accablés par tant de défaites successives, les Vendéens venaient de prendre une résolution désespérée ; celle de quitter le sol natal, pour transporter la lutte sur une terre étrangère. Cette résolution n'était pas le garant de prochains succès. On savait combien ces populations casanières étaient attachées à leur pays, et combien il serait difficile de les maintenir ailleurs en corps d'armée. Mais toute considération de ce genre avait cédé à la nécessité.

Soixante mille Vendéens, hommes et femmes, passèrent la Loire le 16 octobre, et dispersèrent les bataillons ennemis qu'on leur opposa. Lescure, blessé à mort, perdit la vie peu de temps après. Alors le titre de généralissime, vacant par la captivité de d'Elbée, et bientôt par sa mort, fut remis à La Rochejacquelein. Stofflet devint major-général ; le prince de Talmont eut le commandement de la cavalerie, le chevalier Duhoux fut fait adjudant-général, et l'artillerie demeura sous les ordres de Bernard de Marigny. De Varade on marcha sur Laval. Les républicains, surpris de la résolution des royalistes, se mettent également en mesure de passer la Loire, afin de continuer à les combattre sur la rive gauche; le début des bleus trompa leur espoir; le général Aulanier et l'adjudant-général Tabari furent battus successivement par Desessart, Desargues, et le chevalier Duhoux. Ces succès en amenèrent d'autres propres à rendre la confiance aux Vendéens. Cependant les républicains réunissaient leurs forces sous les ordres du général Léchelle. Ils joignirent les royalistes à Laval, le 25 octobre. Là, une nouvelle défaite les attendait, bien qu'ils fussent au nombre de vingt-cinq à trente mille hommes. Le général Léchelle, blessé à mort, expira dans la retraite.

Le prince de Talmont avait promis qu'un soulèvement général aurait lieu dans le Maine, mais il ne s'effectua pas; quelques royalistes seulement répondirent à l'appel. Le conseil décida qu'on entrerait en Bretagne. La Rochejacquelein aurait voulu qu'on marchât sur Paris. C'eût été un coup héroïque, et je n'ose dire ce qu'il en serait peut-être résulté. Une victoire signala glorieusement à Fougères l'apparition des Vendéens. L'alarme s'en répandit jusqu'à Rennes, où on s'attendait à les voir arriver.

Eux cheminant toujours, parvinrent à Dol, où ils furent rejoints par deux envoyés du gouvernement anglais, Saint-Hilaire, et Freslon, que suivit bientôt Bertin de Saint-Malo. Ils apportaient de bonnes paroles du cabinet de Londres. On désirait que l'armée s'emparât de Saint-Malo, afin de pouvoir communiquer librement avec elle, ou qu'au moins elle essayât d'emporter Grandville. Ceci fut résolu.

Le 11 novembre l'armée quitta Dol, s'empara d'Avranches en passant, et arriva devant Grandville. Cette place fut attaquée avec vigueur et défendue de même. Ici échoua l'intrépidité vendéenne; en vain la ville était en flammes, les assiégés ne la livrèrent pas. Un découragement terrible succéda à un enthousiasme sans exemple parmi l'armée vendéenne; les exhortations des chefs et du clergé ne peuvent rien sur la détermination que prend le peuple de retourner sur les bords de la Loire, afin de pouvoir de là jeter du moins un regard sur la rive gauche, sur cette terre natale, dont le nouvel Anthée prétend tirer toute sa force et sa valeur.

Les républicains, de leur côté, ayant réuni d'autres corps de troupes, se préparèrent à couper la retraite aux Vendéens. Une première rencontre eut lieu à Pontorson : elle fut favorable aux royalistes. Poursuivant leur chemin pour rejoindre leur armée principale, les républicains la trouvèrent devant Antrain. Elle était commandée par Westerman; Marceau, qui depuis acquit tant de gloire, y était aussi. La division de Stofflet est d'abord repoussée de manière à laisser croire la bataille perdue; mais celle de La Rochejacquelein arrivant à propos, rétablit l'équilibre. Les royalistes furent encore secondés par l'impéritie du général Rossignol, et une victoire aussi complète que possible dédommagea les Vendéens des revers multipliés qu'ils venaient d'essuyer.

Néanmoins ils négligèrent les avantages de cette journée importante : il ne tenait qu'à eux de prendre Rennes, et ils ne l'essayèrent même pas. Une insurrection éclate parmi eux lorsqu'on propose de continuer la guerre en Bretagne ; ils veulent à tout prix repasser la Loire. On poursuivit la marche, non sans obstacle, jusqu'à Angers, qui est attaqué le 5 décembre. Ici encore les Vendéens échouent : Angers leur échappe malgré leurs efforts surnaturels. Ils s'avancent sur le Mans, et l'atteignent le 10 décembre.

Je n'ai pas le courage de décrire cette funeste bataille, où la première Vendée se perdit sans retour, où périrent tant de héros, où des femmes et des enfans furent lâchement égorgés après la victoire.

Le mal fut irréparable ; la fuite devint un devoir, car il ne restait plus que l'espérance. La Rochejacquelein, seul impassible quand tous les autres avaient perdu la tête, parvint à Laval le 13 au soir, et réunit autour de lui un noyau accablé de fatigue et de découragement. On décida de se rapprocher de nouveau de la Loire, et de tenter de la franchir. Ceci ne s'effectua qu'imparfaitement, une terreur panique dispersant tout-à-coup les débris de l'armée, qui acheva d'expirer à l'affaire fatale de Savenay.

Une foule de chefs illustres tombèrent sous le plomb ou le fer ennemi pendant cette série de combats désastreux, ou plus tard sur l'échafaud. Je citerai dans le nombre Bérault, le prince de Talmont, le soi-disant évêque d'Agra, Lyrot, Lemeignan, Verseuil, Labigotière, Carrière, Villeneuve, Designy père, Duhoux, les deux Beauvolliers, Desessart, Greslier, et Donissant; d'Elbée périt du dernier supplice après la reprise de Noirmoutiers par les républicains.

Ceux-ci se décimèrent aussi entre eux. Plusieurs de leurs généraux furent condamnés à perdre la tête, entre autres Westerman et Beysser. La rage des jacobins allait jusque dans leurs rangs chercher des victimes afin d'inspirer plus d'épouvante à leurs ennemis. Cependant, si la Vendée nomade était exterminée, la Vendée stationnaire se présentait toujours menaçante, bien qu'elle fût traversée en tous sens par douze colonnes, qui exerçaient tous les genres de forfaits que l'homme puisse imaginer. Stofflet, Charette, d'Autichamp, La Rochejacquelein, respiraient encore; sans cesse infatigables, ils prouvaient leur présence par le renouvellement de l'insurrection dans le Haut-Poitou.

C'étaient les restes échappés au massacre sur les deux bords de la Loire qui se ralliaient autour de la Rochejacquelein, Stofflet et Bernard de Marigny. Ce nouveau mouvement fut marqué par un succès propre à ranimer l'ancien enthousiasme de La Rochejacquelein; mais oubliant qu'il était le généralissime de l'armée vendéenne, il s'exposa avec témérité, et fut tué d'un coup de fusil qu'un républicain sans nom lui tira à bout portant après une déroute. Stofflet accourut, et, sans consulter aucun chef; il s'empara du commandement suprême que nul n'osa lui disputer. Stofflet avait des qualités essentielles ; mais il n'était même pas le pâle reflet de la Rochejacquelein. Celui-ci, taillé sur le moule des héros de la fable, était humain, généreux, spirituel, brave et d'un dévouement sans bornes. Il fut l'un de ceux dont je déplorai la perte avec le plus d'amertume.

Stofflet légitima son usurpation par plusieurs hauts faits éclatans. Il battit les généraux Moulin et Caffin ; le premier ne pouvant supporter cet affront, se brûla la cervelle. Stofflet entra vainqueur dans Chollet, dont le général Cordellier le chassa peu après.

D'une autre part, Bernard de Marigny poursuivait aussi la guerre avec avantage. Il forma le siége de Mortagne, dont il s'empara vers la fin de mars 1794. Cette victoire devait lui faire espérer une autre destinée que celle qu'on lui réservait. Je suis roi, je dois être juste; il ne m'appartient point d'entrer dans les détails qui amenèrent le supplice injuste de cet homme d'honneur ; mais je crois devoir dire que son jugement fut un assassinat dont se souillèrent Charette et Stofflet.

Ces deux chefs, satisfaits dans leur ambition, se divisèrent; le premier conserva le Poitou, et le second l'Anjou. Ils essayèrent chacun d'organiser ce pays que les républicains attaquèrent avec une mollesse extrême. Stofflet ne retira pas de cette tentative tout le fruit qu'il en attendait. La plupart des chefs en second, nobles ou bourgeois, servaient sous lui de mauvaise grâce ; ils le méprisaient malgré ses triomphes. Plusieurs cherchèrent fortune ailleurs, d'autres recrutèrent des compagnies avec lesquelles ils affectèrent l'indépendance. Cette division pouvait finir par ébranler l'autorité du chef, lorsqu'un homme d'un rare mérite vint lui prêter l'appui de ses talens. Ce fut l'abbé Bernier, curé de Saint-Laud d'Angers.

Ce personnage qui déjà avait été attaché au conseil supérieur de l'ancienne Vendée, était doué d'une grande finesse, d'une capacité peu commune, d'une élocution entraînante, et d'une extrême rectitude de jugement; il joignait à une ame ardente, une tête froide et un courage qui s'alliait merveilleusement à une prudence rare. Placé sur un autre théâtre, il aurait joué un rôle important; il se lança dans une carrière difficile, hérissée de périls, l'exploita dans l'avantage commun, et s'en retira avec sagesse dès qu'il crut que la partie était perdue. Je le justifie donc du reproche de trahison que des gens prévenus lui ont adressé. Il put se tromper; mais il n'eut, politiquement parlant, aucun tort réel. Je présume que mon témoignage sera un grands poids dans la balance où la postérité placera le curé de Saint-Laud.

Il se rendit à cette époque près de Stofflet, qui ne tarda pas à l'investir de sa confiance. Dès-lors l'abbé Bernier, revêtu de la qualité de *commissaire général de l'armée catholique et royale*, en devint l'âme et le ressort principal. Elle lui dut une organisation inconnue jusqu'alors. Administrateur dans toute la force du terme, il régularisa la comptabilité, fit accorder des secours aux veuves et aux orphelins, vérifia les fournitures, donna de l'ordre à leurs distributions, étendit une correspondance active dans l'intérieur et à l'étranger ; en un mot, la Vendée, qui n'avait eu jusque là que de grands capitaines, eut en lui un homme d'État.

Je ne puis entrer dans les détails de ses travaux régulateurs ; il en sortit des codes militaires, administratifs et politiques ; la guerre devint un gouvernement. Ce sont des faits qu'on ne peut contredire, aussi n'est-ce pas sur ce point que les ennemis du curé de Saint-Laud l'attaquent ; ils l'accusent d'ambition, de cruauté, de perfidie. On prétend qu'il fit périr des hommes ; est-ce lui, le conseil, Stofflet ou les circonstances ? Au surplus, je le répète, je ne le donne point comme un modèle de perfection, mais je ne crois pas moins devoir rendre justice à ses qualités.

L'ascendant rapide qu'obtint Stofflet par l'influence du curé de Saint-Laud ne tarda pas à inquiéter les chefs secondaires, et surtout Charette, que depuis bien long-temps je tiens à l'écart, afin de pouvoir ensuite m'en occuper exclusivement. Charette, prenant l'initiative, enjoignit à Stofflet de venir rendre compte de sa conduite. Voyant qu'il n'obéissait pas, Charette convoqua à Beaurepaire un conseil général, où il appela les officiers supérieurs des deux armées. Là, des décisions terribles furent prises contre Stofflet, qui ne daigna ni comparaître ni se faire défendre. On abrogea le serment d'obéissance qu'on pouvait lui avoir prêté; on le dépouilla des qualités de généralissime et de chef suprême; on démonétisa le papier-assignat qu'il avait créé; enfin, le conseil déclara que les deux armées se mettraient en mesure de renverser tout ambitieux qui travaillerait uniquement pour lui.

C'était une vraie guerre civile que l'on préparait parmi les royalistes; une levée de boucliers propre à tout perdre, ou du moins à servir merveilleusement les efforts que les républicains allaient tenter.

CHAPITRE XXI.

Réponse de Stofflet à Charette. — Ce que Monsieur écrit à ce dernier. — Il revient sur sa biographie. — Suite des campagnes de Charette. — Il reçoit mal La Rochejacquelein. — Ses trois victoires successives. — Effet du 9 thermidor dans la Vendée. — Bureau de la Bâtardière. — Paix proposée. — Charette l'accepte. — Conditions du traité. — Révélations importantes de Charette à Monsieur. — Delaunay. — Irrésolution de Stofflet. — Charette à Nantes.

Parmi les documens de cette guerre qui méritent d'être connus, est la réponse à l'arrêté du conseil général, minutée par l'abbé Bernier, et que Stofflet et son conseil rendirent officielle en la revêtant de leur signature. Je vais la rapporter telle que je la trouve sous ma main; on pourra la comparer à une lettre que le curé de Saint-Laud m'adressa plus tard. Ces deux pièces achèvent de faire connaître l'abbé Bernier. C'est Stofflet qui parle :

« Messieurs,

» J'ai reçu, sous la date du 6 courant (décem-

» bre 1794), une lettre de Beaurepaire; le style
» de cette pièce m'a fait croire un instant que la
» main d'un fourbe avait imité vos signatures, et
» tenté de nous désunir. J'aurais voulu pouvoir
» me maintenir dans cette persuasion; mais l'ex-
» trait de vos délibérations qu'elle contient, et la
» voie par laquelle elle m'est parvenue, m'annon-
» cent trop qu'elle vient de vous.

» Vous parlez de griefs contraires au bon ordre
» qui me sont imputés; je n'en connais aucun.
» Ma volonté est celle du conseil, ma conduite le
» résultat de ses délibérations; il n'en est compta-
» ble qu'à Dieu et au roi. Je pourrais donc,
» comme son chef, garder le silence, et attendre
» en paix que les évènemens vous eussent con-
» duits, ainsi que moi, au tribunal de l'Éternel,
» ou devant le trône de nos rois, pour procéder
» à ma justification.

» Mais il est des juges de mes actions aux yeux
» desquels je serai toujours jaloux de paraître in-
» nocent, et c'est à ce titre que je vais vous ré-
» pondre. Je ne me suis, dites-vous, dispensé
» d'assister au conseil de Beaurepaire que pour
» ne pas faciliter par un moment d'absence le pas-
» sage à mon ennemi (qui sans doute est aussi le
» vôtre). Ce motif ne vous paraît provenir que
» d'un ingénieux prétexte pour justifier mon ab-
» sence, et moi je ne vois dans cette croyance de
» votre part, que les mauvaises intentions de
» ceux qui cherchent à calomnier mes démar-
» ches.

» Lorsque l'ennemi aux portes menace d'une
» invasion prochaine, et fait tous ses efforts pour
» tromper la vigilance des gardes, vous êtes sans
» doute, Messieurs, convaincus, comme moi,
» qu'un général doit être à son poste. Si cet en-
» nemi eût surpris l'armée pendant mon absence,
» je me serais éternellement reproché d'être allé
» me justifier à Beaurepaire de griefs inconnus.

» Quels sont en effet ces griefs? l'émission d'un
» papier-monnaie contre la protestation des au-
» tres armées; l'arrêté de Jallais et autres lieux,
» dites-vous, où on était convenu qu'aucune chose
» concernant le bien de l'État ne serait admise
» sans le concours des trois armées.

» Je ne connais, Messieurs, nulle protestation
» collective de votre part contre le papier-mon-
» naie. Il n'en fut question à Jallais que dans la
» conversation, aucun arrêté ne fut pris à cet
» égard; M. de Charette l'a seul constamment re-
» jeté. M. de Fleuriot l'a non-seulement admis en
» signant l'acte du traitement des veuves, orphe-
» lins et blessés, mais encore en sollicitant son
» émission dans les conseils tenus à Maulevrier
» avant sa réunion à l'armée du centre.

» Messieurs les généraux et officiers de cette
» armée l'ont également admis dans le conseil
» du 25 septembre; ils en ont approuvé l'émission
» par leurs lettres du 29, et accusé la réception
» par celles du 9 octobre suivant. Que fallait-il
» de plus? Je sais qu'après ils ont changé d'opi-

» nion, j'en ignore la cause ; mais s'ils ont le droit
» de revenir sur une décision, pourquoi n'aurions-
» nous pas celui de persévérer dans la nôtre ?

» C'est pour adoucir les maux qui pèsent sur
» ce pays que nous avons eu recours à l'émission
» d'un nouveau papier ; il n'entre dans nos mains
» que pour refluer dans celles des pauvres ; il
» est le gage des créanciers de l'état, le prix des
» sacrifices des propriétaires et du cultivateur,
» ainsi que la juste récompense du courage de nos
» braves soldats ; ils n'en combattent pas moins
» pour Dieu et pour leur roi, parce qu'ils savent
» que cette solde qui leur est accordée n'est pas
» le salaire de leur sang, mais un soulagement à
» leur besoin, et que, loin de les faire regarder
» comme des mercenaires, il ne les montre que
» comme les enfans d'un père tendre qui partage
» avec eux sa fortune.

» *Sont-ce donc là des moyens suborneurs in-*
» *ventés par le plus orgueilleux et le plus vain*
» *despotisme*? J'en appelle à vous, messieurs ; les
» soldats des Juvennes, des Condé et des Villars
» n'avaient-ils pas soldé nos émigrés? eux-mêmes
» ne l'ont-ils pas été pendant long-temps ? une
» partie d'entre eux ne l'est-elle pas encore des
» richesses de Catherine, de Pitt et de la Hol-
» lande? Cette solde a-t-elle avili le courage et
» la noblesse de ces illustres guerriers? Je croirais
» insulter à leur mémoire si cette flétrissante idée
» entrait un seul instant dans mon esprit.

» Vous me reprochez encore la progression du
» nouveau papier; plût à Dieu qu'elle fût au pair
» de la misère actuelle! je n'aurais pas à gémir
» chaque jour sur le sort de ceux qu'il m'est im-
» possible de soulager. Mais je dois des comptes;
» la plus sévère économie réglera mes dépenses,
» et si j'ai quelque chose à craindre c'est que le
» cœur généreux d'un Bourbon sur le trône ne
» me reproche un jour de n'avoir pas sacrifié deux
» millions de plus pour arracher ses défenseurs à
» la misère... Je ne sais quelle bouche menson-
» gère a pu vous assurer que je ne faisais la guerre
» que pour moi. Ce motif qu'on m'impute n'en-
» trera jamais dans mon cœur incapable d'un sen-
» timent aussi vil. Je n'ai de trésors et de pro-
» priétés que mon sang et ma vie; l'un et l'autre,
» après Dieu, appartiennent à mon roi.

» Je ne connais aucun chef de division arbi-
» trairement puni; Marigny seul a succombé,
» mais vous savez d'après quel témoignage et sur
» quel avis... Craignez, messieurs, que cette dis-
» corde ne parvienne à la connaissance de nos
» ennemis; ils ont dans l'intérieur des émissaires
» pour la souffler, des agens pour l'entretenir;
» quel triomphe pour eux s'ils réussissent!...
» Qu'une explication franche et loyale dissipe tous
» les nuages entre nous; nul sacrifice ne me coû-
» tera pour procurer une union d'où dépend le
» bonheur public. J'oublierai les expressions la-
» coniques que contient l'adresse de votre lettre,

» qui semble annoncer un projet dont je vous crois
» incapables. Élevé par la volonté du peuple à la
» dignité de général, je soutiendrai ce titre par
» les moyens qui me l'ont donné. Mon armée ne
» servira d'asile à aucun soldat mécontent ; je re-
» pousserai mes ennemis, je punirai les fautes et
» les artisans de discorde ; j'accablerai de mépris
» les délateurs et les envieux ; je procurerai le
» bien public par tous les efforts qui seront en
» mon pouvoir, et je volerai à votre secours quand
» vous l'exigerez. »

Il y avait dans cette lettre une dignité hautaine, qui donnait tout l'avantage, il faut en convenir, à l'ex-garde de chasse sur ses adversaires.

Outre le mal que ces divisions causaient à l'intérêt général, elles achevèrent d'exposer la Vendée aux fléaux que la guerre civile entraîne après elle. Je ne pus me taire en cette circonstance, et voici la lettre que j'adressai à Charette. Elle le décida à se rapprocher de Stofflet, malgré les inspirations diaboliques du chef Delaunay, qui cherchait à exaspérer ce dernier contre son antagoniste :

« Monsieur, j'ai reçu vos dépêches et celles du
» général Stofflet. J'éprouve une vive douleur en
» voyant la haine et la défiance qui existent entre
» vous, quand notre cause ne peut être rétablie
» que par l'union des royalistes ; je dois vous dire
» que je désapprouve sur tous les points l'arrêté
» du conseil en date du 6 décembre dernier ; il

» est injuste, intempestif, et plus propre à servir
» les jacobins que mon malheureux neveu et
» seigneur. Je vous invite donc à le regarder
» comme non avenu et à vous rapprocher du gé-
» néral Stofflet qui n'est ni traître ni avide. Il y a
» déjà eu assez de sang versé sans motif dans la
» personne de M. de Marigny. Je ne pourrais me
» taire si une autre catastrophe de ce genre avait
» lieu. Où en serions-nous si chaque général armé
» au nom de la religion ou du roi, se croyait en
» droit de juger à lui seul les intentions de ses
» compagnons d'armes et de gloire? C'est un cas
» que je réserve aux délégués *ad hoc*, lesquels
» viendront, s'il le faut, sur les lieux.

» Craignez, messieurs, que des envieux n'abu-
» sent de votre loyauté pour vous faire servir
» d'instrument à leur vengeance; que la concorde,
» je le répète, règne entre vous ; elle seule peut
» lutter contre les calamités dont on nous menace.
» Mais si le ciel veut nous éprouver par des mal-
» heurs, ayons du moins la consolation de ne point
» nous être séparés de nos amis. »

Charette naquit à Couffé, près d'Ancenis en Bretagne, le 21 avril 1763, d'une famille noble. Il entra dans la marine royale à l'âge de seize ans, et en 1790 émigra pour imiter ses camarades, bien qu'il se fût marié tout nouvellement. Il resta peu à Coblentz, ne s'arrangeant pas de la tournure que prenait l'émigration. Il fut de ceux qui s'imaginè-rent que Louis XVI devait être défendu à Paris.

Il y revint donc, se trouva au 10 août, y prit une part honorable, puis se sauva par une ruse adroite. Il se réfugia dans le manoir de Fonteclause en Vendée, et refusa deux fois de se mettre à la tête des paysans lors du soulèvement royaliste. La troisième fois, on lui donna le choix du commandement ou de la mort. Après la déroute de l'infortuné mais brave Laroche Saint-André, Charette se décida enfin à prendre les armes. Son début eut peu d'éclat ; cependant il ne tarda pas à se montrer avec avantage en remportant à Machecould une victoire signalée. Dès-lors sa réputation ne fit que s'accroître.

Charette continua à servir notre cause de tous son pouvoir ; infatigable quand il fallait combattre, il se délassait de ses travaux par des amusemens de jeune homme, sa galanterie égalait son courage. Vrai chevalier français, il prit sa part du grand succès de Torfou, où les Mayençais éprouvèrent une défaite sanglante. Cette affaire fut suivie de celle de Montaigu et de Saint-Fulgent, qui auraient achevé d'assurer l'existence militaire de la Vendée, si certains corps royalistes n'avaient donné avec trop de mollesse. Charette en conçut un vif dépit ; il y avait d'ailleurs en lui trop d'impétuosité et d'indépendance pour qu'il se décidât à prendre les ordres de qui que ce fût. Des nuages se levèrent entre lui et les autres chefs, et il se sépara en quelque sorte de l'unité vendéenne, sans pour cela poser les armes. Il tenta au contraire une expédition difficile dont le brillant succès ajouta encore à sa renommée ; ce fut l'attaque et la conquête de l'Ile de Noirmoutiers. Un peu plus tard, vivement poursuivi par le général Haxo, et acculé dans des marais dont la sortie paraissait impossible, il s'en retira avec autant d'habileté que de promptitude.

Cet échec lui ayant enlevé son artillerie et ses chevaux, il changea subitement de tactique ; naguère il combattait en général, dès-lors il le fit en partisan, mais toujours avec la même audace et un génie plus remarquable peut-être. Poursuivi, blessé, trahi, abandonné, rien n'altéra sa constance et son énergie. Ses soldats avaient pour lui un dévouement qui allait jusqu'au fanatisme. Jamais son caractère ne se montra mieux que pendant les revers de la grande armée vendéenne ; après la funeste journée de Chollet, lorsqu'elle traversa la Loire. Lui demeura dans le Poitou, s'y maintint avec des efforts incroyables sans se laisser abattre. Ce fut auprès de lui que Henri de La Rochejacquelein vint chercher un asile, après le grand désastre du Mans. Charette le lui accorda, mais ne fit pas preuve de magnanimité complète. Il tenait à son commandement, et parut craindre que l'ex-généralissime ne l'en privât. Ils se séparèrent peu amis, aussi il ne régna pas d'intelligence entre son armée et celle que La Rochejacquelein essaya de recomposer. Charette, le 19 mars 1794, surprit le général Haxo, qui fut tué dans la déroute ; Thureau lui succéda. Ce dernier contraignit Charette de se retirer au-delà de la Sèvre, qu'il avait passée auparavant.

Charette n'hérita point de l'armée de La Rochejacquelein après sa mort ; elle passa à Stofflet, qui, de son émule, devint son rival. Tous les deux, néanmoins, se rallièrent pour consommer l'attentat dont Marigny fut victime : assassinat véritable, auquel trop de gens prirent part pour qu'on pût le punir. Charette essaya de s'en justifier par des actions éclatantes. Divers combats partiels lui ayant rendu l'offensive, il en profita en juin pour attaquer successivement les trois camps retranchés des républicains ; la victoire de Saint-Christophe près Châlons ouvrit la marche à cette entreprise difficile, qui fut couronnée de succès. Dès ce moment, la réputation de Charette n'eut plus de bornes ; amis et ennemis s'attachèrent à lui dans la Vendée.

Cependant le 9 thermidor avait changé la position des choses en France. La Convention, sortie malgré elle du système affreux de la terreur, voulait régner en respectant les lois, que violait cependant le seul fait de son existence. Elle prétendit rendre la paix à l'intérieur, afin de pouvoir mieux donner ses soins au dehors. Les proconsuls qu'elle envoya dans l'Ouest reçurent la mission d'amener les chefs vendéens à une suspension d'armes. L'agent principal de cette négociation s'offrit de lui-même, Bureau de la Bâtardière, homme de sens et de courage, poursuivi comme émigré, Vendéen, etc., voulant obtenir sa réintégration dans ses biens, vint, sans sauf-conduit, se présenter au conventionnel Ruelle, qui l'accueillit à bras ouverts, et l'envoya traiter avec Charette muni des pouvoirs nécessaires.

Bureau parvint à ce dernier par l'intermédiaire de sa sœur; il était au moment d'être fusillé par les royalistes, le soupçonnant d'espionnage, lorsqu'il fut enfin admis près de Charette; c'était vers la fin de décembre 1794, et au plus fort de la querelle avec Stofflet. Les conférences, auxquelles Charette accéda avant de m'avoir consulté, suivirent immédiatement; deux envoyés du général Amédée, Bejari et de Rue, allèrent de sa part à Nantes, et reçurent les propositions qu'on fit à leur chef.

Tout cela avait lieu sans le concours de Stofflet, auquel Charette ne daigna pas communiquer ce qui se passait. Il s'en indigna, et repoussa, pour sa part, les offres que le conventionnel Ruelle lui fit faire séparément; il voulut même marcher contre Charette, et se mettait en mesure de le faire, lorsque, attaqué dans son arrière-garde par les Vendéens, il vit le reste de son armée saisie d'une peur panique et hors d'état de combattre. Force fut donc à lui de se retirer.

Cependant la pacification avançait; les commissaires de la Convention insistèrent sur une entrevue, qui eut lieu, le 15 janvier, à la Jaunais.

Ses conséquences furent un vrai traité de paix, dont les conditions étaient : que le culte catholique serait entièrement dégagé dans la Vendée de toute forme révolutionnaire ; qu'on respecterait ses ministres ; que deux millions de francs seraient payés à Charette pour les frais de la guerre ; qu'on solderait un corps de deux mille Vendéens qui demeurerait dans le pays pour le maintien de la paix ; qu'on accorderait aux régnicoles des secours, des indemnités, la main-levée de tout séquestre, la restitution des biens saisis, enfin l'exemption momentanée des impôts, des réquisitions et des levées d'hommes. C'étaient de véritables concessions qui faisaient de la Vendée un état indépendant, allié seulement de la république.

Charette, en retour, consentit à faire reconnaître la Convention et à poser les armes. Telles étaient les clauses ostensibles du traité, mais une condition secrète bien autrement importante y fut ajoutée. Je ne puis la faire mieux connaître qu'en copiant ici la lettre que Charette m'adressa, et dont j'ordonnai le dépôt aux archives du royaume.

« Monseigneur,

» Je viens apporter ma tête aux pieds de Votre
» Altesse Royale, si elle me juge coupable, en
» vertu de l'acte que j'ai signé. Je traite avec la
» Convention dite nationale, je la reconnais ; je
» me sépare de votre cause sacrée, de celle de mon

» roi, pour laquelle j'ai combattu et versé mon
» sang; j'entraîne dans ma défection mes officiers,
» mes soldats, et je souffre que le drapeau trico-
» lore se déploie paisiblement en des lieux où jus-
» qu'ici il n'a pu flotter qu'à la suite des plus fu-
» nestes défaites.

» Voilà mon crime, monseigneur; je ne le nie
» ni ne l'atténue.

» Maintenant voici mon excuse. Mon roi et le
» vôtre est prisonnier des bourreaux de son père,
» qui peuvent devenir les siens ; sa vie sacrée est
» perpétuellement menacée, tout est donc permis,
» tout est donc légitime pour le rendre à la liber-
» té : eh bien ! cette liberté, je l'ai obtenue. Une
» convention secrète entre les commissaires du
» pouvoir exécutif et moi, convention dont je met-
» trai l'original sous vos yeux, décide du sort de
» Sa Majesté. On remettra la personne du roi aux
» commissaires que j'enverrai à Paris ; on consent
» à ce qu'il revienne parmi nous, et une fois en
» notre pouvoir, je présume qu'un soulèvement
» unanime le servira beaucoup mieux que des
» efforts tentés pendant sa captivité. Avec lui nous
» serons invincibles, et maintenant nous ne som-
» mes rien sans un prince de la maison de Bour-
« bon.

» Il est, ce me semble, inutile de discuter sur
» le mérite apparent du traité que je viens de si-
» gner, de s'inquiéter s'il compromet ou non la
» monarchie, si je suis, moi qui le dicte, à blâ-

» mer ou à louer : il faut ne voir que le motif qui le
» détermine. C'est à lui que j'immole ma réputa-
» tion, mon influence, peut-être mon honneur à
» venir, et assurément mon repos ; mais c'est pour
» le roi que je me souille de cette tache : Dieu et
» lui m'en laveront plus tard.

» On me donne toutes les assurances possibles
» de la fidélité qu'on mettra à remplir la grande
» condition... Si on y manquait, j'aurais ma vie à
» vous donner en expiation de ma crédulité.

» Un profond mystère, impénétrable aux agens
» de l'Autriche, de l'Angleterre et aux partisans
» de la branche d'Orléans, doit couvrir ce que je
» dépose en pleine confiance dans le sein de Votre
» Altesse Royale. Vous devez me comprendre : il
» est des traîtres partout, il y en a même dans l'in-
» timité de votre auguste frère.

» J'ai cru, dans la circonstance, devoir agir
» d'après moi seul, afin que, si l'affaire tourne
» mal, on n'en accuse pas le régent de France,
» mais uniquement son très dévoué et respectueux
» serviteur, etc. »

La Jaunais, ce 20 février 1795.

Jamais surprise ne fut égale à la mienne à la réception de cette dépêche. Mon cœur bondit de joie ; je me représentai le roi, libre de ses chaînes, au milieu de populations fidèles ; le pouvoir immense que lui donneraient sa jeunesse et ses infortunes, et l'impulsion qui en résulterait pour le reste du royaume ; je bénis la détermination de Charette. Mais lorsque cette illusion se fut amortie, lorsque j'examinai l'affaire avec sang-froid, je ressentis une sorte de prescience qui me démontra cette clause comme impossible, ou du moins bien difficile dans son exécution ; il ne me resta plus que l'espérance. Je dirai plus bas comment cette dernière me fut enlevée à son tour.

Tandis que Charette traitait à la Jaunais, l'ambitieux Delaunay, qui voulait absolument monter à la première place, essaya, à l'aide de Savin et de Lamoelle, de soulever l'armée. Tous trois partirent, et vinrent à Belleville ; ils commençaient à entraîner les esprits, lorsque Charette accourut. Il ramena les siens à son parti, et Delaunay, qu'il voulut arrêter, se sauva auprès de Stofflet ; il l'engagea à persister à la guerre ; mais Stofflet, toujours guidé par le sage curé de Saint-Laud, expédia à Nantes Trottoin, son major-général, et quelques officiers, pour s'informer de ce qui se passait. Delaunay essaya alors de soulever l'armée ; le chevalier de Rostaing, commandant la cavalerie, paralysa ses intrigues. Stofflet se détermina à traiter aux mêmes conditions que Charette, et les autres chefs indépendans suivirent son exemple.

Cependant, Stofflet ne tarde pas à se repentir d'avoir agi ainsi ; il se sépare brusquement de la cause commune, fait massacrer Prodhomme, qui avait traité, déclare la guerre à Charette, à l'armée du centre, à la Convention. Les hostilités recommencèrent en son nom, mais avec une longueur qui lui fit sentir la nécessité de changer de plan de conduite. Force lui fut donc de revenir aux propositions qui lui avaient été faites, et il conclut aussi la paix à Saint-Florent.

Charette consentit à paraître dans Nantes le 26 février. Il s'y montra avec l'écharpe et le panache blanc, environné de son état-major. Il y eut un instant où les cris de *Vive le roi* allaient prévaloir sur ceux de *Vive la république*. Bureau de la Bâtardière, en y substituant ceux de *Vive la paix* arrêta un élan qui peut-être aurait rendu Charette maître d'une ville où il n'entrait qu'en allié.

CHAPITRE XXII.

Part que prend Monsieur aux affaires de la Vendée. — Intrigues de l'Autriche. — Bon mot d'un Vendéen. — Propos de Stofflet. — Manœuvres de l'Angleterre. — Proverbe mis en variation. — Détails d'intérieur. — Torts de Charette. — Monsieur lui écrit. — Comment le comte d'Artois aurait voulu paraître dans la Vendée. — Tableau de la guerre européenne. — M. de Puisaye. — Révélation à son sujet. — On dénonce Charette à Monsieur. — Le comte d'Artois lui en veut. — Remarque morale. — Les intrigues autour du comte d'Artois. — Monsieur réfute, en passant, de Montgaillard.

J'arrêterai ici le récit des évènemens connus de la guerre de la Vendée; ceux qui les suivirent appartiennent à mon règne, et je m'en occuperai lorsque j'aurai achevé de décrire celui du malheureux roi mon neveu, victime que la révolution eut hâte de dévorer.

Dès que la nouvelle me vint du soulèvement de la Vendée, je formai des vœux ardens pour le succès de cette tentative, et voulus savoir plus positivement que par le rapport des intéressés la vérité tout entière. En conséquence, vers le mois de mars 1794, j'envoyai sur les lieux une personne intelligente, à laquelle je pouvais donner toute ma confiance. Je regrette que les circonstances m'empêchent de la nommer. Elle vit aujourd'hui et la sincérité de ses rapports dont on n'a jamais soupçonné la source a déplu à trop de gens pour que je l'expose à l'animadversion de ceux qui verraient dans ses actions de l'espionnage et non du devoir.

Cette personne, par sa position, ses alliances, et son rang, pouvait pénétrer partout ; aussi, apprit-elle des choses qui me surprirent et que je tairai comme je tais son nom. La Vendée dans son ensemble, se présente sous un aspect tellement héroïque, qu'il n'est point permis de l'entacher dans aucun de ses membres. Il y en eut cependant qui la trahirent, soit au profit des jacobins, soit à celui des étrangers ; heureusement que le nombre en fut rare, mais ils n'en firent pas moins beaucoup de mal. Ceux qui étaient d'intelligence avec les conventionnels répandaient des nouvelles alarmantes, divulguaient aux généraux républicains les projets des royalistes. Peu furent découvert ; le plus grand coupable d'entre eux, non-seulement n'eut aucune punition ; mais on l'a depuis récompensé. J'ai moi-même augmenté sa fortune, bien qu'en connaissant ses œuvres, contraint en cette circonstance comme en tant d'autres de vaincre ma répugnance par des raisons d'état.

L'Autriche intrigua dans la Vendée, presque dès le commencement. On voulait qu'elle proclamât la reine régente quoique prisonnière, et on tenait toute prête une délégation de sa part, *délégation dont elle ignorait l'existance*, par laquelle un archiduc d'Autriche était nommé *pro-régent* pendant la détention de Marie-Antoinette. On proposa à MM. de Lescure, d'Elbée, de La Rochejacquelein, de Bonchamp, de Charette, etc., de reconnaître cette manœuvre, mais tous la repoussèrent avec indignation. M. de Lescure dit en propres termes :

» Je n'aime ni Monsieur, ni ses opinions ; mais je respecte son droit. Les Autrichiens ont déjà perdu la France ; malheur à ce qui reste de véritables Français s'ils confient leurs intérêts au cabinet de Vienne. Pour ma part, je me défierais moins de la loyauté de Marat ou de Robespierre.»

Voyant qu'il n'y avait rien à obtenir de ce côté, on s'adressa à Cathelineau, puis à Stofflet qui répondit :

« Je me bats pour la cause des Bourbons, et non pour la maison de Lorraine. »

Bref, on fut partout repoussé. L'Espagne eut aussi ses agens dans la Vendée. Ici il s'agissait d'obtenir la préférence pour la couronne sur les d'Orléans, ce qui ne fut pas difficile, car cette branche n'était aimée ni de la Bretagne, ni de l'Anjou, ni de la Vendée; quand il en était question, on répondait toujours :

« Plutôt le Grand Turc ou le Diable, et au pis-aller Carrier; mais ceux-là, jamais. »

Le roi d'Espagne aurait aussi voulu la régence; c'était une rage qui gagnait tout le monde.

Le cabinet de Londres, de son côté, s'enveloppant d'un voile impénétrable, tendait également à faire servir la guerre de la Vendée à ses projets. Il lui semblait impossible que les agitations de ce pays n'appelassent pas la puissance britannique pour intervenir utilement. Il calculait la quantité des ports depuis la Garonne jusqu'au Hâvre que lui livreraient les chances de la guerre civile. Aussi, chaque fois que des négociateurs s'établirent entre les Vendéens et les Anglais, ces derniers ne manquaient jamais de dire qu'une place de sûreté faciliterait les communications, et se montraient toujours plus réservés au sujet des villes maritimes. Ils ne furent pas étrangers à la résolution qui entraîna d'abord la grande armée vendéenne dans la Bretagne. Leurs instances décidèrent l'attaque de Granville, à défaut de Saint-Malo, et leurs intentions se manifestèrent plus tard à l'affaire de Quiberon.

C'est avec peine que je déchire un voile jusqu'ici respecté; mais les considérations que m'ont imposées les circonstances disparaîtront avec moi; la mort délivre les hommes de toute chaîne terrestre; et enfin, pour parodier cette pensée de

Voltaire : *On doit des égards aux vivans et la vérité aux morts* : je dirai : *Les vivans doivent des égards aux morts, et les morts ne doivent aux vivans que la vérité.*

Ces intrigues de l'extérieur dans l'intérieur nuisirent encore moins à la cause vendéenne que les dissensions intestines. Personne ne voulait reconnaître de supérieurs. Au milieu d'une bravoure et d'un dévouement sans exemple, se glissaient des jalousies, des commérages ; en un mot, toutes les petitesses de la vie commune. Ces braves combattans étaient désespérés de prodiguer leur sang, d'exposer leur vie, sans qu'un prince fût là pour les en récompenser par un regard ou par une parole. Ils auraient accueilli un chef suprême, fût-il même étranger, par cela seul qu'il leur aurait évité de reconnaître la suprématie de l'un d'entre eux.

Ce fut là le plus grand tort de Charette ; non-seulement la suprématie d'un compatriote lui était insupportable, mais encore il ne pouvait souffrir l'égalité. Aussi il compromit constamment l'ensemble des opérations en s'obstinant à ne répondre à aucun appel de secours, parce qu'on s'arrogeait le droit de le lui faire. Il aurait voulu que la monarchie ne dût qu'à lui seul son triomphe. L'une des causes qui le décidèrent à signer la paix fut l'espoir de détruire l'influence de Stofflet, dont la réputation lui faisait ombrage, et d'être nommé généralissime lorsqu'on reprendrait les armes.

Tout ceci n'ôtait rien à ses qualités brillantes et

chevaleresques ; il aurait pu faire triompher la
Vendée sur la république s'il eût été secondé au
dedans et au dehors. Mais on l'abandonna au moment où il rendait les plus grands services à la
cause royale, et s'il se laissa aigrir au-delà des
bornes, du moins jusque là sa conduite avait été
exempte de reproche.

Je n'avais pas reçu la lettre qui m'annonçait la
pacification de la Vendée, lorsque j'écrivis à
Charette celle que le gouvernement républicain
saisit et publia. Je venais tout nouvellement de
régulariser entre ce général et moi un service de
correspondance, et cette lettre, que *j'avoue*, était
destinée à être montrée par Charette à ceux qui
doutaient de la confiance que je lui accordais.
J'entre dans cette explication, afin de détruire
les insinuations malveillantes de ceux qui se sont
complu à la commenter défavorablement.

« Enfin, monsieur, j'ai trouvé le moyen de
» communiquer directement avec vous ; je puis
» vous exprimer ma reconnaissance, et l'extrême
» désir que j'ai de vous rejoindre, et de partager
» vos périls et votre gloire. Mais en attendant, il
» est de la plus grande importance que l'union règne entre celui qui, par ses exploits, devient
» le second fondateur de la monarchie, et celui
» que sa naissance appelle à la gouverner. Personne mieux que vous ne connaît l'utilité des
» démarches que je peux faire relativement à l'intérieur. Vous penserez sans doute qu'il est bon

» que ma voix se fasse entendre partout où l'on
» est armé pour Dieu et pour le roi. C'est à vous
» à m'éclairer sur les moyens d'y parvenir. Si
» cette lettre vous arrive la veille d'une bataille,
» donnez pour mot d'ordre *Saint-Louis*, et pour
» ralliement *le roi et la régence*. Je commencerai
» à être au milieu de vous, le jour où mon nom
» sera associé à un de vos triomphes, etc. »

Vérone, ce 1ᵉʳ février 1795.

Je ne copie pas la réponse de Charette. Nous avions, à cette époque, des raisons importantes pour que nos rapports antérieurs restassent inconnus. C'était dans l'intérêt de la cause commune, et afin de pouvoir continuer à correspondre officiellement, et en secret, pour nous concerter sur les mesures à prendre.

Je n'avais pu me faire une idée sur la Vendée que par les récits de mon agent; grâces à lui, je pénétrais dans cette singulière succession de belles actions et d'intrigues. Il me revenait qu'un autre parti aurait voulu investir le comte d'Artois de la régence de la Vendée. On s'agita beaucoup pour la réussite de ce projet. Les turbulens qui le mirent au jour s'imaginaient que mon frère se hâterait d'accourir, afin de le seconder par sa présence. Ce prince, malgré sa valeur brillante, et même téméraire, a cependant trop de sagesse pour se compromettre jamais, selon la fantaisie de quelques écervelés. Lui aussi brûlait de se montrer dans la Vendée en digne fils d'Henri IV, mais il ne voulait y venir qu'avec des ressources qui le missent en état de tenir la campagne. Chouanner, comme il le disait, n'était ni de son goût, ni de sa dignité. Ce plan échoua donc naturellement.

La seconde Vendée, celle qui se releva après la pacification de Nantes, eut un caractère particulier que je signalerai lorsqu'il en sera temps. Maintenant je reviens à une autre partie de cette histoire.

En 1794, la guerre continua sur différens points. Les Anglais s'emparèrent de la Guadeloupe. Ce fut une perte importante, non pour la république, mais pour la France. J'aurais voulu que ce triomphe eût lieu sur un autre point ; en Europe, par exemple, où il eût été plus facile d'y remédier.

L'armée d'Italie, contrariée par les évènemens de Toulon, s'était en quelque sorte maintenue sur la défensive. Le roi de Sardaigne pouvait se flatter que de long-temps on ne l'attaquerait au-delà des Alpes du côté de la mer. Cependant il en fut autrement, car, dès le commencement d'avril, le général Masséna, Piémontais de naissance, et commandant néanmoins l'armée républicaine, se mit en marche, s'empara d'Oneille, et prit successivement Ormée, Garesio. Ces succès inattendus inspirèrent des craintes pour la sûreté de la plaine piémontaise.

En même temps, et vers le nord, une nouvelle

alliance se formait, le 19 de ce mois, entre l'Angleterre, la Prusse et la Hollande, contre la France. La Prusse devait fournir les hommes payés par un subside. Ses conquêtes appartiendraient aux deux autres puissances, qui les partageraient entre elles à l'amiable. C'était un autre orage grondant sur la république. Les Anglais se montraient infatigables à poursuivre cette guerre ; ils négocièrent avec Paoli et Pozzo-di-Borgo, qui leur livrèrent la Corse. Un combat maritime, engagé entre leur flotte et celle de la république, sous le commandement du vice-amiral Villaret-Joyeuse, tourna à leur avantage.

Les Français prirent sur terre de terribles représailles. Quatorze armées, marchant sur quatorze points, furent presque toujours victorieuses. Ils débutèrent vers le nord par la prise de Charleroi et par la seconde bataille de Fleurus, que remporta le général Jourdan le 26 juin. Elle fit tomber les barrières de la Belgique ; Ostende fut prise par Pichegru, Mons eut bientôt le même sort, ainsi que Condé, Valenciennes, Le Quesnoy et Landrecies. Pichegru marcha ensuite sur Tournay, qui ouvrit ses portes, et sur Gand, qui ne se défendit pas. Bruxelles envoya sa soumission, Namur, Nieuport cédèrent à une simple menace, Anvers et Liége imitèrent leur exemple. Du côté de l'Espagne, ce furent aussi des succès non moins importans, qui se terminèrent par une paix honteuse de la part de cette puissance.

Sur le Rhin, la fortune se déclara pareillement

pour la république. Trèves fut occupé avec Aix-la-Chapelle, Cologne, Andernach, Coblentz, Maëstricht. Les coalisés ne furent pas dédommagés de ces pertes dans le nord, où Pichegru poursuivit le cours de ses rapides conquêtes. La Hollande ne se défendit pas mieux que la Belgique. On aurait dit que chaque place investie était vendue à l'avance, à tel point on se hâtait de la rendre. Le duc d'York éprouva tant de défaites, et prit si souvent la fuite, qu'on finit par en faire des plaisanteries. Amsterdam se rendit au commencement de 1795, et la glace ayant arrêté la flotte hollandaise dans les eaux du Texel, elle tomba au pouvoir de la cavalerie française, qui s'en empara le sabre à la main.

Certes, ces victoires inespérées de la république, et la supériorité que prenaient ses armes sur tous les points, étaient autant d'échecs directs pour la cause royale. Cependant, je suis fier de le dire, j'éprouvais une sorte d'orgueil à voir l'Europe trembler devant ma nation, et tant d'injures diplomatiques vengées par des triomphes si éclatans. Je me figurais le bonheur que j'aurais si un jour la Providence, favorable à mes vœux, me plaçait à la tête de ces Français si belliqueux ; je me représentais le moment où le drapeau blanc, beau des victoires de la vieille monarchie, hériterait de celles de la république. Cependant je commençai à ne plus l'espérer d'un mouvement de l'intérieur, mais seulement d'un autre Monk qui préférerait à de vaines et orgueilleuses idées la prospérité réelle de son pays.

Je voyais avec plaisir plusieurs généraux s'élever au-dessus de la ligne : Jourdan, Pichegru, Moreau, Hoche, Dugomier, Masséna, etc. Il y aurait à choisir lorsque l'heure serait venue, car leur réputation n'était pas encore au point culminant d'où devait descendre tout l'avantage que j'en attendais. Mon inclination me portait vers le général Jourdan ; j'aurais désiré qu'il obtînt une supériorité marquée sur ses rivaux ; mais ce fut Pichegru qui, au commencement de 1795, monta à la première place. Il y eut donc nécessité de s'adresser à lui. Nous nous en serions bien trouvés si la destinée n'avait mis des obstacles invincibles entre le succès et notre bon droit.

Ce fut avec peine que j'appris la pacification de la Vendée; j'aurais souhaité que la guerre continuât sur ce point, car c'était, par le fait, la seule armée où mon titre ne fut pas contesté ; la seule dont j'aurais pu prendre la direction si j'eusse été à sa portée. Là, du moins, il n'existait nulle pensée de démembrement de territoire ; les braves Vendéens auraient reculé à celle de se former des établissemens aux dépens de la couronne, comme plus tard elle vint à Puisaye. Du reste, cette idée lui fut inculquée par les Anglais. Il est trop vrai que cet homme dont les intentions étaient bonnes dans le principe, devint fou au point qu'il finit par s'emparer, en son nom, du duché de Bretagne. J'ai de fortes raisons pour croire que les Anglais l'entretenaient dans ce projet extravagant. Le ministre Pitt y voyait un arrondissement immense de pouvoir pour son pays aux dépens du nôtre, et un prétexte futur de morcellement. Il est certain qu'un duc de Bretagne ne pourrait se maintenir dans la possession de ses états que sous le bon plaisir de l'Angleterre. La connaissance de ce plan est la cause principale de la disgrâce où j'ai toujours tenu Puisaye ; voilà pourquoi il n'a pas osé rentrer en France en 1814. Je le fis prévenir à cette époque que, s'il mettait le pied dans le royaume, je le livrerais aux tribunaux. Il resta dans les domaines que l'Angleterre lui a cédés au Canada en échange de *son duché de Bretagne*.

Bonaparte a aussi connu cette particularité, et j'ai su qu'il avait fait faire plusieurs tentatives pour enlever Puisaye à son asile, et le traduire en France devant une commission militaire.

Cependant il m'arrivait de toutes parts des dénonciations contre Charette au sujet de cette paix qu'il signait intempestivement. Delaunay et Stofflet ne l'épargnaient pas; c'était à les entendre, un homme vendu à la Convention, je savais le contraire, et j'en fus d'autant plus persuadé que je vis ceux même qui l'accusaient avec le plus d'acharnement signer aussi de leur côté le traité de paix.

Le comte d'Artois fulmina contre Charette, puis contre Stofflet, Sapinaud, et enfin contre toute la Vendée. Il ne parlait de rien moins que de faire fusiller les signataires de la capitulation. Ce fut au reste ce que me manda l'évêque d'Arras qui avait bien pu tirer cette phrase de sa tête.

Mon frère, dès qu'il eut mis pied en Angleterre, fut environné d'intrigans qui voulaient absolument être quelque chose ; les uns le priaient de les nommer généralissime dans la Vendée, la Bretagne, la Guienne, la Provence ; les autres, intendans-généraux pour soulever toute la France, certains qu'ils étaient qu'elle répondrait à leur appel ; et tous ces hommes sans talens, sans moralité aucune, vrais chevaliers d'industrie, prenant de toutes mains, vendus à la république, à l'étranger, à tout l'univers, ces misérables se plaignaient encore, accusaient notre avarice, et nous discréditaient auprès des autres cours.

L'un d'eux, le prétendu comte de Montgaillard, qui de sa vie n'a donné une obole à Louis XVI ou au prince de Condé, a osé dire que toute l'Europe a eu la preuve que, la veille du 10 août, il avait déposé aux pieds du roi *cent quatre mille huit cents livres ;* et il y a eu des ames assez simples pour le croire. Loin de là, nous l'avons comblé, lui et les autres, et ils nous ont tous trahis. Il n'est pas un de ces hommes, qui, sous l'apparence du royalisme, ne se soit entendu contre nous avec la république, Bonaparte ou l'étranger. Je dirai enfin, pour faire connaître la vérité tout entière, que je n'ai trouvé une véritable loyauté que dans ceux de nos partisans qui ont pris les armes, et jamais dans les négociateurs, ces derniers ayant toujours agi avec une arrière-pensée toute personnelle.

CHAPITRE XXIII.

Détails sur la négociation qui devait amener Louis XVII dans la Vendée. — Monsieur fait connaître plusieurs conventionnels sous un jour nouveau. — Amédée de Bejari. — Le vicomte de Scépeaux. — Leur mission à Paris. — Leur entrevue avec Tallien. — Leur note diplomatique. — Réponse ministérielle. — Fragment de la correspondance de Monsieur avec Boissy-d'Anglas. — Résolution atroce des Jacobins. — Propos de Romme. — Journée du 1er prairial. — Mort de Louis XVII.

Je savais par Charette qu'un article secret de son traité avec les commissaires de la Convention nationale, assurait à Louis XVII sa liberté ; mais j'ajouterai que j'ignorais jusqu'à quel point je devais ajouter foi à ce fait. Il me paraissait probable que Charette, quelque peu honteux de sa démarche, s'efforçait de s'en justifier, en me la représentant comme un sacrifice momentané, fait aux intérêts de la cause royale.

En conséquence, dès que je sus cette nouvelle, j'écrivis à Paris, aux agens de diverses classes que j'y entretenais, pour m'informer de ce qu'eux-mêmes pouvaient en savoir. Tous, à l'exception d'un seul, membre de la Convention nationale, ne comprirent pas ce que je leur disais. Je ne m'étais pas, il est vrai, expliqué très clairement par prudence. Quant au membre de la Convention, il me répondit en ces termes :

« Charette ne vous a pas trompé, mais lui le
» sera. Il est vrai qu'il a été convenu que le jeune
» prince serait mis hors du Temple. Ruelle et Ri-
» chard n'ont fait, en s'y engageant, qu'exécuter les
» instructions du comité de salut public. Sont-ils
» de moitié dans ce mystère d'iniquité, ou abusés
» eux-mêmes ? je l'ignore : on ne peut pénétrer
» trop avant dans la conscience d'un homme.
» Au reste, cette partie de la négociation est tenue
» ici dans un profond silence : on a paru surpris
» que je fusse si bien informé.

» Déjà on a tenu divers conseils : on s'est réuni
» en plusieurs endroits, afin de décider ce qu'il con-
» venait de faire, si on nierait, *si on couperait*
» *court à l'intrigue...* Tout est à craindre... J'ai
» quelque raison de croire que ce qui se machine
» vous mène à la couronne de France, si on peut
» donner ce nom à celle qu'on porte en exil. »

Je reçus avec douleur ces funestes lumières, qui me faisaient présager le sort qu'on réservait à mon malheureux neveu. J'eus d'ailleurs d'autres renseignemens de Charette et de ma nièce, qui m'aideront à jeter plus de lumières sur ce récit.

Il y avait parmi les meneurs de la Convention quelques hommes qui, par des motifs particuliers, voulaient que les deux enfans de Louis XVI fussent rendus à leur famille. Je ne cite que les jacobins à demi convertis ; c'étaient Tallien, Fréron et Barras, formant alors une sorte de triumvirat, qui prétendait diriger les affaires. Fouché et Cambacérès marchaient aussi avec eux. Ces deux derniers venaient tout récemment de se rapprocher l'un de l'autre, bien qu'ils affectassent en apparence de se traiter avec froideur. Réunis aux trois premiers, ils entraînaient après eux Courtois, Clauzel, Hermann et nombre d'autres, qui, lassés des excès révolutionnaires, et épouvantés de la part qu'ils y avaient prise, désiraient vivement trouver l'occasion de rendre un service signalé à la monarchie, afin qu'elle leur pardonnât si elle était victorieuse.

Cette masse de gens influençaient en partie les résolutions des comités exécutifs. Barras, dont la politique n'a jamais bien été connue que de moi, Barras, beaucoup moins coupable qu'on ne le pense, ne s'était point détaché entièrement de son ordre, et des principes qu'il avait reçus dans son enfance. Le souvenir du meurtre de Louis XVI le poursuivait sans relâche ; et dans une lettre qu'il m'écrivait pendant notre longue correspondance, il disait :

« Je ne sais comment on peut dormir ou manger tranquille lorsqu'on a tué son roi. Des songes affreux troublent mon sommeil, et quand je me mets à table, je suis comme Théodoric, qui voyait dans tous les plats la tête de ce Boëce qu'il avait fait mourir injustement. »

Barras, après son crime, n'a pas cessé d'être royaliste : il était donc celui qui, avec Tallien, aurait contribué le plus volontiers pour sauver le jeune monarque. Ce furent eux qui donnèrent l'idée de faire faire cette proposition à Charette, pensant que la chose une fois mise en négociation, pourrait s'effectuer peut-être. Mais un parti furieux leur était opposé, parti formé du reste des jacobins vaincus au 9 thermidor, bien qu'ils l'eussent amené. C'étaient Vadier, Barrère, Legendre, Bourdon de l'Oise, Albitte, Calot, Carnot, Crancé, Mathieu de l'Oise, Romme, etc. Plusieurs de ceux-ci moururent avant Louis XVII, mais tant qu'ils vécurent, ils empêchèrent qu'on le rendît aux Vendéens.

Ces deux partis luttaient ensemble sourdement ; les modérés par prudence, et les furieux afin de ne pas augmenter les embarras de la république, en poussant de nouveau la Vendée à un soulèvement. On ne pouvait prévoir l'issue de ce combat.

Sur ces entrefaites, Charette, de concert avec le conseil supérieur de la Vendée, et surtout avec le concours de l'abbé Bernier, dont la conduite en ceci mérite des éloges, Charette envoya deux commissaires à Paris, pour suivre ostensiblement l'effectuation des engagemens pris avec la Vendée par le traité public, mais leur véritable mission était de presser l'exécution de la clause relative à la liberté du jeune roi. Ces commissaires étaient deux hommes éprouvés par leur courage, leur fidélité et leur intelligence ; le premier, Amédée de Bejari, gentilhomme né auprès de Saint-Fulgence, avait paru avec éclat dans la Vendée dès le commencement de la guerre. Il s'était ensuite rapproché de Puisaye, qui en avait tiré un grand parti dans le Morbihan, où il l'envoya pour maintenir la concorde entre les divers chefs. Il s'acquitta de cette mission avec honneur, et sa conduite fut également digne d'éloge à des époques postérieures. Il m'a été pénible de n'avoir à lui offrir pour récompense que la sous-préfecture de Beaupréau. Son frère aîné, chevalier de Malte, montre autant d'intrépidité que d'intelligence. Il vit encore maire de sa commune, peut-être est-il plus heureux là que moi où je suis.

Le second envoyé était le vicomte de Scépeaux, né à la fin de 1769. Il attacha son nom à tous les combats glorieux qui furent livrés dans la Vendée. Son dévouement généreux se manifesta surtout à la fatale déroute du Mans, dont il neutralisa en partie les funestes résultats par des prodiges de valeur. Il se réfugia sur la rive gauche de la Loire, où il organisa un nouveau corps avec lequel il recommença les hostilités. Depuis l'époque de sa mission, il a continué à me servir avec zèle et honneur ; il posa les armes lorsqu'il n'y eut plus possibilité de faire la guerre, et se rallia au gouvernement impérial. Mais qui n'en a pas fait autant ? Il donna sa démission au 20 mars 1815 (1).

Charette ne pouvait mieux choisir que ces deux hommes royalistes dévoués. Ils arrivèrent à Paris, munis de lettres de créance, qui les autorisaient à y suivre *toutes les affaires de la vendée;* ils en avaient de particuliers de Ruelle et de Richard pour Barras, Tallien et Fréron, avec lesquels ils s'abouchèrent dès leur arrivée. Persuadés qu'on ne ferait aucune difficulté pour leur remettre le jeune roi, ils s'adressèrent d'abord à Tallien, qui leur déclara que la chose était moins aisée à faire qu'ils se l'imaginaient.

Non, leur dit-il, qu'on veuille manquer de parole, mais parce que toutes les volontés ne sont pas encore réunies pour procéder à l'exécution de l'article secret.

Les deux Vendéens, confondus de cette réponse dilatoire, répliquèrent que les commissaires de la Convention avaient tenu sur les lieux un autre langage, et juré solennellement de remettre dans un court délai le fils et la fille de Louis XVI aux Vendéens; que ce point avait seul déterminé la pacification de la Vendée, et qu'il fallait tenir à une parole donnée, en termes aussi précis, ou tout rompre.

Tallien répéta qu'il fallait, pour remplir la

(1) M. de Scépeaux est mort à Angers, en 1821.

(*Note de l'éditeur*).

clause du traité, obtenir l'assentiment général dans les comités, assentiment dont on allait s'occuper.

Les deux députés, ayant pris congé de Tallien, se décidèrent à lui écrire une note énergique, qui contenait ce qu'on connaît déjà. Ils la terminaient en certifiant qu'un refus mettrait le feu aux quatre coins de la Vendée, et que le dernier royaliste mourrait plutôt que de pardonner une telle trahison. Ils demandaient en outre une déclaration formelle et prompte sur les intentions de la Convention nationale.

Cette note, peu conforme aux usages diplomatiques, irrita d'abord les jacobins exagérés des comités. Ils prétendirent qu'il fallait arrêter MM. de Scépeaux et de Béjari, et les envoyer au supplice. Barras, qui faisait partie du conseil, demanda si on voulait revenir au 7 thermidor; que, quant à lui, il jouerait, dans ce cas, le rôle qu'il avait joué à cette époque.

« Il ne s'agit point, poursuivit-il, de punir les deux envoyés vendéens de l'audace avec laquelle ils présentent leur demande, mais de savoir si on s'entendra ou non avec la Vendée entière sur le fond de la querelle. »

Il ramena ainsi la question à sa simple expression; c'était contraindre à la résoudre; elle ne le fut pas cependant. Les jacobins manifestèrent leur opinion avec tant de véhémence, que les députés mieux intentionnés craignirent de compromettre l'existence du jeune roi en insistant sur une détermination définitive. Fréron proposa de remettre le comité à quinzaine, sous prétexte qu'ayant le temps de réfléchir, on pourrait peut-être mieux s'entendre.

Cette proposition fut acceptée, et les députés s'y soumirent forcément ; cependant le terme expiré, voyant que le comité ne se réunissait pas, ils écrivirent à Charette, ce qui se passait, et en donnèrent avis aux autres généraux de la Vendée. Ceux-ci s'entendirent pour adresser une lettre collective et menaçante à la Convention, dans laquelle ils réclamaient impérieusement l'exécution pleine et entière du traité de paix tant dans ses articles secrets que publics.

Cette déclaration, exprimée en termes véhémens et incisifs, produisit beaucoup d'effet. On parut balancer sur la détermination qu'on prendrait ; un nouveau système de conduite fut employé à l'égard du jeune roi, on le traita avec plus de douceur. Tout cela ne contentait pas messieurs de Scépeaux et Bejari ; cependant, ils patientaient, d'après l'avis que je leur fis donner par l'intermédiaire de cet excellent Boissy-d'Anglas, qui dans cette circonstance se conduisit mieux que ne l'auraient fait les plus fidèles royalistes. Les envoyés vendéens demandèrent qu'on leur permît du moins de voir le jeune monarque dans la prison du Temple. Cette demande leur fut encore refusée. On prétendit qu'il fallait éviter par une démarche inutile de donner l'éveil au parti de la Montagne, et de lui fournir des prétextes pour entamer la négociation. Je reçus, sur ces entrefaites, une lettre de Boissy-d'Anglas, ainsi conçue :

« Les députés ne font que de vaines démarches,
» il y a trop de machiavélisme dans la Conven-
» tion pour qu'on vous rende votre neveu. Les
» jacobins ne se tiendront pas tranquilles, ils
» complotent ouvertement, ils préparent un se-
» cond 31 mai; n'importe, je serai à mon poste... »

En effet, il s'y montra dignement. La Convention ne s'endormait pas; déjà elle venait d'envoyer au supplice Fouquier-Tinville, Lebon et Carrier. Elle ordonna l'arrestation de Collot-d'Herbois, de Barrère, de Vadier et de Billaud-Varennes. Leur arrêt de déportation s'ensuivit. Ces actes de justice, qui donnaient tant d'espérance pour la mise en liberté du jeune roi, eurent lieu trop tard. Le coup était porté; une mesure atroce, prise par quelques régicides dénués de toute vertu humaine, décida de l'existence de mon neveu. Il fut empoisonné dans un plat d'épinards; Romme, l'un des misérables qui périrent peu de temps après, dit à Boissy-d'Anglas :

— Encore quelques jours, et la question relative à la sortie du bambin sera résolue; il sortira en effet du Temple, mais non pas par les pieds!!!...

Le 9 prairial, la conspiration jacobine éclate; le tocsin l'annonce dans la nuit; les faubourgs

Saint-Antoine, Saint-Jacques et Saint-Marceau en pleine insurrection, marchent contre la Convention en criant : *Du pain et la constitution de* 1793. La foule court vers la salle d'assemblée, et y pénètre. Boissy-d'Anglas préside. On assassine Ferraud, et sa tête est présentée à Boissy, qui, se découvrant, la salue avec un respect douloureux! Plus tard, on l'entraîne; Romme, l'un des conjurés, usurpe sa place et ses fonctions; les députés jacobins forment autour de lui un simulacre de représentation nationale, mais à neuf heures du soir, Legendre, à la tête des sections, chasse cette canaille. La Convention, libre, rentre en séance, et décrète l'arrestation de vingt-neuf députés, dont plusieurs périrent peu de temps après.

Le 8 juin suivant, à deux heures de l'après-midi, Louis XVII, roi de France et de Navarre, rendit le dernier soupir!!!

FIN DU TOME SIXIÈME.

TABLE.

Chapitre premier.	5
Chapitre II.	21
Chapitre III.	33
Chapitre IV	46
Chapitre V.	60
Chapitre VI	76
Chapitre VII	89
Chapitre VIII	104
Chapitre IX.	119
Chapitre X.	132
Chapitre XI.	146
Chapitre XII	162
Chapitre XIII.	176
Chapitre XIV	187
Chapitre XV.	198
Chapitre XVI	211
Chapitre XVII.	229
Chapitre XVIII	244
Chapitre XIX.	258
Chapitre XX	272
Chapitre XXI	285
Chapitre XXII.	301
Chapitre XXIII.	314

FIN DE LA TABLE DU TOME SIXIÈME.

www.ingramcontent.com/pod-product-compliance
Lightning Source LLC
Chambersburg PA
CBHW071330150426
43191CB00007B/683